자유론

ON LIBERTY

자유론
ON LIBERTY

존 스튜어트 밀 지음

·

서병훈 옮김

책세상

일러두기

1. 이 책은 존 스튜어트 밀John Stuart Mill의 《자유론*On Liberty*》을 온전히 옮긴 것이다. John Stuart Mill, *On Liberty*, (ed.) Currin V. Shields(Indianapolis : Bobbs-Merrill Educational Publishing, 1982)를 저본으로 삼았고, 거트루드 힘멜파브Gertrude Himmelfarb가 편집한 *On Liberty*(Harmondsworth, Middlesex : Penguin Books, 1974)를 참고했다.

2. 주는 모두 후주로 처리했다. 저자의 주는 '(저자주)'로 표시했으며, 따로 표시하지 않은 것은 모두 옮긴이의 주이다.

3. 저자가 이탤릭체로 강조한 부분은 고딕체로 표기했다.

4. 원서에서 큰따옴표(" ")로 표시한 부분 가운데 완전한 형태의 문장은 큰따옴표로 표시하고 나머지는 작은따옴표(' ')로 표시했다.

5. 단행본과 잡지는 《 》로, 논문은 〈 〉로 표시했다.

자유론 | 차례

2005년 1월 초판 출간 이후 많은 독자들이 이 책을 찾아주었다. 그래서 감사한 마음과 더불어 적잖이 부담감도 느끼고 있었다.

그러던 차인 2009년 9월 《자유론On Liberty》 출간 150주년을 기념하는 국제 학술회의가 일본에서 열렸다. 한국, 일본, 중국 동양 3국의 학자와 영국, 미국의 존 스튜어트 밀John Stuart Mill 전문가들이 참석한 그 모임에서 나는 꽤 큰 '충격'을 받았다.

밀의 《자유론》이 영국에서 출간된 지 불과 13년 만에 일본의 나카무라 게이우中村敬宇가 《自由之理》라는 이름으로 번역판을 내놓았다. 그 과정에서 일본의 지식인들은 함께 모여 공부하고 토론하면서 liberty, right, society 등 생소한 영어 어휘들을 '자유, 권리, 사회' 등과 같은 일본 말로 옮겼다. 오늘날 우리가 사용하는 대부분의 서양 학문 용어들이 당시 일본 지식인들이 번역 과정에서 고안해낸 결과물이라고 보면 그리 틀리지 않을 것이다. 또한 그보다 조금 늦기는 했지만, 1903년 중국에서도 옌푸嚴復에 의해 번역서가 나왔다.

일본과 중국의 지식인들이 서양 학문에 왕성한 호기심을 품고 연구하는 장면과 당시 망국의 비운에 잠겨 있던 우리 선조들의 모습이 겹쳐지면서 여간 착잡한 심정이 아니었다. 비록 늦었지만 한국 지식인의 한 사람으로서 각오를 새롭게 하지 않을 수 없었다.

그래서 《자유론》을 차근차근 다시 훑어보게 되었다. 여전히 밀의 글은 읽어내기가 쉽지 않았지만, 몇 군데 큰 오역을 발견할 수 있었다. 문맥이 매끄럽지 않은 부분도 눈에 들어왔다. 6개월 가까이 대대적으로 뜯어고치고 다듬는 작업을 했더니 조금 마음이 놓인다. 해제도 다시 쓰고 싶었지만, 다음 기회로 미룰 수밖에 없었다.

2010년 2월 서병훈

'시간과 공간을 넘어 읽는 이의 영혼을 울릴 것'. 이것이야 말로 고전이 갖추어야 할 기본 덕목이 아닐까. 존 스튜어트 밀의《자유론》은 지금부터 150년 전쯤에 나온 책이다. 이 책은 그가 살았던 영국을 비롯해 프랑스, 독일 등 유럽의 독자들을 겨냥해 쓴 것이다. 그런데 밀의《자유론》을 곰곰이 읽다 보면 자꾸 우리 사회의 이런저런 모습이 눈에 아른거린다. 마치 밀이 2000년대 초엽의 한국 사회와 한국인, 특히 한국의 지식인들을 향해 이 책을 준비한 것 같다는 생각이 든다. 그만큼 밀의《자유론》은 이 시대를 사는 우리를 향한 경구警句로 가득하다.

오늘날 한국 사회는 '자기 확신과 민주주의에 대한 불신'이라는 모순적 이중 구조 앞에서 진통을 겪고 있다. 전통 사회에서는 자기주장을 펴기가 어려웠다. 그러나 지금은 다르다. 누구든지 자기 생각을 자유롭게 펼칠 수 있다. 인터넷의 발전은 이런 현상에 기폭제 역할을 하고 있다. 정치적 자아에 눈을 뜨고 자신의 생각과 믿음에 가치를 부여하는 것은 분명 민주주의의 발아發芽를 위해 없어서는 안 될 귀한 토양이다. 그러나 민주주의는 하나를 더 요구한다. 내가 소중한 만큼 다른 사람도 아껴주어야 한다는 것이다. 내 생각이 틀릴 수 있음을 인정해야 한다. 나와 다르게 살아갈 수 있는 타인의 권리를 존중해주어야 한다. 이런 조건이 충족되지 않으면 민주주의가 건강하게 발전할 수 없다.

그러나 우리 사회의 현실은 그렇지 못하다. 세상 돌아가는 이야기를 들을 때마다, '어쩌면 저렇게 확신이 넘칠 수 있을까' 의아하다 못해 경이롭기까지 하다. 사회가 어지럽다 보니 독선에 빠진 사람들을 나무라는 글들이 나오기 시작한다. 그러나 그런 글조차 대개는 아집과 주관 사이를 맴돌고 있는 것 같다. 독선이 독선을 탓하는 상황에서는 민주주의가 제대로 뿌리를 내리지 못한다. 그토록 염원하던 민주주의의 시대를 살면서도 모두 불만스러워하는 이유가 여기에 있다. 그러니 민주주의에 대한 불신과 과거 권위주의 시대에 대한 향수가 교차되는 현실을 가볍게 여길 수 없다.

《자유론》은 이 모순율에 대한 해법을 제시한다. 따라서 이 시대를 사는 한국인이라면 《자유론》에 줄을 그어가며 읽어야 마땅할 것이다.

밀은 사람들을 붕어빵처럼 동일한 생각과 가치관, 똑같은 삶의 방식으로 몰아넣는 현대 사회에 대해 크게 우려한다.

과거에는 정치 권력의 폭압에서 벗어나는 것이 1차적인 숙제였다면, 오늘날에는 관습과 여론의 횡포에서 빠져나오는 것이 절체절명의 과제가 되고 있다. 밀의 생각으로는, 주류主流와 통설通說에서 조금이라도 어긋난 것은 숨도 쉬지 못한다. 비주류, 소수 의견, 이설異說에 대해 다수의 '민주적 시민'이 가하는 무형의 압력이 얼마나 무시무시한지 "개인의 사사로운 삶 구석구석에 침투해, 마침내 그 영혼까지 통제"할 정도라는 것이다. 한국 사회의 통용어로 말하자면 '심리적 테러'를 염려하고 있는 셈이다.

이런 상황에서는 각 개인이 자기만의 고유한 성격과 가치를 발전시키기 어렵다. 독창성을 발휘하기는 더더욱 어렵다. 개별성이 없는 삶은 '모래를 씹는 맛'처럼 무의미한 일상의 반복일 수밖에 없다. 플라톤이 《국가Politeia》에서 힐난했듯이, 다수 대중은 '별을 보는 자'를 용납하지 못한다. 천재가 날개를 펴지 못하는 사회는 모두에게 불행이다. 밀은 이런 현대 사회의 비극을 두 가지 차원에서 분석한다.

첫째, 사람들은 무분별하게 남을 따라가려는 습성이 있다. 대중교통, 대중 교육, 대중문화의 발전이 그런 성향을 부추긴다. 이 책의 '해제'에서 보듯이, 밀은 '사회성'을 아주 높이 평가한다. 그러면서도 사회성의 한 특성인 '남과 하나가 되려는 경향'이 자칫하면 현대 사회의 어두운 측면, 즉 '몰개성의 시대'로 변질될 수 있음을 경고한다.

둘째, 자기 확신의 과잉이 그런 비극의 또 다른 뿌리가 된다. 인간은 운명적으로 유한한 존재이다. 자신의 생각이 '절대 옳다'고 말해서는 안 되는 것이 바로 인간이다. 내 생각이 잘못될 수 있음을 인정한다면 남의 생각에 대해 열린 마음을 지녀야 한다. 그러나 사람들은 이러한 자명한 진리를 곧잘 외면한다. 그러면서 자기 확신의 오류에 빠져 다르게 생각할 수 있는 타인의 권리를 짓밟는다. 평등이라는 이름 아래 권력을 장악한 다수 대중이 특히 그렇다. 그들이 만들어낸 관습과 여론과 통설은 일체의 도전을 용인하지 않는다.

이들을 향해 밀은 "전체 인류 가운데 단 한 사람이 다른 생각을 한다고 해서 그 사람에게 침묵을 강요하는 일은 옳지 못하다. 이것은 어떤 한 사람이 자기와 생각이 다르다고 나머지 사람 전부에게 침묵을 강요하는 것만큼이나 용납될 수 없는 일"이라고 역설한다. 비판과 회의를 두려워하면 어떤 진리라도 '헛된 독단적 구호로 전락'하고 만다는 것, 이것이 《자유론》의 출발점이자 결론이다.

밀은 이런 전제 아래 특히 생각의 자유에 대해 길게, 그리고 역점을 두어 서술하고 있다. 그 연장선상에서 남을 맹목적으로 따라가기보다 자기 방식대로 살아가는 '개별성'의 중요성을 가슴이 시릴 정도로 강조한다. 《자유론》의 마지막 장은 자유의 기본 원칙, 즉 '다른 사람의 자유를 박탈하거나 자유를 얻기 위한 노력을 방해하지 않는 한, 각자가 원하는 대로 자신의 삶을 꾸려나갈 수 있어야 한다'는 것을 구체적인 사례를 통해 다시 한 번 설명하고 있다.

인터넷과 대중의 정치 참여가 어우러져 한국의 민주주의는 새로운 가능성을 잉태하고 있다. 그러나 지금은 그 부정적인 측면이 밝은 곳을 가리는 형국이다. 그래서 민주주의에 대한 환멸이 무서울 정도로 확산되고 있다. 그러나 어떤 경우에도 우리는 민주주의 없는 삶은 생각할 수가 없다. 미래는 우리가 어떤 민주주의를 어떻게 가꾸어가는지에 달려 있다. 우리의 현실을 염두에 두면서 밀의 처방을 함께 음미해 보자.

어떤 문제에 대해 가능한 한 가장 정확한 진리를 얻기 위해서는 의견이 상이한 모든 사람들의 생각을 들어보고, 나아가 다양한 처지에 있는 사람들의 시각에서 그 문제를 이모저모 따져보는 것이 필수적이다. …… 다른 사람의 생각과 자신의 생각을 비교하고 대조하면서 틀린 것은 고치고 부족한 것은 보충하는 일을 의심쩍어하거나 주저하지 말고 오히려 이를 습관화하는 것이 우리의 판단에 대한 믿음을 튼튼하게 해주는 유일한 방법이다.

……정치에서도 …… 질서 또는 안정을 추구하는 정당과 진보 또는 개혁을 주장하는 정당 둘 다 있는 것이 건전한 정치적 삶을 위해 중요하다는 생각이 거의 상식이 되다시피 하고

있다. 이 두 가지 상반된 인식 틀은 각기 상대방이 지닌 한계 때문에 존재 이유가 있다. 그러나 분명한 것은 바로 상대편이 존재하기 때문에 양쪽 모두 이성과 건강한 정신 상태를 유지할 수 있다는 점이다.

옮긴이 서병훈

우리는 최대한 다양하게 인간 발전을 추구할 수 있어야 한다. 이 책은 처음부터 끝까지 바로 이 최고의, 제1원칙의 절대적 중요성을 그 무엇보다 강조하고 있다.

— 빌헬름 폰 훔볼트Wilhelm von Humboldt,
《정부의 역할과 의무Sphere and Duties of Government》에서

진리와 정의에 대한 높은 식견과 고매한 감정으로 나를 한없이 감화했던 사람, 칭찬 한마디로 나를 무척이나 기쁘게 해주었던 사람, 내가 쓴 글 중에서 가장 뛰어나다고 할 수 있는 것은 모두 그녀의 영감에서 나온 것이기에 그런 글을 나와 함께 쓴 것이나 마찬가지인 사람, 함께했던 사랑스럽고 아름다운 추억, 그리고 그 비통했던 순간을 그리며 나의 친구이자 아내였던 바로 그 사람에게 이 책을 바친다.[1]

지난 오랜 세월 동안 내가 저술했던 다른 글과 마찬가지로, 이 책 역시 그녀와 내가 같이 쓴 것이나 다름없다. 그러나 불행하게도 이 책은 그녀가 수정하지 못했다. 특히 가장 중요한 몇몇 부분은 그녀의 세심한 재검토를 받기 위해 일부러 남겨놓았는데, 그만 뜻하지 않은 그녀의 죽음 때문에 이 모든 기대를 접을 수밖에 없었다. 그 무엇과도 비교할 수 없을 만큼 소중한 기회를 놓쳐버리고 만 것이다. 그녀는 참으로 깊고 그윽한 지혜의 소유자였다. 이제 그와 같은 도움을 받지 못한 채 쓰는 글이란 얼마나 보잘것없을까. 그녀의 무덤 속에 묻혀버리고 만 그 위대한 생각과 고상한 감정의 절반만이라도 건져낼 수 있다면, 거기서 내가 얻는 혜택은 이루 말로 다할 수 없이 클 것이다.

제1장

머리말

흔히 말하는 '의지의 자유'를 다루는 것이 이 책의 목적은 아니다. 유감스럽게도 사람들은 '철학적 필연성'을 숙명론과 같은 것으로 오해하면서 그것이 '의지의 자유'와 상반되는 것처럼 생각한다. 이 책은 그보다는 시민의 자유 또는 사회적 자유를 중심 주제로 삼고 있다. 다시 말해 나는 이 책에서 사회가 개인을 상대로 정당하게 행사할 수 있는 권력의 성질과 그 한계를 살펴보고자 한다. 이 문제는 지금까지 그다지 제기되지 않았고, 이를 둘러싼 이론적 차원의 토론은 더구나 없었다. 그러나 그 구체적인 모습을 아직 드러내지는 않았지만, 이런 종류의 문제가 오늘날의 실천적 담론에 심대한 영향을 끼치고 있다. 그리고 머지않아 이것이 미래의 중요한 현안으로 부각될 가능성이 높다. 어떻게 보면 이런 문제는 오늘날 갑자기 생긴 것이 아니다. 아주 오래전부터 인간 사회를 뒤흔들던 것이다. 그러나 문명이 발전하고 인간의 삶이 진보를 거듭하면서 이 문제를 둘러싼 환경이 새롭게 바뀌고 있다. 따라서 다른 차원에서 좀 더 근본적인 접근을 시도해야 한다.

자유와 권력의 다툼은 역사가 시작된 까마득한 옛날부터 있어왔기 때문에 우리에게는 아주 익숙하다. 그리스와 로마, 그리고 영국의 역사를 들여다보면 특히 그렇다. 그런데 과거에는 이런 다툼이 백성, 또는 백성 중에서도 일부 계급과 정부 사이에서 일어났다. 이때 자유는 정치 지배자의 압제에서 보호받는 것을 의미했다. (그리스의 일부 민주 정부를 제외하면) 당시에는 지배자와 일반 인민이 적대적인 관계에 있는 것이 불가피한 것처럼 인식되었다. 이때는 한 사람이나 한 부족 또는 한 계급이 지배 권력을 장악했다. 이들은 세습 또는 정복을 통해 권력을 잡았는데, 어떤 경우에도 피지배자들을 위해 권력을 행사하지 않았다. 그리고 권력의 폭압적 행사를 사전에 방지하기 위한 어떤 조치가 취해진다 해도, 보통 사람들은 그들의 지배에 감히 도전할 생각을 하지 못했다. 아마 도전하고 싶어 하지도 않았을 것이다. 권력을 행사하는 것은 불가피한 일이었지만, 동시에 대단히 위험한 결과를 낳을 수도 있었다. 그 힘을 외적의 침입을 막는 데 쓸 수도 있지만, 그에 못지않게 백성들을 억누르는 데 사용할 수도 있었기 때문이다. 한 나라 안에서 약자들이 이런저런 강자들의 침탈 대상이 되는 것을 막기 위해서는 그들 모두를 제압할 수 있을 만큼 힘이 센 최고 강자가 하나 있어야 했다. 그러나 그렇다고 그가 다른 소소한 강자들보다 덜 괴롭히리라는 보장도 없기 때문에 약자들로서는 한시도 그 발톱과 부리에 대한 경계를 늦출 수가 없었다. 따라서 이를 걱정하는 사람들은 자기 나라를 온전히 지탱하기 위해, 최고 권력자가 행사할 수 있는 힘의 한계를 규정하고자 했다. 그러면서 이렇게 권력에 제한을 가하는 것을 바로 자유liberty라고 일컬었다. 권력을 제한하는 방법에는 두 가지가 있다. 첫째, 정치적 자유 또는 권리라고 하는 어떤 불가침 영역을 설정한 뒤, 권력자가 이를 침범하면 그 의무를 위반한 것으로 간주해서, 피지배자들의 국지적 저항이나 전면적 반란을 정당한 것으로 인정한다. 둘째, 좀 더 시간이 흐른 뒤에 통용된 것이지만, 국가가 중요한 결정을 내릴 때 구성원 또는 그들의 이익을 대표하는 기관의 동의를 얻도록 헌법으로 규정한다. 정도 차이는 있지만, 유럽의 최고 권력자들은 대부분 첫 번째 제한을 따르지 않을 수 없게 되었다. 그러나 두 번째는 사정이 그렇지 못했다. 그래서 이를 달성하는 것, 또는 그것이 벌써 어느 정도 실행되고 있다면 좀 더 완벽하게 제한을 가하는 것이 자유를 찬미하는 사람들의 목표가 되었다. 그러나 적을 하나씩 물리치는 것에 만족하는 사람들, 그리고 권력자가 횡포를 부리지 못하도록 어느 정도 효율적인 장치만 만들어놓으면 된다고 생각하는 사람들은 더 이상 욕심을 부리지 않았다.

그러나 사회가 발전하면서 사람들은 자신의 이익과 지배

자의 이익이 대립하는 것은 어쩔 수 없는 자연의 섭리라는 생각을 버리게 되었다. 오히려 나랏일을 담당하는 고위직 관리는 국민의 이익을 위해 봉사하는 일꾼 또는 대리인이며, 따라서 마음에 들지 않으면 언제든지 바꿔버릴 수 있는 존재라고 인식하기 시작했다. 그렇게 하는 것이 권력자가 국민의 이익에 어긋나게 함부로 정치를 하지 못하게 하는 최선의 길이라고 생각하게 된 것이다. 점차 각국의 민주 정당들이 지배자의 권력을 제한하기보다는 일정 임기의 지배자를 선거를 통해 뽑는 것이 이런 목적을 달성하는 데 더 효율적이라는 사실을 깨닫게 되었다. 피지배자들의 주기적인 선택을 통해 지배 권력을 창출하는 제도가 정착·확산되면서, 어떤 사람은 그동안 너무 권력의 제한에만 초점이 맞추어졌다는 점을 지적하기 시작했다. 물론 인민의 이익에 반해서 줄곧 권력을 휘둘렀던 지배자들에게는 그런 조치가 필요했다(또 그렇게 받아들일 소지도 있다). 그러나 이제는 사정이 달라졌다. 지배자와 인민이 하나가 되어야 한다. 지배자의 이익이 국민의 이익이 되고, 지배자의 의지가 곧 국민 전체의 의지가 되어야 하는 시대인 것이다. 따라서 국민이 자신의 의지를 견제할 필요가 없어졌다. 국민이 스스로에게 횡포를 부릴지 모른다는 걱정을 할 필요도 없어졌다. 지배자는 국민에 대해 철저하게 책임을 져야 하고, 그렇지 못할 때는 국민에 의해 즉시 권좌에서 쫓겨나게 된다. 따라서 국민이 권력의 사용처와 사용 방법을 엄격히 규정한다면, 그 권력을 지배자에게 안심하고 맡길 수 있을 것이다. 국민을 대신해서 행사하기 편리하도록 지배자 손에 집중되어 있을 뿐, 그것은 사실상 국민의 권력인 것이다. 유럽 자유주의European liberalism의 마지막 세대에 속하는 사람들은 대개 이런 생각—또는 감정이라고 하는 편이 더 나을 수도 있겠다—을 하고 있었다. 그리고 대륙의 자유주의자들은 아직도 이러한 경향을 두드러지게 간직하고 있다. 그래서 대륙의 정치사상가들 가운데, 그들이 볼 때 아예 존재하지도 말아야 할 정부라면 모를까, 정부가 하는 일에 어떤 형태로든 제약을 가해야 한다고 생각하는 사람은 그야말로 극소수에 불과하다. 물론 정부에 제약을 가하도록 만드는 상황이 지속되었더라면 영국에서도 그런 생각을 하는 사람이 많이 남아 있었을 것이다.

사람의 경우가 그렇듯이, 정치나 철학 이론도 변변찮을 때는 눈에 띄지 않다가 성공을 거두면서 그 결점이나 허점이 발견되곤 한다. 민주 정부를 세우는 것이 꿈속에서나 가능하거나 까마득한 옛날에나 존재했던 것으로 여겨질 때는, 인민이 자기 자신에게 행사하는 권력을 제한할 필요가 없다는 생각이 자명했을 것이다. 그런 생각은 프랑스 혁명과 같은 일시적인 소용돌이(이런 것들 가운데 가장 나쁜 것은 소수의 사람들이 폭력을 앞세워 밀고 나가는, 다시 말해 민주적 기관이 인민의 뜻을 받들어 정상적인 방법으로 추진하는 것이 아니라, 몇몇 사람이 왕이나 귀족들의 전횡을 무너뜨리기 위해 갑작스럽게 폭력에 호소하는 것이다) 앞에서도 그다지 흔들리지 않았다. 그러나 시간이 흐르면서 지구상의 큰 땅덩어리를 차지하는 한 나라에서 민주 공화정democratic republic이 세워졌고, 그 나라는 국제 사회의 열강 가운데 하나로 떠올랐다.[2] 그리고 선거를 통해 수립되고 인민에게 책임을 져야 할 정부가 하는 모든 일이 사람들의 관찰과 비판의 대상이 되었다. 이제 '자치自治'나 '인민의 자기 자신에 대한 권력 행사'라는 등의 말은 문제의 본질을 정확하게 표현하지 못하는 것으로 여겨졌다. 권력을 행사하는 '인민'은 그 권력이 행사되는 대상과 늘 같은 것은 아니다. '자치'라고 말하지만, 실제로는 각자가 스스로를 지배government of each by himself하기보다, 각자가 자기 이외 나머지 사람들의 지배를 받는 정치 체제government of each by all the rest가 되고 있다. 게다가 인민의 의지라는 것도 엄밀히 말하면, 가장 많은 수를 차지하는 사람들 또는 인민들 가운데 가장 활동적인 일부 사람들, 다시 말해 다수파 또는 자신을 다수파로 받아들이도록 만드는 사람들의 의지를 뜻한다. 따라서 인민이 자신들 가운데 일부를 억누르고 싶은 욕망을 품을 수도 있으므로 다른 권력 남용 못지않게 이에 대한 주의도 게을리해서는 안 된다. 집권자가 인민, 더 정확하게 말하면 인민 가운데 가장 강력한 집단에 대해 정기적으로 책임을 지게 되더라도, 정부가 개인들에게 행사하는 권력에 일정한 제한을 가하는 것은 여전히 중요하다. 이런 생각은 높은 지성을 자랑하는 사상가들, 그리고 실질적 또는 잠재적으로 민주주의와 대립할 수밖에 없는 유럽 사회의 주요 계급에 똑같이 파고들어 그 위상을 굳혔다. 이제 정치 영역에서 '다수의 횡포tyranny of the majority'3는 온 사회가 경계하지 않으면 안 될 큰 해악 가운데 하나로 분명히 인식되고 있다.

다른 권력의 횡포와 마찬가지로, 다수의 횡포도 주로 공권력 행사를 통해 그 해악이 처음 목격되었으며, 지금도 다르지 않다. 그러나 주의 깊게 관찰해보면, 사회 자체가 횡포를 부린다고 할 때—다시 말해 사회가 개별 구성원들에게 집단적으로 횡포를 부린다고 할 때—그것은 정치적 권력 기구의 손을 빌려 할 수 있는 행위에만 한정되는 것은 아니다. 사회는 스스로의 뜻을 관철시킬 수 있고 실제로도 그렇게 한다. 이처럼 사회가 그릇된 목표를 위해 또는 관여해서는 안 될 일을 위해 권력을 휘두를 때, 그 횡포는 다른 어떤 형태의 정치적 탄압보다 훨씬 더 가공할 만한 것이 된다. 정치적 탄압을 가하는 사람들과는 달리 웬만해서는 극형을 내리지 않는 대신, 개인의 사사로운 삶 구석구석에 침투해, 마침내 그 영혼까지 통제하면서 도저히 빠져나갈 틈을 주지 않기 때문이다. 그러므로 정치 권력자들의 횡포를 방지하는 것만으로는 충분하지 않다. 그뿐만 아니라 사회에서 널리 통용되는 의견이나 감정이 부리는 횡포, 그리고 통설과 생각이나 습관이 다른 사람들에게 사회가 법률적 제재 이외의 방법으로 윽박지르며 그 통설을 행동 지침으로 받아들이도록 강요하는 경향에도 대비해야 한다. 사회는 이런 방법을 통해 다수의 삶의 방식과 일치하지 않는 그 어떤 개별성individuality도 발전하지 못하도록 방해한다. 그리고 할 수만 있다면 아예 그 싹조차 트지 못하게 막으면서, 급기야는 모든 사람의 성격이나 개성을 사회의 표준에 맞도록 획일화하려고 한다. 그러나 분명히 강조하지만, 집단의 생각이나 의사가 일정한 한계를 넘어 개인의 독립성에 함부로 관여하거나 간섭해서는 안 된다. 그런 한계를 명확히 하여 부당한 침해가 일어나지 않게 하는 것은 인간다운 삶을 유지하는 데서 정치적 독재를 방지하는 것 못지않게 긴요하다.

원론적으로 보자면 이 명제에 이의를 제기하기가 어려울 것이다. 그러나 그 한계가 어디까지인지, 다시 말해 개인의 독립성과 사회의 통제 사이에서 적절한 접점을 어떻게 찾을 것인지 구체적으로 따져보면 해결해야 할 문제가 한둘이 아니다. 무엇이든지 누군가에게 가치가 있느냐 없느냐 여부는 다른 사람들의 행동에 제약을 가할 힘이 있느냐 없느냐에 달려 있다. 그러므로 일부 행동 규칙은 우선 법에 따라 정해져야 한다. 그리고 법이 관여하기 어려운 그 밖의 많은 일들은 사람들의 생각에 따라 결정되어야 한다. 어떤 것이 이런 규칙이 되어야 마땅한지는 우리 인간의 삶에서 가장 중요하게 탐구되어야 할 문제이다. 그러나 아주 명백한 몇몇 경우를 제외하면 이 문제의 정답을 찾기란 거의 불가능하다. 게다가 시대에 따라서 답이 항상 다르다. 서로 다른 두 사회가 같은 답을 낸 적이 거의 없다. 한 시대나 사회가 내린 결정이 때로 다른 시대나 다른 사회의 사람에게는 놀라워 보이기도 한다. 그러나 그런 결정을 내린 특정 시대, 특정 국가의 사람들은 다른 사람들도 오래전부터 늘 자신들과 똑같은 생각을 해왔다고 믿으며 이에 대해 추호도 의심하지 않는다. 그들은 자신이 확립한 규칙이 자명하며 누가 봐도 옳다고 여긴다. 거의 모든 사람들이 빠지기 쉬운 이런 착각은 관습이 빚어내는 가공할 만한 부작용 가운데 하나라고 할 수 있다. 사실 이 관습이라는 것은 속담 그대로 제2의 자연이다. 아니, 더 정확하게 말하면 자연을 지속적으로 왜곡하고 있다. 관습은 사람들이 만들고 지켜온 행동 규칙의 타당성을 전혀 의심하지 못하게 만드는데, 관습은 이성적인 토의의 대상이 아니라는 일반적인 인식 때문에 이런 속성이 더욱 강화되고 있다. 사람들은 오래전부터 이것은 이성보다는 감정의 문제이며 따라서 이성은 필요하지 않다고 믿어왔다. 그리고 철학자 행세를 하고 싶어 하는 사람들이 그와 같은 믿음을 더욱 부추겼다. 자신, 그리고 자신과 같은 생각을 하는 사람들이 타인에 대해 이렇게 저렇게 해주었으면 좋겠다고 바라는 그 감정이 각자의 행동을 규율하는 실제 원리가 된다. 실제로 어느 누구도 자기가 원하는 것이 곧 자신의 판단 기준이 된다고 말하지는 않는다. 그러나 어떤 행동을 둘러싼 생각이 이성의 뒷받침을 받지 못한다면, 그것은 특정 개인의 선호preference에 지나지 않는다. 그리고 이성의 뒷받침이 있다 해도 그 이성이라는 것이 다른 사람들의 비슷한 선호에 대한 호소에 불과하다면, 그것은 여전히 한 사람 대신 여러 사람의 마음에 맞춰서 행동하는 것과 다를 바 없다. 그러나 보통 사람의 경우, 다른 사람들의 그런 선호가 도덕과 기호嗜好 또는 예의에 관한 자신의 관점을 세우는 데 강력한, 그리고 거의 유일한 근거가 된다. 그 사람이 믿는 종교의 교리도 이에 대해서는 분명한 지침을 주지 못한다. 어떻게 보면 그러한 선호가 종교의 교리를 해석하는 잣대가 되기도 한다. 그러므로 어떤 것이 칭찬받을 만하며 어떤 것이 비난받을 일인지에 관한 생각은 다양한 요인들의 영향을 받는다. 이들 요인은 다른 사람들이 어떻게 행동해주면 좋겠다는 자신의 바람에 영향을 끼치는데, 여타 문제에 대해 바라는 바를 결정하는 것이 많은 만큼이나 그 가짓수가 다양하다. 경우에 따라서는 이성이나 편견이나 미신, 어떤 때는 사회적 호감 또는 정반대로 사회적 반감, 또 어떤 때는 부러움이나 질투, 교만이나 오만 같은 것들이 그런 역할을 한다. 그러나 대부분은 욕망이나 자기 염려—정당한 또는 정당하지 않은 자기 이익—가 결정 인자가 된다. 어떤 한 계급이 떠오르는 곳에서는 어디든 그 계급의 이익과 계급적 우월 의식이 그 사회의 도덕률을 크게 좌우한다. 스파르타 사람과 그들의 노예, 농장주와 흑인 노예, 왕자와 신하, 귀족과 소작농, 남자와 여자 사이의 도덕률은 대부분 이런 신흥 계급의 이익과 감정에 따라 결정된다. 그렇게 촉발된 느낌과 생각은 떠오르는 계급의 도덕 감정과 그들 사이의 관계에 영향을 준다. 반면에 기세 좋던 계급이 몰락하거나 그 계급이 상승세를 타는 것을 사람들이 싫어하게 되면, 지금까지 지배적인 위치에 있던 도덕 감정에 이의를 제기하는 경우가 잦아진다. 사람들에게는 세속의 권력자 또는 신이 좋아하거나 싫어할 것이라고 생각되는 바를 맹목적으로 추종 또는 기피하는 노예근성 같은 것이 있다. 이것이 곧 지시와 금지의 형태로 인간의 행동 규칙을 결정적으로 규정하는 또 다른 원리가 된다. 이 노예근성은 이기심을 근본으로 하지만 위선적이라고 할 수는 없다. 그것은 마술사나 이단자를 화형시키는 것과 같은 극단적인 증오심을 낳는다. 한 사회의 도덕 감정이 형성되는 데는 하찮은 여러 요소들이 영향을 끼친다. 특히 그 사회 전체의 명백한 이해관계가 당연히 중요한 역할을 한다. 그러나 면밀히 따져보면 그런 이해관계 속에서 생겨나는 공감과 반감이 더 큰 영향을 준다고 할 수 있다. 사회의 이해관계와 그다지 또는 전혀 상관이 없는 공감과 반감 역시 그에 못지않게 중요한 작용을 한다.

따라서 사회 또는 사회를 움직이는 중요한 세력이 좋아하는 것과 싫어하는 것이 규칙의 실질적 원천이 된다. 사람들은 법을 지키지 않을 때 따르는 처벌이 두려워, 또는 여론의 힘에 밀려 그 규칙을 준수한다. 일반적으로 볼 때, 한 사회의 생각과 감정을 선도해온 사람들은 세밀한 부분에 불만이 있더라도 이 큰 틀을 내버려두었다. 그들은 사회가 좋아하고 싫어하는 것을 그대로 따라야 하는지 따지기보다는, 사회가 무엇을 좋아하고 싫어해야 하는지 캐묻는 데 주력했다. 그들은 이단으로 낙인찍힌 사람들의 자유를 보호하는 것과 같은 보편적 대의大義에는 별 관심이 없었다. 그보다는 특정 영역에서 자신들이 보여주는 이단적 성향을 껄끄럽게 생각하는 사람들의 감정을 바꾸는 데 더 골몰했다. 그러나, 어디에나 있기 마련인 몇몇을 제외하고, 대부분의 사람들이 종교적 신념만은 한마음으로 꾸준히 지켜왔다. 이 문제는 여러 면에서 시사하는 바가 많다. 이른바 도덕 감정이라는 것이 얼마나 엄청난 잘못을 저지를 수 있는지 보여주는 데 더없이 중요한 사례가 되기 때문이다. 이를테면 신실하고 완고한 믿음이 있는 이들에게는 신학적 증오 *odium theologicum*[4]가 가장 확실한 도덕 감정의 하나가 된다. 자칭 보편 교회Universal Church[5]의 족쇄를 앞장서 풀어버린 사람들도 처음에는 종교적 차이를 인정하지 않았다. 그 점에서는 그들도 교회 못지않았다. 그러나 어느 한쪽도 완승을 거두지 못한 채 각 교회 또는 종파가 본래 지분을 유지하는 것으로 만족해야 하는 상황에서 심각한 갈등과 대립이 막을 내리자, 다수파가 될 가능성이 없음을 알아차린 소수파들은 상대방에게 종교적 관용을 호소할 필요를 느끼게 되었다. 바로 이 싸움을 통해서 거의 결정적으로, 사회가 개인의 권리를 침해해서는 안 된다는 원리의 중요한 토대가 확보된 것이다. 이제 사회가 생각을 달리하는 개인에게 함부로 간섭하는 것이 어려워졌다. 종교의 자유를 신장하는 데 크게 기여한 위대한 저술가들은 특히 양심의 자유가 결코 침해되어서는 안 될 권리라는 점을 분명히 밝혔다. 그리고 각 개인이 자신의 종교적 믿음에 대해 절대적 자유를 누려야만 한다는 사실을 강조했다. 그러나 인간은 자신이 소중히 여기는 것과 대립되는 것에는 쉽사리 관용을 베풀지 못하는 천성을 타고났다. 따라서 신학적 논쟁으로 인해 자신의 평온한 삶이 침해받는 것을 원치 않는 사람들이 많아 종교적 무관심이 팽배한 일부 지역을 제외하고는, 실제로 종교의 자유를 누리는 사람들은 그리 많지 않았다. 관용의 폭이 가장 넓은 나라에서조차 종교를 믿는 거의 대부분의 사람들이 일정한 암묵적 예외를 상정한 가운데 관용의 의무를 받아들였다. 이를테면 교회 행정에 대해 생각이 다른 사람을 받아들일 수는 있지만 교리 자체와 관련해서는 완고한 태도를 취했다. 어떤 사람은 누구든지 용서하지만 '교황 절대주의자Papist'[6]나 '유일신교唯一神敎 신자Unitarian'[7]에 대해서는 예외적인 태도를 취한다. 또 어떤 사람은 계시 종교를 믿는 사람만 포용한다. 자선을 베풀다가도 신이나 천국의 존재를 믿지 않는 사람에게는 등을 돌려버리는 신자들도 있다. 장소를 불문하고 종교적 믿음이 진지하고 강렬한 곳일수록 관용의 폭이 좁다.

영국에서는 독특한 정치사의 영향 때문에 여론의 구속력이 크지만 상대적으로 법의 간섭은 유럽의 어느 나라보다도 적은 편이다. 영국인들은 의회나 행정부가 개인의 사적인 행동에 관여하는 것에 상당한 거부감을 품고 있는데, 이는 개인의 독립성을 지켜야 한다는 어떤 고귀한 뜻에서라기보다 정부가 일반 인민의 이익과 반대되는 세력을 대표한다는 오래된 통념에서 비롯한 것이다. 대다수 인민들이 아직, 정부가 자신들의 이익을 대변하기 때문에 정부의 힘이 곧 자신의 힘이 되고 정부의 생각이 곧 자신의 생각과 같은 것이라고 믿는 단계에는 이르지 못했다. 사람들이 자신과 정부를 동일시하게 되면, 이미 여론이 그러고 있듯이, 정부가 개인의 자유를 침해할 위험도 커지게 된다. 그러나 아직까지는 그동안 자유 영역으로 남아 있던 개인의 사생활에 정부가 간섭하려 드는 그 어떤 시도에 대해서도 사람들의 거부감이 상당히 큰 편이다. 합법적이든 그렇지 않든 관계없이, 사람들은 간섭 자체를 싫어하는 것이다. 사람들이 느끼는 그런 감정은 전체적으로 보면 옳고 타당한 것이지만, 구체적인 사안에 따라 옳은 결과를 이끌어낼 가능성만큼이나 그릇된 결론에 이를 가능성도 있다. 사실 정부의 간섭이 옳은 것인지 아니면 잘못된 것인지 손쉽게 판단할 수 있는 공인된 원리는 존재하지 않는다. 그저 각자의 개인적인 기분에 따라 결정될 뿐이다. 어떤 사람들은 좋은 결과가 나올 듯하든지, 아니면 잘못된 것을 시정할 수 있을 것처럼 보이면 기꺼이 정부의 간섭을 촉구하기도 한다. 반면 어떤 사람들은 정부의 간섭을 받느니 웬만한 사회적 해악은 있는 그대로 감수하려 든다. 구체적인 사안에 따라 사람들의 생각이 각양각색인 것이다. 감정이나 기분이 다르고, 정부의 개입이 필요한 이해관계에 대한 생각이 다르고, 또 개입하는 경우라도 정부가 일을 어떻게 처리하면 좋은지에 대한 생각이 각각 다르다. 그러면서도 정부가 마땅히 해야 할 일이 무엇인지에 대해 일관된 소신을 보이는 경우는 거의 없다. 규칙이나 원칙 없이 일을 처리하다 보니 어느 쪽이 반드시 옳다고 말할 수 없게 된다. 옳을 때도 있고 틀릴 때도 있기 때문이다. 그러므로 정부의 간섭을 촉구하는 쪽이나 반대하는 쪽이나 잘못될 가능성이 있기는 마찬가지이다.

나는 이 책에서 자유에 관한 아주 간단명료한 단 하나의 원리를 천명하고자 한다. 이를 통해 사회가 개인에 대해 강제나 통제─법에 따른 물리적 제재 또는 여론의 힘을 통한 도덕적 강권─를 가할 수 있는 경우를 최대한 엄격하게 규정하는 것이 이 책의 목적이다. 그 원리는 다음과 같다. 인간 사회에서 누구든 — 개인이든 집단이든 — 다른 사람의 행동의 자유를 침해할 수 있는 경우는 오직 한 가지, 자기 보호를 위해 필요할 때뿐이다. 다른 사람에게 해harm를 끼치는 것을 막기 위한 목적이라면, 당사자의 의지에 반해 권력이 사용되는 것도 정당하다고 할 수 있다. 이 유일한 경우를 제외하고는, 문명사회에서 구성원의 자유를 침해하는 그 어떤 권력의 행사도 정당화할 수 없다. 자신의 물질적 또는 도덕적 이익good을 위한다는 명목 아래 간섭하는 것도 일절 허용되지 않는다. 당사자에게 더 좋은 결과를 가져다주거나 더 행복하게 만든다고, 또는 다른 사람이 볼 때 그렇게 하는 것이 현명하거나 옳은 일이라는 이유에서, 그 자신의 의사와 관계없이 무슨 일을 시키거나 금지해서는 안 된다. 이런 선한 목적에서라면 그 사람에게 충고하고, 논리적으로 따지며, 설득하면 된다. 그것도 아니면 간청할 수도 있다. 그러나 말을 듣지 않는다고 강제하거나 위협을 가해서는 안 된다. 그런 행동을 억지로라도 막지 않으면 다른 사람에게 나쁜 일을 하고 말 것이라는 분명한 근거가 없는 한, 결코 개인의 자유를 침해해서는 안 되는 것이다. 다른 사람에게 영향concern을 주는 행위에 한해서만 사회가 간섭할 수 있다. 이에 반해 당사자에게만 영향을 끼치는 행위에 대해서는 개인이 당연히 절대적인 자유를 누려야 한다. 자기 자신, 즉 자신의 몸이나 정신에 대해서는 각자가 주권자인 것이다.

이 원리가 정신적으로 성숙한 사람에게만 적용될 수 있다는 사실을 굳이 부연할 필요는 없을 것이다. 지금 우리가 법에서 성인으로 규정한 나이에 미치지 못하는 어린아이나 젊은이들을 대상으로 이야기하고 있는 것은 아니다. 아직 다른 사람의 보호를 받아야 할 처지에 있는 사람들은 외부의 위험 못지않게 자신의 행동에 따른 결과로부터도 보호받아야 마땅하다. 같은 이유에서 미개 사회backward states of society에 사는 사람들도 이 대상에서 제외하는 것이 좋다. 왜냐하면 그런 사회에 사는 사람들은 아직 미성년자nonage인 것으로 보아도 무방하기 때문이다. 역사의 초기 상태에서는 독자적인 발전을 가로막는 장애가 너무 커 그것을 극복할 방도를 찾는 것이 거의 불가능하다. 그래서 나라를 발전시키겠다는 의욕으로 충만한 지도자가 달리 방법이 없을 때 그 어떤 편법을 쓰더라도 탓할 수가 없는 것이다. 미개인들barbarians을 개명시킬 목적에서 그 목적을 실제 달성하는 데 적합한 수단을 쓴다면, 이런 사회에서는 독재despotism가 정당한 통치 기술이 될 수도 있다. 우리가 여기에서 검토하고 있는 자유의 원리는 인류가 자유롭고 평등한 토론을 통해 진보를 이룩할 수 있는 시대에나 성립되지, 그런 때에 이르지 못한 상태에서는 생각할 수 없는 것이다. 때가 되기까지는, 아크바르Akbar[8]나 샤를마뉴Charlemagne[9] 같은 지도자에게 ─ 운이 좋아서 그런 사람이 있기만 한다면 ─ 암묵적으로 복종하는 것 외에 다른 방도가 없다. 그러나 사람들이 일단 확신이나 설득에 의해 자기 자신의 발전을 도모할 수 있는 능력을 갖추게 되면(우리가 여기에서 관심을 두고 있는 나라 사람들은 모두 이미 오래전에 이런 상태에 도달했다), 직접적인 형태는 물론, 말을 듣지 않을 때 고통을 주거나 처벌을 하는 방법 등 그 어떤 강제도 그들에게 이익을 주는 수단이 될 수 없다. 오직 다른 사람의 안전을 지킬 필요가 있을 때만 강제가 허용되는 것이다.

효용·utility과 무관한 추상적인 권리에 관한 생각이 이러한 나의 주장에 어떤 도움을 줄 수도 있겠지만, 나는 아무 말도 하지 않았다. 나는 효용이 모든 윤리적 문제의 궁극적 기준이 된다고 생각한다. 그러나 이 효용은 진보하는 존재인 인간의 항구적인 이익permanent interests에 기반을 둔, 가장 넓은 의미의 개념이어야 한다. 나는 이런 이익 개념 때문에, 오직 다른 사람의 이익에 영향을 주는 행위에 대해서만 외부의 힘이 개인의 자율성을 제한할 수 있다고 주장한다. 누군가 다른 사람에게 해가 되는 행동을 한다면 그 사람은 당연히 법에 따라 처벌을 받아야 한다. 적절한 법적 처벌이 어려울 때는, 모든 사람에게서 비난을 받아야 마땅하다. 그런가 하면 우리 모두는 다른 사람에게 도움이 되는 이런저런 일, 이를테면 법정 증언이라든가 자신이 속한 사회의 이익을 위해 필요한 공동 방위나 공동 작업의 일정 부분을 감당하는 일 등을 해야 한다. 그리고 이웃을 위험에서 구해주고 자기방어 능력이 없는 사람을 악용하지 못하게 간섭하는 등, 자선의 손길을 내미는 일을 회피해서는 안 된다. 마땅히 해야 할 이런 일들을 하지 않는 개인에게 사회가 책임을 묻는 것은 당연하다. 또 살다 보면 어떤 행동을 하는 것은 물론이고, 하지 않음으로써 남에게 피해를 줄 수도 있다. 어느 경우든 그 피해에 책임을 질 수밖에 없다. 그러나 후자의 경우, 훨씬 신중하게 그 책임을 물어야 한다. 누구든 다른 사람에게 피해를 주었을 때 그 일에 책임을 지는 것은 당연하다. 그러나 다른 사람이 피해를 입지 않도록 미리 막지 못했다고 책임을 추궁하는 것은 상대적으로 예외적인 일이 되지 않으면 안 된다. 하지만 세상에는 그런 예외를 정당화해주는 대단히 분명하고 심각한 경우가 숱하게 많다. 대외적으로 모든 개인은 자신이 하는 일에 이해관계가 있는 사람들에게, 그리고 필요하다면 그들의 보호자인 사회에 법적 책임을 져야 한다. 그러나 가끔 그런 책임을 지지 않아도 되는 때가 있다. 즉 사회가 간섭할 권리가 있지만 스스로에게 맡겨두는 것이 훨씬 더 좋은 결과를 가져오거나, 사회가 간섭하면 오히려 더 큰 해악을 빚을 위험이 있을 때는, 전후 사정을 살펴서 가장 유익한 방향으로 결정을 내리는 것이 바람직하다. 사회적 책임을 지지 않아도 되는 이런 경우에는 행위 당사자의 양심이 공법公法의 빈틈을 메워서 외부의 보호를 받을 수 없는 사람들의 이익을 지키는 데 최선을 다해야 한다. 다시 말해 이웃 사람들의 판단에 책임을 지지 않아도 되는 만큼 자신에게 더 엄격한 기준을 적용해야 하는 것이다.

그러나 ― 개인이 아닌 ― 사회가 아무런 이해관계가 없거나 있다 하더라도 간접적인 이해관계일 뿐인 행동 영역이 있다. 즉 자신에게만 영향을 주는 어떤 사람의 삶과 행태에, 또는 다른 사람에게 영향을 주는 경우라도, 그것이 그들의 자유롭고 자발적이며 속임수가 아니라 동의와 참여 아래 일어난 것이라면 사회가 관여해서는 안 된다. 여기에서 단지 '본인에게만'이라고 말하는 것은 어떤 행위가 낳는 최초의 직접적인 결과를 염두에 둔 것이다. 왜냐하면 그 사람에게 영향을 주는 것은 무엇이든 본인을 통해 다른 사람들에게도 영향을 줄 수 있기 때문이다. 이런 우연한 기회를 통해 생긴 결과에 대해서는 따로 고려해야 할 것이다. 지금까지 말한 이런 것들이 인간 자유의 기본 영역이 된다. 자유의 기본 영역으로 다음의 셋을 생각할 수 있다.

첫째, 내면적 의식의 영역이 있다. 이것은 우리가 실제적이거나 사변적인 것, 과학·도덕·신학 등 모든 주제에 대해 가장 넓은 의미에서의 양심의 자유, 생각과 감정의 자유, 그리고 절대적인 의견과 주장의 자유를 누려야 한다는 말이다. 의견을 표현하고 출판하는 일은 타인과 관련이 있기 때문에 다른 원칙에 의해 규제를 받아야 할지도 모른다. 그러나 이것도 생각의 자유만큼이나 중요하고 또 생각의 자유를 보호해야 하는 것과 똑같은 이유에서 보호되어야 하므로, 이 둘을 떼어놓는 것은 실질적으로 어렵다.

둘째, 사람들은 자신의 기호를 즐기고 자기가 희망하는 것을 추구할 자유를 지녀야 한다. 각각의 개성에 맞게 자기 삶을 설계하고 자기 좋은 대로 살아갈 자유를 누려야 한다. 이러한 일이 남에게 해를 주지 않는 한, 설령 다른 사람의 눈에 어리석거나 잘못되거나 또는 틀린 것으로 보일지라도 그런 이유를 내세워 간섭해서는 안 된다.

셋째, 이러한 개인의 자유에서 이와 똑같은 원리의 적용을 받는 결사結社의 자유가 도출된다. 다시 말해 타인에게 해가 되지 않는 한, 그리고 강제나 속임수에 의해 억지로 끌려온 경우가 아니라면, 모든 성인이 어떤 목적의 모임이든 자유롭게 결성할 수 있어야 하는 것이다.

어떤 정부 형태를 두고 있든 이 세 가지 자유가 원칙적으로 존중되지 않는 사회라면 결코 자유로운 사회라고 할 수 없다. 이런 자유를 절대적으로, 무조건적으로 누릴 수 있어야 완벽하게 자유로운 사회라고 할 수 있는 것이다. 자유 가운데서도 가장 소중하고 또 유일하게 자유라는 이름으로 불릴 수 있는 것은, 다른 사람의 자유를 박탈하거나 자유를 얻기 위한 노력을 방해하지 않는 한, 각자 자신이 원하는 대로 자신의 삶을 꾸려나가는 자유이다. 우리의 육체나 정신, 영혼의 건강을 보위하는 최고의 적임자는 누구인가? 그것은 바로 각 개인 자신이다. 우리는 자신에게 도움이 된다고 생각되는 방향으로 자기 식대로 인생을 살아가다 일이 잘못돼 고통을 당할 수도 있다. 그러나 설령 그런 결과를 맞이하더라도 자신이 선택한 길을 가게 되면 다른 사람이 좋다고 생각하는 길로 억지로 끌려가는 것보다 궁극적으로는 더 많은 것을 얻게 된다. 인간은 바로 그런 존재이다.

이런 주장이 결코 새로운 것은 아니며, 어떤 사람에게는 지극히 당연한 것으로 보일지도 모른다. 그러나 현 사회의 일반적인 의견이나 관행의 문제점을 이보다 더 정확하게 지적해줄 원리는 없을 것이다. 지금 우리는 사회가 설정한 성공의 기준에 맞춰 살도록 강하게 종용받고 있다. 그것은 (사회가 만든 것으로서) 우리와 무관하지만, 그에 대한 사회적 압력이 여간 심한 것이 아니다. 고대 국가들은, 철학자들의 성원에 힘입어서 공권력의 힘으로 시민들의 사적인 삶을 구석구석 통제하는 것이 당연하다고 생각했다. 국가가 모든 시민들의 육체적·정신적 삶 전반에 걸쳐 깊은 관심이 있었기 때문이다. 강력한 외적에 둘러싸인 약소국가의 경우 이런 현상은 특히 두드러졌다. 외국의 공격과 내부의 동요 앞에서 속절없이 무너질 위험에 놓여 있고, 잠시라도 통제를 느슨히 하거나 자유를 주면 곧 치명적인 결과가 생기는 상황이었기 때문에, 장기적으로 자유가 불러일으키게 될 긍정적 효과를 기다릴 여유가 없었던 것이다. 오늘날에는 정치 공동체의 규모가 커진데다, 무엇보다도 세속적 권위와 종교적 권위가 분리된 까닭에 (다시 말해 인간의 양심을 다루는 권력과 일상의 삶을 다스리는 권력이 다르기 때문에) 개인의 사적인 영역에 법이 지나치게 관여할 수 없다. 그러나 사회의 주도적인 흐름에서 벗어나려는 시도에 대한 도덕적 억압의 기제는 훨씬 강력해졌다. 특히 사회적인 문제보다 오히려 개인 각자의 고유한 문제에 대한 억압이 더 심해졌다. 도덕 감정을 형성하는 데 가장 중요한 요소가 바로 종교이다. 그러나 종교는 지금까지 거의 언제나, 인간의 행동 하나하나를 통제하려 하는 야심만만한 고위 성직자 또는 청교도 정신의 지배 아래 놓여 있었다. 그런데 종교의 이러한 과거 행태에 강력하게 반발했던 근대 개혁가들 가운데 일부는 오히려 교회나 그 어떤 종파보다도 더 영혼의 자유에 대한 억압의 불가피성을 주장하고 있다. 특히 콩트Auguste Comte[10]는 자신의 책《실증적 정치체제 *Système de Politique Positive*》에서 비록 법적 절차가 아니라 도덕의 힘에 의한 것이기는 하지만, 교조적인 고대 철학자보다도 더 개인에 대한 사회의 독재를 변호하고 있다.

이런 예외적 성향의 개별 사상가들은 그렇다 치더라도, 오늘날 세계 곳곳에서는 여론, 심지어 법의 힘을 통해 개인에 대한 사회 통제를 과도하게 확대하려는 경향이 늘어나고 있다. 사회의 힘을 강화하는 반면 개인의 힘은 축소해나가는 이런 부정적인 변화는 절로 사라질 일이 아니다. 오히려 앞으로 점점 더 가공할 위력을 발휘하게 될 것이다. 우연하게 인간의 본성이 되어버린 최선의 감정과 최악의 감정 가운데 일부가, 다른 사람들에게 — 권력자의 위치에서 또는 이웃 동료로서 — 자기 생각과 성향을 하나의 행동 지침으로 받아들이도록 강요하고 있다. 이러한 경향은 워낙 강해서 인간 감정의 힘이 줄어들면 모를까, 그것을 막을 도리가 없다. 불행하게도 그 힘은 줄어들지 않고 오히려 더 커지고 있다. 따라서 이런 불행을 미연에 방지하기 위한 인간의 도덕적 혁신이 일어나지 않는 한, 오늘날 세상 돌아가는 상황에 비추어볼 때 사태는 점점 더 악화되고 말 것이다.

이 책에서 주장하는 바를 효과적으로 전개하자면, 전폭적이지는 않지만 그래도 어느 측면에서는 많은 사람들이 공감하는 하나의 항목에 집중하는 것이 전체적으로 한꺼번에 펼치는 것보다 더 나을 듯하다. 그것은 바로 생각의 자유이다. 이 생각의 자유와 말하고 쓰는 자유를 분리하는 것은 불가능하다. 그 둘은 밀접하게 관련되어 있기 때문이다. 종교적 관용과 자유로운 제도의 존재를 공언하는 모든 나라에서 이러한 자유가 상당한 정도까지 보장되고 있지만, 통념과 달리 보통 사람들은 그 자유의 철학적·실천적 원리에 그다지 익숙하지 않다. 그들이 그 문제를 정통하게 이해하기를 기대하는 것은 더구나 무리이다. 심지어 지도층 인사들조차 잘 모른다. 엄밀하게 말하면 이러한 원리는 특정 자유를 넘어 훨씬 더 넓게 적용될 수 있다. 따라서 이것과 관련된 문제들을 잘 검토하고 나면 이 책의 나머지 부분도 좀 더 쉽게 이해할 수 있을 것이다. 지금부터 내가 말하고자 하는 바를 이미 잘 알고 있는 사람들은, 지난 300년 동안 끊임없이 논의되어온 주제에 대해 새삼스럽게 사족을 하나 더 붙이는 것을 용서해 주기 바란다.

제2장

생각과 토론의 자유

'출판의 자유'가 정부의 타락이나 전횡專橫을 막아주는 중요한 장치의 하나라는 사실을 굳이 강조해야 하던 때는 이미 지났다. 사실 그렇게 믿어도 될 것이다. 따라서 인민의 이해관계와는 동떨어진 입법가나 행정 책임자가 인민에게 어떤 의견을 강요하고 특정 교리나 주장에 대한 접근을 제한하는 행위가 용납될 수 없다는 사실을 굳이 언급할 필요는 없을 것이다. 더구나 이런 문제에 대해서는 이미 과거에 많은 논객들이 훌륭한 주장을 폈기 때문에 내가 이 책에서 더 거들 이유는 없다. 비록 오늘날 영국의 출판에 관한 법이 튜더 왕조 시절만큼이나 억압적이기는 하지만, 반란에 대한 두려움 때문에 고위 관리와 법관들이 제정신을 잃고 일시적으로 혼란 상태에 빠졌던 때를 제외하고는, 정치적 논란을 둘러싸고 실제적으로 이 자유가 침해되는 경우는 거의 없었다.[11] 일반적으로 말해서 인민에 대해 전적으로 책임을 지는 국가든 아니든 인민의 자유를 전면 억압하겠다고 노골적으로 나서지 않는 한, 민주주의 국가에서 정부가 가끔씩 사람들의 의사 표현을 통제하려 한다고 해서 특별히 두려워할 이유는 없다. 그러므로 정부와 인민이 완전히 하나이고, 인민의 지시가 없는 한 정부가 그들의 자유를 강제로 구속하는 일은 아예 생각도 하지 않는다고 상정하자. 나는 인민이 스스로든 정부를 통해서든 그렇게 강제할 권리는 지니고 있지 않다고 생각한다. 그런 권력은 어떤 정당성도 얻지 못한다. 최상의 정부일지라도 최악의 정부와 마찬가지로 그럴 자격은 없다. 여론을 빌려 자유를 구속한다면 그것은 여론에 반해 자유를 구속하는 것만큼이나, 아니 그보다 더 나쁜 것이다. 전체 인류 가운데 단 한 사람이 다른 생각을 한다고 해서, 그 사람에게 침묵을 강요하는 일은 옳지 못하다. 이것은 어떤 한 사람이 자기와 생각이 다르다고 나머지 사람 전부에게 침묵을 강요하는 일만큼이나 용납될 수 없는 것이다. 어떤 의견이 본인에게는 모를까 다른 사람한테는 아무 의미가 없고 따라서 그 억압이 그저 사적으로 한정된 침해일 뿐이라 해도, 그런 억압을 받는 사람이 많고 적음에 따라 이야기는 달라질 수 있다. 그러나 어떤 생각을 억압한다는 것이 심각한 문제가 되는 가장 큰 이유는, 그런 행위가 현 세대뿐만 아니라 미래의 인류에게까지—그 의견에 찬성하는 사람은 물론이고 반대하는 사람에게까지—강도질을 하는 것과 같은 악을 저지르는 셈이 되기 때문이다. 만일 그 의견이 옳다면 그러한 행위는 잘못

을 드러내고 진리를 찾을 기회를 박탈하는 것이다. 설령 잘
못된 것이라 해도 그 의견을 억압하는 것은 틀린 의견과 옳
은 의견을 대비함으로써 진리를 더 생생하고 명확하게 드러
낼 수 있는 대단히 소중한 기회를 놓치는 결과를 낳는다.

이 두 측면에는 각각 나름대로의 논리가 있으므로 하나씩
따져볼 필요가 있다. 어떤 의견을 폐기하고자 할 때, 우리는
결코 그것이 잘못되었다는 것을 확신할 수 없다. 그리고 비
록 그것이 잘못되었다는 확신이 있더라도 그것을 억누르는
것은 여전히 옳지 못하다.

첫째, 권력을 동원해서 억누르려는 의견이 사실은 옳은 것
일 수 있다. 그 의견을 짓밟으려는 사람들은 물론 그것을 부
인할 것이다. 그러나 그들이 결코 잘못을 범하지 않을 만큼
완벽한 사람들은 아니다. 그들이 다른 모든 사람들을 대신해
서 그 문제에 대해 결정하고 다른 이들이 판단할 기회를 빼
앗아버려도 좋을 만큼 절대적인 권한을 쥐고 있는 것은 아니
다. 만일 그들이 특정 의견이 잘못되었다는 확신 아래 다른
사람들이 들어볼 기회조차 봉쇄해버린다면, 그것은 자신들의
생각이 절대적으로 옳다고 가정하는 것이나 마찬가지이다.
스스로 완전하다infallibility고 전제하지 않는 한 일체의 토론
을 차단해버릴 수는 없다. 사람들이 흔히 이런 착각에 빠지
는 탓에 자기와 다른 생각을 용납하지 못하는 것이다.

인간의 양식良識을 위해서는 불행한 일이지만, 사람들은

자신의 판단이 틀릴 수 있다는 사실을 이론상으로는 인정하면서도, 막상 현실 문제에 부딪히면 좀처럼 그렇게 생각하지 않는다. 자신이 틀릴 수 있음을 잘 알지만 그런 잘못에 대비해서 미리 어떤 조치를 취할 필요성은 그다지 느끼지 못하는 것이다. 그리고 분명히 옳은 것이라고 확신하는 어떤 의견이 실은 그들도 인정하는 바로 그 사실, 즉 인간의 판단이 잘못될 수 있다는 것을 보여주는 한 예가 될 수 있음을 인정하려 하지 않는다. 절대적인 권력자나 맹목적인 복종을 요구하는 데 익숙한 사람들은 거의 모든 문제에 대해 자신들의 생각이 완벽하게 옳다는 확신에 빠지기 쉽다. 어떤 사람들은—좀 더 다행스럽게도—때로 자신의 생각이 잘못됐다는 것을 알면 막무가내로 그 생각을 고집하지는 않는다. 그런 이들도 주변 사람들이나 자기가 습관적으로 추종하는 사람들이 자신과 같은 생각을 하고 있음을 알게 되면, 그 생각에 절대적으로 집착한다. 사람들이 자신의 독자적인 생각에 자신감이 없으면 없을수록 일반적인 의미의 '세계'의 완전함에 암묵적인 믿음을 품고 더욱 의지하게 되기 때문이다. 보통 사람들에게는 각자가 직접 부딪히고 경험하는 것, 즉 정당, 집단, 교회, 계급 등이 모여 이 세계를 구성한다. 이에 견주어 세계의 의미를 국가나 시대처럼 광범위한 것으로 이해하는 사람은 자유주의자나 생각이 탁 트인 사람이라고 부를 수도 있겠다. 이들 보통 사람들은 자기가 속한 집단의 권위에 대한 믿음이 어찌나 단단한지, 다른 시대나 국가, 다른 집단이나 교회, 계급, 그리고 정당 등이 자기 집단과 정반대로 생각해왔고 심지어 지금도 그렇게 생각하고 있다는 사실을 알게 되더라도 전혀 영향을 받지 않는다. 이들은 자기 집단이 오류에 빠진 사람들을 바르게 이끌 책임이 있다고 생각한다. 자기가 귀속감을 느끼게 되는 집단이 하찮은 사건으로 인해 바뀔 수 있다는 사실—이를테면 런던에서 어떤 사람을 교회에 나가도록 만드는 이유가 베이징에서는 불교나 유교 신자가 되게 하는 이유가 될 수도 있다—에도 그다지 신경을 쓰지 않는다. 그러나 숱한 논리를 동원하지 않더라도 오류를 범할 가능성이라는 점에서 볼 때, 시대가 개인보다 더 나을 것 없음은 시대 그 자체가 증명해준다. 각 시대는 수많은 의견을 잉태하는데, 시간이 지나다 보면 그런 의견들이 잘못되었을 뿐 아니라 우스꽝스러운 것이라고 판명 나는 경우도 많다. 과거가 현재에 의해 부정되듯이 현재는 미래에 의해 번복될 것이다. 그래서 현재 많은 사람들이 받아들이는 생각들 가운데 상당수가 미래의 어느 시점에서는 폐기될 것이 거의 확실하다.

이러한 주장에 다음과 같은 반론이 제기될 수 있다. 공권력이 자신의 판단과 책임에 대해 확신에 찬 나머지, 다른 모든 주장을 금지하는 경우가 있다. 자신은 결코 오류를 범하지 않는다는 터무니없는 믿음 때문에 그렇게 한다. 사람은 특정한 판단에 따라 어떤 행동을 하게 된다. 그런데 사람은 누구나 다 실수할 수 있으므로 어느 누구도 판단하려 해서는 안 된다고 한다면 어떤 일이 벌어질까? 나랏일을 맡은 사람들은 어떤 것이 옳지 않다고 판단하고서 그것을 하지 못하게끔 차단할 수 있다. 그러나 그렇다고 해서 그들의 판단이 언제나 옳음을 뜻하는 것은 아니다. 직무상 해야 할 일이라면, 비록 잘못될 개연성이 있더라도 자신의 양심에 입각해서 처리해야만 하는 것이다. 우리 생각이 틀릴지도 모른다는 두려움 때문에 각자의 생각에 따라 행동하는 것을 완전히 포기한다면, 자신의 이익을 지키는 것이 불가능해진다. 각자가 마땅히 해야 할 일도 할 수 없게 된다. 모든 행동을 겨냥한 비판인 경우, 사실 특정한 상황의 그 어느 것에도 적용되지 못할 수 있다. 정부나 개인이나 각자 할 수 있는 한 가장 정확하게 판단할 수 있도록 최선의 노력을 기울여야 하며, 주의 깊게 판단을 내릴 의무가 있다. 그러나 정말 자신의 판단이 옳다는 분명한 확신이 서지 않는 한, 다른 사람에게 그것을 강요해서는 안 된다. 의식이 아직 개화되지 못했던 과거 어느 때에, 지금은 옳다고 받아들여지는 어떤 생각을 펼친다는 이유로 탄압을 받은 사람들이 있었다. 그렇다고 해서 옳다는 확신이 드는데도(이것을 논리적으로 입증할 수도 있을 것이다) 자기 생각에 따라 행동하는 것을 주저한다면, 그리고 진솔하게 판단할 때 어떤 주장이 현시대뿐만 아니라 다가올 미래의 인류 사회에도 해가 될 것이 분명한데도 그냥 무차별 확산되도록 내버려둔다면, 그것은 양심적인 행동이 아니라 비겁한 짓이다. 똑같은 실수를 되풀이하지 말자고 말할지도 모르겠다. 그러나 많은 정부와 국가가 마땅히 해야 할 일들을 처리하면서 숱한 실수를 저질러왔다. 부당한 세금을 거둬들였고 정의롭지 못한 전쟁을 벌였다. 그렇다고 우리가 지금 세금을 내지 말아야 하고 어떤 도발을 당하더라도 총을 잡지 말아야 할까? 사람이나 정부나 능력이 닿는 한 최선의 길을 찾아 행동해야 한다. 절대적으로 확실한 것은 있을 수 없다. 그러나 인간의 삶에서 어떤 목적을 향해 나가는 것이 좋은지 판단하는데 크게 도움이 되는 것은 얼마든지 찾을 수 있다. 우리는 각자의 생각이 자기 자신의 행동을 인도하는 진정한 길잡이가 될 수 있음을 믿어도 된다. 아니, 반드시 그렇게 믿어야 한다. 잘못된 생각을 퍼뜨려 사회를 나락으로 떨어뜨리려는 악당들을 규제해야 한다는 믿음이 있는 사람이라면, 자신에 대해서도 최소한 이 정도의 확신은 가질 수 있다.

그러나 나는 지금 말한 이런 믿음이 훨씬 많은 것을 상정하고 있다고 생각한다. 온갖 논박을 거쳤지만 허점이 발견되지 않은 어떤 생각을 진리라고 가정하는 것과, 아예 그런 논박의 기회를 봉쇄하기 위해 그것을 진리로 가정하는 것은 본질적으로 다르다. 우리 생각에 대해 철저한 부정과 비판 과정을 거친 뒤, 그래도 살아남은 생각에 입각해서 어떤 행동에 나선다면 그 행동의 타당성은 매우 높아질 것이다. 이렇게만 하면 보통 사람이라 해도 인간 능력이 허용하는 한 최고 수준의 이성적 합리성을 확보할 수 있을 것이다.

인류가 발전시켜온 생각이나 일상적인 행동의 역사를 놓고 볼 때, 우리의 삶이 더 나빠지지 않고 지금 이 상태로나마 유지될 수 있었던 것은 무엇 때문일까? 한 가지 분명한 것은, 인간의 지적 능력 속에 들어 있는 그 어떤 힘 덕분에 그런 것은 아니라는 사실이다. 왜냐하면 자명하지 않은 문제에 대해 대체로 100명 가운데 99명은 제대로 판단할 능력이 전혀 없기 때문이다. 그런 능력을 갖추었다고 할 수 있는 나머지 한 사람도 사실은 상대적으로 보아서 그렇다는 것뿐이다. 과거의 뛰어난 사람들 가운데 대다수는 오늘날의 우리가 보기에는 틀린 생각을 하고 있었으며, 오늘날 아무도 수긍하지 못할 수많은 일을 주장하거나 행동으로 옮겼다. 그런데도 전체적으로 볼 때 인류의 생각과 행동이 지금처럼 놀라울 만큼 이성적인 방향으로 발전해올 수 있었던 것은 무슨 까닭일까? 인류가 이런 상태에 이를 수 있었던 것은 ─ 인간의 삶이 절망에 가까운 파국 상태에 빠지지 않으려면 그래야 했겠지만 ─ 인간 정신의 한 특징 때문이다. 다시 말해 지적 또는 도덕적인 존재로서 인간이 보여주는 모든 자랑스러운 것들의 근원, 즉 자신의 잘못을 시정할 수 있는 능력 덕분에 이렇게 된 것이다. 인간은 토론과 경험에 힘입어 자신의 과오를 고칠 수 있다. 경험만으로는 부족하다. 과거의 경험을 올바르게 해석하자면 토론이 반드시 있어야 한다. 잘못된 생각과 관행은 사실과 논쟁 앞에서 점차 그 힘을 잃게 된다. 그러나 사실과 논쟁이 인간 정신에 어떤 영향을 주기 위해서는 그 정신 앞으로 불려 나와야 한다. 사실 스스로가 진실을 드러내는 경우는 거의 없다. 사실에 관한 사람들의 논평이 있어야 그 의미를 알 수 있게 된다. 인간이 내리는 판단의 힘과 가치는 어디에서 오는가? 그것은 판단이 잘못되었을 때 그것을 고칠 수 있다는 사실에서 비롯한다. 따라서 잘못된 판단을 시정할 수단을 언제나 손쉽게 구할 수 있을 때, 비로소 그 판단에 대한 믿음이 생긴다. 어떤 사람의 판단이 진실로 믿음직하다고 할 때, 그 믿음은 어디에서 나오는 것일까? 그것은 바로 자신의 생각과 행동에 대한 다른 사람의 비판에 늘 귀를 기울이는 데서 비롯한다. 자신에 대한 반대 의견까지 폭넓게 수용함으로써, 그리고 자신은 물론 다른 사람에게도 어떤 의견이 왜 잘못되었는지 자세히 설명해줌으로써, 옳은 의견 못지않게 그릇된 의견을 통해서도 이득을 얻게 되는 것이다. 어떤 문제에 대해 가능한 한 가장 정확한 진리를 얻기 위해서는 의견이 상이한 모든 사람들의 생각을 들어보고, 나아가 다양한 처지에 있는 사람들의 시각에서 그 문제를 이모저모 따져보는 것이 필수적이다. 현명한 사람 치고 이것 외에 다른 방법으로 지혜를 얻은 사람은 없다. 인간 지성의 본질에 비추어볼 때 다른 어떤 방법으로도 지혜를 얻을 수는 없다. 다른 사람의 생각과 자신의 생각을 비교하고 대조하면서 틀린 것은 고치고 부족한 것은 보충하는 일을 의심쩍어하거나 주저하지 말고 오히려 이를 습관화하는 것이 우리의 판단에 대한 믿음을 튼튼하게 해주는 유일한 방법이다. 자기 생각에 명확하게 맞설 수 있는 모든 의견들을 소상하게 잘 파악하고 이런저런 반박에 자신의 견해를 분명히 밝힐 수 있는 사람—즉 자신에 대한 반대 의견이나 듣기 싫은 소리를 피하기보다 그것을 자청해 나서고, 다양한 측면에서 제기될 수 있는 수많은 비판을 봉쇄하지 않는 사람—은 이런 과정을 거치지 않은 다른 어떤 사람보다도 자신의 판단에 더 자신감을 품을 만하다.

세상에서 가장 현명한 사람들은 자신의 판단을 믿고 따라도 별 문제가 생기지 않는다. 이들이 그런 판단에 이를 수 있는 것은, 몇몇 제법 현명한 사람과 공중公衆이라고 불리는 다수의 어리석은 개인들의 잡다한 검증을 거치기 때문이다. 내 말이 결코 지나친 것은 아니다. 예를 들어, 교회 가운데서도 가장 완고하다고 할 수 있는 로마 가톨릭교회는 새로운 성자를 인정하는 시성식諡聖式에서조차 '악마의 변辯 devil's advocate'을 인내하며 듣는다. 인간으로서 최고의 경지에 이른 성인이라 하더라도, 악마가 그에게 할 수 있는 온갖 험담이 혹시 일말의 진실을 담고 있는 것은 아닌지 따져보기 전에는 그런 영광된 칭송을 받을 수 없다는 것이다. 심지어 뉴턴의 물리학조차도 수많은 의문과 시험에 내맡겨져 그 정당성을 확인받지 못했다면, 오늘날 우리가 느끼는 것과 같은 신뢰를 얻지 못했을 것이다. 사람들이 마음 놓고 믿는 것일수록 온 세상 앞에서 더 철저한 검증을 받아야 한다. 그래야 그 믿음이 단단해지는 것이다. 그런 검증의 기회가 주어지지 않는 경우는 말할 것도 없고, 일단 검증을 받았으나 허점이 드러나지 않은 경우에도, 인간의 현재 이성이 허용하는 수준 안에서 검증을 받은 데 지나지 않으므로 그것이 절대 진리라고 확신할 일은 결코 아니다. 진리에 이를 수 있게 해주는 것은 무엇이든 놓치면 안 된다. 검증의 문이 열려 있으면 언젠가 우리가 이성을 통해 더 높은 진리에 이르는 날이 올 것이라고 믿어도 좋다. 그때가 오기 전까지는 이런 방법을 통해 인간의 현재 수준에서 최고의 진리를 찾는 데 만족해야 한다. 이 정도가 유한한 인간이 확보할 수 있는 가장 높은 단계의 확실성이다. 그리고 다른 방법으로는 그 정도의 확실성도 확보할 수 없다.

정말 이상하게도 사람들은 자유 토론의 소중함을 인정하면서도 '극단적인 상황'에는 그 원칙을 외면한다. 그러나 이성의 힘을 믿어야 한다. 극단적인 경우에 소용없는 이성이라면 그 어떤 경우에도 도움이 되지 않을 것이다. 사람들이 무엇인가 의심쩍은 모든 문제에 대해 자유로운 토론을 해야 한다고 생각하는 것은 자신의 생각이 틀릴 수 있음을 부인하지 않기 때문이다. 그런데도 어떤 특정 원리나 교리는 진리임이 분명하므로, 다시 말해 그것이 진리라고 자기들이 확신하니까 질문의 대상이 되어서는 안 된다고 강변한다. 어떤 명제에 대해 토론이 허용되기만 하면 그 타당성에 의문을 제기할 사람이 분명히 있는데도 그것이 진리라고 주장하는 것은, 우리 자신, 그리고 우리와 생각을 같이하는 다른 사람들이 그 문제의 진리 여부를 판가름하는 심판이기 때문에 여타 의견을 들을 필요가 없다고 생각하는 것이나 마찬가지이다.

'신념이 사라지면서 회의주의에 대한 두려움이 넘쳐나는'[12] 시대—사람들이 자신의 생각이 옳다고 확신하기보다는 그런 생각 없이는 무엇을 해야 할지 알 수 없음을 더 확신하는 시대—로 묘사되는 오늘날, 어떤 한 의견이 사회에서 공격받을 때 이를 지켜주어야 한다는 주장이 제기된다면, 그것은 그 의견이 옳아서라기보다는 사회적으로 중요하기 때문이다. 그래서 사람들은 어떤 생각이—없어서는 안 된다고 말할 정도까지는 아니더라도—사회의 복리를 위해 대단히 유용하기 때문에 정부가 그 생각을 보호하는 것이 다른 어떤 이익을 지키는 것만큼이나 중요하다고 믿는다. 그럴 필요성이 있을 때, 그리고 그런 것을 충족하는 것이 정부의 의무라고 한다면, 정부가 사람들의 일반적인 생각과 어긋나지 않는 한도 안에서 나름대로 판단해서 행동해도 무방하다는 것이다. 또 경우에 따라서는 그렇게 하지 않으면 안 된다고 주장한다. 그리고 오직 나쁜 인간들만이 이런 유익한 생각에 회칠을 한다고 주장하는 사람들이 가끔 있다. 말을 안 해서 그렇지 그렇게 믿는 사람이 더 많다. 따라서 나쁜 인간들을 윽박지르고 못된 짓을 하지 못하게 가로막는 것은 전혀 나쁘지 않다는 생각이 널리 퍼져 있다. 이런 발상을 따르게 되면, 어떤 주장이 진리인지 아닌지가 아니라 그것이 유용한지 아닌지를 기준으로 토론의 자유를 억압하는 것이 정당화된다. 그결과, 자기 생각은 절대적으로 옳다고 주장하는 데 따르는 부담을 덜 수 있게 된다. 그러나 자족하기에는 아직 때가 이르다. 이것은 '내 생각은 결코 틀릴 수 없다'는 과신이 그 형태만 달리한 것에 지나지 않기 때문이다. 하나의 생각이 지니는 유용성과 관련해서는 사람마다 의견이 다르기 때문에 많은 논쟁이 일어나게 된다. 그래서 유용성을 판단하기 위해서는 그 생각의 진리 여부에 대해 그러는 것만큼이나 자유롭고 치열한 토론을 거쳐야 한다. 비난의 대상이 되는 어떤 생각을 변호할 수 있는 완전한 자유가 없다면, 그 생각이 사람들에게 해를 끼치는지 아닌지를 결정하기 위해서는 그것이 틀렸는지 틀리지 않았는지 판정할 때만큼이나 완벽한 재판관이 필요하다. 그런데 한 이교도가, 비록 자신의 생각이 진리라고 주장하는 것은 금지되어 있지만, 그것이 나름대로 효용이 있다거나 다른 사람에게 해를 끼치지 않는다고 주장할 수는 있다고 한다면, 이것이 과연 논리에 맞겠는가? 어떤 생각이 담고 있는 진리는 그 생각이 지닌 효용의 일부라고 보아야 한다. 어떤 한 명제가 바람직한 것인지 여부를 알고 싶을 때, 그것이 진리인지 아닌지를 제쳐두고 판단한다는 것이 가능한 일인가? 악한이라면 몰라도 지극히 훌륭한 사람의 처지에서 본다면, 진리와 배치되는 생각은 결코 유용할 수가 없다. 이런 사람들이 보기에 분명히 틀린 어떤 생각에 대해 다른 사람들이 유용한 것이라며 강변한다면 어떤 일이 벌어질까? 그들로서는 진리와 배치되는 생각은 어느 것도 유용하지 않다고 항변하지 않을 수 있겠는가? 널리 통용되는 의견을 따르는 사람들은 방금 말한 이런 주장을 통해 얻을 수 있는 것은 다 얻으려 한다. 그들은 효용의 문제가 전적으로 진리의 문제에서 출발한다는 것을 인정하지 않는다. 그러면서 자신의 주장이 부인할 수 없는 '유일 진리'이므로 그것에 대한 믿음이나 지식은 필수불가결한 것이라고 강조한다. 그러나 중요한 문제일수록 한쪽 면에만 치우쳐 논의하면 그것이 얼마나 유용한지 정확하게 따져볼 수 없다. 법이나 대중의 정서가 어떤 한 의견의 옳고 그름에 대해 따져보는 것을 허용하지 않는 상황에서는, 그것의 유용성을 부인하는 것도 어려울 수밖에 없다. 기껏해야 그것이 꼭 필요하다거나, 그것을 부인하는 것은 분명한 잘못임을 밝히는 것 정도만 할 수 있을 뿐이다.

더 들어볼 필요가 없다는 생각에, 어떤 주장을 공론에 부치지 못하도록 차단하는 것이 얼마나 나쁜 결과를 낳는지 분명히 보여주기 위해서는 구체적인 사례를 분석하는 것이 좋다. 그래서 일부러 가장 극단적인 경우—진리와 유용성이라는 두 가지 이유를 내세워 생각의 자유를 가장 심각하게 침해하는 사건—를 이야기해보려고 한다. 미래의 어느 시점, 어떤 한 국가에서 신의 존재에 대한 믿음이 비난의 대상이 된다고 가정해보자. 아니면 사람들이 흔히 받아들이는 어떤 도덕관을 놓고 이야기해보자. 위에서 말한 그런 근거를 가지고 이 싸움을 벌이게 되면 공정하지 않은 상대방에게 큰 힘을 실어주는 셈이 된다. 왜냐하면 그 사람은 보나마나 (그리고 불공정한 이득을 취하고 싶어 하지 않는 사람들도 속으로는) 이렇게 말할 것이 분명하기 때문이다. "이것이 바로 당신이 법의 이름으로 보호해주어야 할지 확신하지 못하겠다고 하는 그 주장인가? 신에 대한 믿음이 절대 틀릴 수 없다고 당신이 확신하는 그런 주장 중의 하나인가?" 그러나 내가 절대 확실성에 대한 전제라고 말하는 것이 어떤 원리(그것이 무엇이든 간에)에 대한 굳은 믿음을 뜻하는 것은 아니라는 점을 분명히 밝혀둔다. 그런 전제는 사람들로 하여금 어떤 문제에 대한 반대 의견을 못 듣게 한 뒤, 그들을 위해 그것에 관한 결정을 내리는 것과 같다. 나는 나의 확고한 신념에 따라 이런 가식을 나무라고 비난할 수밖에 없다. 누군가가 어떤 의견이 거짓일 뿐 아니라 치명적으로 나쁜 결과—그냥 나쁜 정도가 아니라 (내가 정말 싫어하는 표현을 빌리자면) 비도덕적이고 불경스럽기까지 한 결과 ─를 낳게 된다고 귀가 솔깃하게 설득하더라도, 그리고 아무리 자기 나라 사람들이나 같은 시대에 사는 사람들이 자신과 똑같은 생각을 한다 하더라도, 그런 개인적인 주장을 펴는 과정에서 당사자에게 변호할 기회를 주지 않는다면, 그는 자기가 절대적으로 옳다고 전제하고 있는 것이나 마찬가지이다. 설령 어떤 의견이 비도덕적이고 불경스럽다고 하더라도, 자신에게는 절대로 오류가 있을 수 없다고 전제하는 태도가 비판을 덜 받거나 덜 위험한 것은 결코 아니다. 오히려 그것은 무엇보다도 더 치명적인 해독을 끼치게 된다. 한 세대의 사람들이 이런 식으로 무시무시한 잘못을 저지르게 되면 그 결과가 다음 세대에까지 엄청난 해악을 끼치기 때문이다. 우리는 이런 생생한 사례, 즉 법을 내세워 인류가 자랑스러워해야 마땅할 훌륭한 사람들과 아주 소중한 주장들을 박해하는 경우들을 볼 수 있다. 그렇게 박해를 받은 사람들에게는 개탄스러운 일이지만, 이런 시도는 놀랄 만한 성공을 거두곤 했다. 그리고 그런 소중한 주장 가운데 일부는 살아남아 (역사의 비극이지만) 그런 주장과 생각을 거부하고, 일반적인 해석을 받아들이지 않는 사람들을 탄압하는 데 이용되기도 한다.

우리는 소크라테스라는 한 개인이 법률 당국과 대중 여론을 상대로 의미심장한 싸움을 벌였던 사건을 결코 잊을 수 없다. 그는 수많은 위대한 이들을 탄생시킨 나라와 시대에 태어났다. 소크라테스와 그가 산 시대에 대해 잘 아는 사람들은 그를 당대가 낳은 최고의 도덕적 인물이라고 말한다. 그리고 우리는 소크라테스를 그 이후 등장하는 모든 도덕철학자들의 원조이자 원형으로, 특히 탁월한 영감의 소유자인 플라톤과 사려 깊은 공리주의를 개척한 아리스토텔레스— 이 두 사람은 '모든 지식인들의 선생'[13]이자, 윤리학은 물론 다른 모든 철학의 양대 산맥이라고 할 수 있다—의 스승으로 기억한다. 그의 뒤를 이은 저명한 사상가들이 모두 그를 정신적 스승으로 존경해 마지않았다. 2000년이라는 세월이 지났지만 그의 명성은 오히려 더 높아만 가고 있다. 그의 조국 아테네를 나름대로 빛낸 사람을 모두 합쳐도 소크라테스 한 사람을 당하지 못할 정도이다. 그러나 아테네 사람들은 이 위대한 인물을 법정에 세운 뒤, 불경不敬과 부도덕이라는 죄목 아래 죽음으로 몰아넣고 말았다. 나라에서 공인하는 신들을 부인했다는 이유로 불경죄를 덮어씌운 것이다. 사실 그를 고소한 자들은 그가 아예 어떤 신도 믿지 않는다고 비난했다 (《소크라테스의 변론Apologia》[14]을 참조하라). 소크라테스는 또한 그의 철학과 강좌를 통해 '젊은이들을 타락시켰다'는 이유로 부도덕하다는 혐의를 받았다. 이런 혐의에 대해 법정은 어느 모로 보나 성실한 심리를 펼친 뒤 소크라테스의 유죄를 확정했다. 아마도 그때까지 태어난 인간들 가운데 최고, 최선이라고 할 수도 있을 그가 범죄자로 낙인찍혀 죽음을 맞게 된 것이다.

소크라테스의 죽음에 이어, 법의 이름으로 저질러진 또 다른 사건이 있다. 이 사건은 앞의 사건 못지않게 충격적이다. 지금부터 1800년 전 골고다에서 일어났던 일을 되돌아보자. 예수의 일생과 그가 남긴 말들을 직접 보고 들었던 사람들은 그 비범한 도덕성에 큰 감명을 받았다. 그렇기 때문에 이토록 오랜 세월이 지났지만 사람으로 태어난 전능자인 그에 대한 존경의 마음이 식을 줄 모르는 것이다. 그러나 예수는 불명예스럽게도 사형을 당하고 말았다. 무슨 죄목으로? 어이없게도 신을 모독했다는 것이 이유였다. 그를 죽음으로 내몬 인간들은 자신들에게 은혜를 베푼 예수를 단순히 곡해한 정도가 아니라 극단적인 불경자라는, 아예 그 실체와 정반대되는 존재로 취급하고 말았다. 사실은 그들이야말로 으뜸가는 불경자가 아니고 무엇인가. 우리는 이런 개탄할 일들, 특히 소크라테스와 예수의 죽음을 뒤돌아볼 때마다 비운의 주인공들에 대한 당시 사람들의 판단이 얼마나 잘못된 것이었는지 절감하게 된다. 억울한 죽음을 당한 그들은 어느 모로 보나 결코 나쁜 사람들이 아니었다. 보통 사람들보다 더 나쁜 존재가 아니었으며, 오히려 그 반대였다. 신앙이나 도덕, 그리고 자신이 살던 시대와 동포들을 진정으로 사랑했다는 점에서는 인간이 이를 수 있는 가장 높은 곳에 도달한 사람들이었다. 그들은 우리가 살고 있는 이 시대를 포함해서 그 어느 때를 기준으로 하더라도 아무런 흠결이 없는 사람들이었고, 따라서 존경을 받으며 일생을 살 수 있는 거인들이었다. 예수의 말씀이 선포되는 순간 대제사장[15]은 자신의 옷을 갈가리 찢었다. 그가 사는 나라의 어떤 기준으로 보더라도 그런 말을 한다는 것은 최악의 죄를 짓는 것이기 때문이었다. 따라서 그 대제사장은 예수의 그와 같은 행동에 공포와 격노의 감정을 품지 않을 수 없었다. 사실 그는 오늘날 종교와 도덕 영역에서 존경받는 수많은 경건한 사람들 못지않게 진지한 인간이었을지도 모른다. 오늘날 수많은 사람들이 그의 행동을 비난하지만, 그들도 대제사장이 살았던 시대에 유대인으로 태어났더라면 그와 똑같은 일을 했을 것이다. 정통 그리스도교 신자들은 최초의 순교자[16]를 돌로 쳐 죽인 사람들이 자신들보다 훨씬 못된 자들임이 틀림없다고 생각하기 쉽다. 그러나 그들은 그런 범죄를 저지른 인간들 가운데 한 사람이 바로 사도 바울이었음을 기억해야만 한다.

역사에 기록될 만한 실수를 저지른 사람들 가운데 지성과 덕성이라는 기준에서 가장 인상 깊은 한 사람을 중심으로 예를 하나 더 들어보자. 최고 권력을 누렸을 뿐 아니라 동시대의 인물 가운데 최고, 최선의 지혜를 가졌다고 자부하는 대표적인 인물이 바로 마르쿠스 아우렐리우스Marcus Aurelius[17] 황제이다. 그는 전 문명 세계를 지배한 절대 권력자였지만,

일생을 통해 정의의 표상이라는 평가를 받을 만큼 흠 없는 삶을 살았다. 나아가 마르쿠스 아우렐리우스는 스토아 철학을 정신적 바탕으로 하는 사람으로는 뜻밖이라는 말을 들을 정도로 그 누구보다 따뜻한 심성을 소유한 사람이었다. 그도 사람이니만큼 몇몇 약점을 지니고 있었지만 그것은 모두 덮어둘 수 있을 만한 정도의 것들이었다. 고대인의 윤리학 관련 저술 가운데 최고로 인정받는 그의 글[18]은 예수의 대표적인 가르침과 매우 흡사한 내용을 담고 있다. 설령 조금 다르다 하더라도 웬만해서는 구분하기 힘들 정도이다. 판에 박힌 사전적인 의미를 벗어나 조금만 더 넓게 해석한다면, 아우렐리우스는 그의 뒤를 이었던 왕들 가운데 독실한 신앙을 자랑했던 그 어떤 사람보다도 더 그리스도교적인 사람이었다. 그런 그가 그리스도교를 박해했다. 개방적이고 막힘이 없는 지성의 소유자였고, 고결한 인품으로 인해 그의 글 속에는 그리스도교적 도덕 이상이 흘러넘쳤으며, 그 결과 이제까지 인류가 이룩한 모든 성취의 정상에 우뚝 섰던 아우렐리우스였다. 그랬던 그가 자신이 맡은 바 임무를 열심히 수행하는 과정에서 그리스도교가 이 세상에 해악이 아니라 오히려 좋은 영향을 끼친다는 사실을 깨닫지 못한 것이다. 그가 보기에 당시 사회는 개탄스러운 상황에 놓여 있었다. 그래도 그 사회는—그가 보기에 또는 그의 눈에 그렇게 보인다고 생각했지만—기존 종교에 힘입어 질서를 유지하고 있었고 또 적어도 상태가 더 나빠지는 것은 피할 수 있었다. 그는 최고 지도자로서 사회가 붕괴하는 것을 막아야 했다. 그것이 그의 의무였다. 아우렐리우스는 한번 무너진 질서는 어떻게도 일으켜 세울 수 없다고 생각했다. 이런 상황에서 그리스도교라는 새로운 종교는 혁명적 변화를 공공연히 주장했다. 따라서 그 새 종교를 받아들이는 것이 그의 의무가 아니라면, 그로서는 그리스도교를 탄압하는 쪽을 택할 수밖에 없었다. 아우렐리우스는 그리스도교적 신학이 진실이며 어떤 신성한 기원을 두고 있다고 믿을 수 없었다. 신이 십자가에 못 박혀 죽었다는 이상한 역사도 믿을 수 없기는 마찬가지였다. 예수 한 사람에 전적으로 의존하는 신앙 체계가 도무지 근거가 없어 보였기 때문에, 그는 그리스도교가 오랜 세월을 거치며 상당 부분 약화되었음에도 사회를 혁신하는 원동력이 되리라는 것을 상상할 수도 없었다. 이런 이유에서 모든 철학자와 지배자를 통틀어 가장 자애롭고 온화한 사람이라 할 수 있을 그가, 자신의 신성한 의무를 수행한다는 생각에서 그리스도교에 대한 박해를 거리낌 없이 허용했다. 나는 이것이 인류 역사상 가장 비극적인 사건 가운데 하나라고 생각한다. 그리스도교가 콘스탄티누스 대제[19]가 아니라 마르쿠스 아우렐리우스에 의해 제국의 종교로 받아들여졌다면 그 역사가 어떻게 바뀌었을지 상상해보면 가슴 아픈 일이 아닐 수 없다. 그리스도교 신자들을 박해하는 그에게, 반그리스도교적인 가르침을 펴는 자들을 처벌해달라고 호소하는 사람이 분명히 있었다. 이 사실을 부인한다면, 그것은 그에 대한 평가를 그릇되게 하는 것이며 또한 진실도 아니다. 당시 그리스도교 신자들은 무신론이 잘못된 것이고 사회를 타락시킨다고 믿었다. 그러나 그리스도교는 나쁜 것이라는 마르쿠스 아우렐리우스의 믿음은 그보다 훨씬 더 확고했다. 동시대 사람들 가운데 어쩌면 그리스도교를 가장 잘 이해할 수 있는 사람이었는데도 말이다. 따라서 어느 누구든지 스스로 마르쿠스 아우렐리우스보다 더 현명하고 더 낫다고 (그래서 동시대의 지혜에 더 정통하고, 그 누구보다도 지성이 뛰어나며, 진리를 찾는 열정이 더 뜨겁고, 또는 진리를 찾으면 오로지 전심전력으로 그것에만 헌신할 수 있다고) 자부하지 못한다면, 절대 진리를 찾을 수 있다는 가정을 던져버려야 한다. 저 위대한 안토니누스Antoninus〔아우렐리우스〕도 바로 이런 자만 때문에 그토록 불행한 과오를 범한 것이다.

종교의 자유를 반대하는 세력들은 마르쿠스 안토니누스의 경우를 통해 그리스도교를 탄압하는 것이 불가능함을 깨닫고서, 강력한 저항에 부딪히면 때에 따라 그 자유를 인정하게 된다. 그러면서 존슨Samuel Johnson[20] 박사와 더불어 종교의 자유를 박해하는 자들은 그리스도교 신도들에 대한 탄압은 정당하고, 그러한 박해는 진리가 거쳐야 할 시련이며, 진리는 항상 그 시련을 성공적으로 이겨낼 것이라고 강변한다. 그리고 법적 처벌이 잘못된 행동을 막는 데 가끔씩 도움이 되기도 하지만 궁극적으로는 진리를 이길 수 없다고 말한다. 종교의 자유를 완강하게 거부하는 사람들은 이런 논리를 펴는데, 아무렇지도 않은 것처럼 무시해도 좋을 만큼 그리 만만한 것은 아니다.

아무리 박해를 가하더라도 진리 그 자체에는 아무런 해를 끼칠 수 없으므로 진리를 박해해도 무방하다는 주장에 대해, 나쁜 마음을 가지고 새로운 진리가 수용되는 것을 의도적으로 방해한다고 비난할 수는 없다. 그러나 새로운 진리를 발굴하는 데 크게 기여한 사람들을 박해하는 그들의 행태에 대해서는 좋게 말할 수가 없다. 이제껏 알려지지 않았지만 세상 사람들에게 매우 중요한 어떤 사실을 발견하는 것, 그리고 세속적인 또는 신성한 어떤 중요한 문제를 둘러싼 심각한 오해를 바로잡아주는 것은 인간이 다른 사람들을 위해 할 수 있는 그 어떤 일보다도 소중하다. 초기 그리스도교 신자들이나 종교개혁가들과 마찬가지로, 존슨 박사와 생각을 같이하는 사람들은 그것이 인간이 할 수 있는 일 가운데 가장 귀한 것이라고 믿었다. 그럼에도 이처럼 훌륭한 업적이 순교로 막을 내리고, 그런 선행에 대해 보상은커녕 사악한 범죄자 취급을 하는 경우가 생겨난다. 하지만 이러한 주장에 따르면, 그렇다고 해서 온 인류가 그 기막힌 실수와 불행에 대해 말로 다 표현할 수 없는 비탄에 사로잡힐 필요는 없다. 그저 늘 있을 수 있는 일반적인 일로 여기면 된다. 그들은 새로운 진리를 주장하는 자라면 로크리법[21]의 전통을 이어받아 교수대 밧줄을 자기 목에 두르고서 민회public assembly에서 자신의 입법 취지를 설명한 뒤, 그 자리에서 동의를 받지 못하면 즉시 스스로 목숨을 끊을 각오를 해야 한다고 강조한다. 은인을 이런 식으로 대접하는 사람은 자신이 받은 은혜에 고마워할 줄 모르는 자들이다. 내가 보기에 지금 여기에서 언급하는 사람들은, 새로운 진리가 한때는 귀중했겠지만, 이제 그에 대해 충분히 알게 된 후에는 상황이 다르다고 믿는 것 같다.

그러나 분명히 말해 진리가 언제나 박해를 이기고 최후의 승리를 거둔다는 주장은 오랫동안 사람들의 입에서 입으로 전해져 하나의 상식이 되다시피 했지만, 역사적인 모든 경험이 입증하듯이 사실은 유쾌한 거짓말에 지나지 않는다. 역사는 진리가 박해 앞에 무릎을 꿇고 만 숱한 사례를 보여준다. 영원히 그렇지는 않을지라도, 몇백 년 정도는 어둠에 묻혀 있어야 할 것이다. 종교 문제를 예로 들어보겠다. 종교개혁은 이미 루터[22] 이전에 적어도 스무 번은 일어났지만 모두 진압당하고 말았다. 이를테면 브레시아의 아르날도, 프라 돌치노, 사보나롤라, 알비주아파, 발도파, 롤라드파, 후스파 등이 모두 실패하고 말았다.[23] 심지어 루터의 혁명이 성공한 뒤에도 박해를 가한 자들은 모두 소기의 성과를 거두었다. 그래서 스페인, 이탈리아, 플랑드르,[24] 오스트리아 제국에서 개신교는 뿌리 뽑히고 말았다. 만일 메리 여왕이 살았거나 엘리자베스 여왕이 죽었더라면 영국에서도 분명 같은 일이 벌어졌을 것이다.[25]

이단자들이 너무 강력해서 효과적으로 척결하기 어려운 경우 말고는, 박해를 가하는 자들은 언제나 성공을 거두었다. 정상적인 이성이 있는 사람이라면 그리스도교가 로마 제국 시절에 최후를 맞고 말았으리라는 점을 의심하지 않을 것이다. 그런 그리스도교가 어떻게 널리 전파되면서 압도적인 영향력을 발휘할 수 있었을까? 그것은 그리스도교에 대한 박해가 간헐적으로만, 그것도 짧은 기간 동안에만 가해졌고, 박해와 박해 사이의 긴 기간 동안 그리스도교 신자들이 거의 아무런 방해도 받지 않은 채 선교 활동을 펼칠 수 있었기 때문이다. 거짓과는 달리 진리는, 오직 진리만이 지하 감옥과 화형의 박해를 이겨낼 수 있는 어떤 신비한 힘을 지녔다는 믿음은 순진한 착각에 지나지 않는다. 인간은 때로 거짓에 무섭게 빠져드는데, 진리를 향한 열정이 이것보다 더 뜨겁다고 할 수도 없다. 법적 제재는 물론이고 심지어는 사회적 제재라도 충분히 가해지기만 하면 진리나 거짓을 향한 열정은 중단되고 만다. 진리의 진정한 이점이란 다음과 같은 것이다. 어떤 생각이 옳다고 치자. 이 진리는 한 번, 두 번 또는 아주 여러 번 어둠에 묻혀버릴 수 있다. 그러나 세월이 흐르면서 때로는 좋은 환경을 만나 박해를 피하고, 그러다가 마침내 모든 박해에 맞서 싸워 이길 만한 힘을 얻게 될 때까지, 그것을 거듭 어둠 속에서 태양 아래로 끄집어내는 사람이 반드시 있다. 이것이 진리가 가진 힘이라면 힘이다.

이제 우리가 새로운 주장을 펴는 사람들을 죽음으로 내모는 일은 없을 것이라고들 이야기한다. 예언자들을 살육했던 우리 선조들과는 다르다는 것이다. 우리는 심지어 그들을 위해 지하 무덤을 만들어주기까지 한다. 우리가 더 이상 이단자들을 처단하지 않는다는 것은 사실이다. 어떤 생각이 아무리 사악하고 큰 벌을 받아야 마땅한 것이라 해도, 그것이 그런 생각을 발도 못 붙이게 할 만큼 심각한 결격사유가 되지는 못한다. 그러나 자화자찬은 그만두는 것이 좋겠다. 우리가 아직 법의 이름으로 가하는 박해의 구습舊習에서도 완전히 벗어나지 못하고 있기 때문이다. 어떤 생각, 아니면 적어도 그 생각의 표현을 금지하는 법이 아직도 존재하는 것이다. 이런저런 경우에 법적 처벌이 가해지다 보니 언젠가는 생각의 자유를 완전히 억압하는 날이 되돌아올지도 모른다는 우려가 전혀 터무니없이 들리지 않을 정도이다. 1857년 영국 콘월의 여름 순회재판소에서 한평생 그리 크게 어긋나지 않은 삶을 살아왔다는 평을 받는 한 남자가 재수 없게도 그리스도교를 비방하는 말을 하고 또 대문에 그런 내용을 썼다는 이유로 21개월 징역형을 선고받았다.[26] 이 일이 있은 지한 달도 못 돼서 올드 베일리라는 곳에서 두 사람이 각각 자신은 신앙을 가지고 있지 않다고 진솔하게 선언했다가 배심원 자격을 박탈당했다.[27] 그 가운데 한 사람은 재판관과 변호인단 중 한 명에게서 심각한 수모를 당했다. 세 번째 경우는 외국인[28]인데, 절도 행위에 대한 재판을 청구했으나 같은 이유로 기각당하고 말았다. 이런 일이 벌어진 것은, 신(어떤 신이든 상관없다)이나 내세의 존재에 대한 믿음을 공표하지 않은 사람은 법정에서 증언할 수 없다는 법규 때문이었다. 이는 이런 사람들은 무법자로서 법의 보호를 받을 수 없음을 선언하는 것이나 마찬가지이다. 그렇게 되면 이들이 자신들끼리, 또는 자신과 생각이 비슷한 사람들과 있을 때 강도를 만나거나 공격을 받아도 그 범죄자들을 처벌할 길이 없다. 뿐만 아니라 다른 사람들이 비슷한 어려움을 당해도 그들을 위해 증언을 해줄 수 없다. 내세를 믿지 않는 사람이 하는 선서는 아무런 효력이 없다는 이유에서 이런 일이 벌어지는 것이다. 이는 전적으로 역사에 대한 무지에서 비롯된 것이다. 역사를 통틀어 보면 불신자 중에 뛰어난 인격으로 특별한 존경을 받은 사람이 숱하게 많다. 역사에 대해 조금만 지식이 있는 사람이라면, 언행과 업적에서 최고의 명성을 누리는 위인들 가운데 대단히 많은 사람들이, 적어도 주변의 가까운 사람들 사이에서는 불신자로 널리 알려져 있음을 알 수 있다. 뿐만 아니라 그런 법규는 '제 얼굴에 침 뱉기' 식이고 결국은 법의 기초 자체를 훼손하게 된다. 이 법은 무신론자들은 거짓말쟁이가 틀림없다는 전제 아래, 자기가 무신론자라는 사실을 감추려 드는 사람들의 증언은 받아들이면서, 사람들이 싫어할지라도 양심을 속이지 않고 자신의 믿음을 용기 있게 드러내는 사람들만 배척한다. 당초 지향하는 목표와는 거리가 멀게 변질된 이 법은 오로지 증오의 화신이자 과거에 박해를 했다는 상징으로만 남게 되었다. 그러나 박해의 기억이 너무 생생한 나머지 이 법의 존재 이유는 의심을 받을 수밖에 없다. 이 법과 그것을 뒷받침하는 이론은 불신자 못지않게 믿음을 가진 사람들에게도 모욕을 안겨준다. 내세를 믿지 않는 사람은 거짓말을 하기 마련이라는 논리를 연장하다 보면, 내세를 믿는 사람들이 그저 지옥이 무서워 거짓말을 못한다는 말이 되기 때문이다. 우리는 이 법을 만들고 지지한 사람들이 그리스도교 윤리에 대해 품고 있는 생각이 그들 자신의 관점에서 비롯된 것이라고 단정하면서 흠집을 내고 싶은 마음은 없다.

이런 것들은 장차 박해를 가하겠다는 의지의 표현이라기보다는 박해가 남긴 추한 흔적이나 잔재라고 보는 편이 더 타당하다. 영국 사람들에게서 자주 발견되는 결점이 하나 있는데, 사실 그들이 어떤 옳지 못한 생각을 실제 행동으로 옮길 정도로 나쁜 사람들은 아닌데도 그 옳지 못한 원리를 주장하는 데 터무니없는 쾌감을 느낀다는 것이다. 따지고 보면 지금까지 말한 것도 그 예에 지나지 않는다. 지난 한 세대 동안 아주 고약한 형태의 법률적 박해는 자취를 감추었다. 그러나 불행하게도 대중의 마음이 앞으로도 계속 이런 상태를 유지하리라는 보장은 없다. 오늘날 과거의 해악을 재연하려는 시도가 새로운 이익을 구하려는 시도만큼이나 우리의 조용한 일상을 뒤흔들고 있다. 편협하고 교양 없는 사람들이 볼 때는, 우리 시대의 많은 사람들이 종교의 부활이라고 자랑스럽게 내세우는 것이 사실은 완고한 구닥다리를 복구하는 것과 다를 바 없다. 대중의 마음이 관용과 아주 동떨어진 곳에서는—영국의 중산층은 늘 이런 성향이 강하다—그저 조금만 부추겨도, 박해받아야 마땅한 대상이라고 확신하는 사람들에게 실제로 박해를 가하게 된다.[29] 자기가 소중하게 여기는 믿음을 부인하는 사람에 대해 품고 있는 생각과 마음 속 깊이 담고 있는 감정, 이런 것들이 영국의 정신의 자유를 잠식하고 있는 것이다. 과거 오랫동안 사람들은 법적 처벌을 받고 나면 사회적 오명에서 벗어날 수 없다는 점을 무엇보다 두려워했다. 이런 현실적인 두려움이 너무 컸기 때문에 영국의 지식인들은 사회적으로 금기시되는 의견을 자유롭게 공표할 수가 없었다. 법적 처벌을 유발할 수도 있는 생각을 털어놓는 것이 다른 나라 사람들보다 훨씬 더 어려웠던 것이다. 경제 형편이 좋은 덕분에 다른 사람의 호의를 얻기 위해 신경 쓸 필요가 없는 일부를 제외한 대부분의 보통 사람들에게는 여론이 법만큼이나 강력한 힘을 발휘한다. 밥벌이를 잃는 것은 물론, 자칫하면 철창에 갇힐 수도 있기 때문이다. 먹고사는 데 별 걱정 없는 사람이나 권력자, 그리고 이웃 사람 또는 대중에게 굳이 잘 보일 필요가 없는 사람들이야 무슨 문제에 대해서든 자신의 생각을 당당하게 밝히지 못할 이유가 없다. 물론 남들이 자신에 대해 좋지 않게 이야기하고 나쁘게 평가하는 것이 신경 쓰이기는 하지만, 감수하기에 특별히 어려운 일은 아니다. 따라서 그런 사람들까지 염려하거나 동정할 필요는 없다. 오늘날 우리는 생각이 다른 사람들에게 과거에 그랬던 것처럼 직접적으로 못되게 굴지는 않는다. 그러나 그들을 대하는 우리의 태도는 그 어느 때보다도 더 고약하다. 소크라테스는 독약을 마셔야 했지만, 그가 남긴 철학은 하늘의 태양처럼 높이 떠올라 온 인류의 지적 세계를 찬란하게 밝히고 있다. 그 옛날 그리스도교 신자들은 사자 굴에 던져졌지만 오늘날에는 기독교가 우람하고 가지 넓은 거목으로 성장해, 그렇고 그런 다른 교리들을 압도하고 있다. 우리의 사회적 불관용은 사람을 죽이거나 어떤 생각을 뿌리째 잘라버리지는 않는다. 그러나 사람들은 불관용 앞에서 자기 생각을 있는 그대로 드러내기보다는 다른 모습으로 위장하게 된다. 또는 사람들에게 자기 생각을 적극적으로 드러내는 것을 꺼리게 된다. 영국의 경우, 10년 또는 세대 단위로 따져보면 이단적인 생각의 입지가 눈에 띄게 크게 위축되거나 반대로 강화되거나 하지는 않았다. 그런 의견이 활활 불길을 토해내듯이 진리 또는 거짓 믿음을 앞세워 인간 사회의 근본 문제에 획기적인 답을 제시해주는 경우는 결코 없다. 그 대신 처음 발상지를 중심으로 사상을 연구하고 공부하는 소수의 사람들이 쉬지 않고 연기를 피워 올리고 있다. 그래서 어떤 사람들은 이런 상태를 대단히 만족스럽게 여긴다. 왜냐하면 건강하지 못한 사고를 지닌 소수 이단자들이라 하더라도 이성을 발휘하는 것을 원천적으로 봉쇄당하지 않고 벌금이나 투옥 등 불유쾌한 압박을 겪지 않으면서, 어떤 종류의 생각이든 자유롭게 밖으로 공표할 수 있기 때문이다. 기존 질서의 큰 틀을 그대로 유지하면서 지성 세계가 평화를 누리게 해주는 편리한 방안이라는 것이다. 그러나 이러한 종류의 지적 화평을 위해서는 인간 정신의 도덕적 용기를 모두 희생해야 한다. 만일 활동적이고 탐구심 강한 상당수의 지성인들이 스스로 확신하는 것들의 일반적 원칙과 근거를 가슴 안에 그냥 묻어두어야만 한다고 생각하고, 어떤 주장에 대해 내심으로는 수긍하지 못하면서도 일반 대중 앞에서는 억지로 맞장구치는 상황이 되면, 한때 지성계를 아름답게 수놓았던 개방적이고 두려움 없는 인품의 소유자들과 일관된 논리를 자랑하는 지식인들이 더 이상 배출될 수 없다. 그렇게 되면 그저 상식적인 것을 따라가는 사람이나 진리를 멋모르고 추종하는 사람만 남게 될 것이다. 이들이 온갖 위대한 주제에 대해 무어라고 주장하더라도, 그들과 비슷한 그렇고 그런 인간들의 귀에만 들릴 뿐 분명한 확신을 품고 있는 이들에게 는 아무 의미가 없다. 그 결과 이들은 이미 존재하는 큰 원리 의 테두리를 벗어나지 않는 일들, 다시 말해 굳이 복잡하게 생각하지 않아도 자명한 소소한 구체적 문제들에 자신의 생 각과 관심을 집중하게 된다. 그러나 이렇게 되면 인간의 정 신을 강화하고 확대하는 것, 즉 가장 중요한 문제들에 대해 자유롭고 거침없이 생각의 날개를 펴는 것을 포기하지 않으 면 안 된다.

이단자들에게 이렇게 침묵을 강요하는 것이 그렇게 나쁘 지 않다고 생각하는 사람들은, 이런 일이 생기다 보면 무엇 보다도 이단들이 제기하는 문제에 대해 공정하고 엄밀한 토 론을 하는 것이 불가능해진다는 사실을 직시해야 한다. 나아 가 그런 토론을 가로막고 그것이 확산되는 것을 차단한다고 해서 이단이 사라지는 것도 아님을 알아야 한다. 정통 주류 의 의견과 다른 결론을 이끌어내는 모든 탐구를 금지할 때, 이로 인해 가장 큰 피해를 보는 사람은 이단자들이 아니다. 오히려 이단이 아닌 사람들이 더 큰 피해를 입는다. 이단에 대한 공포 때문에 그들의 정신 발전이 전반적으로 타격을 받 고 이성 또한 위축되기 때문이다. 전도유망한 지성인들이 소 심해져서, 비종교적 또는 비도덕적이라는 평가를 받을까 두 려워하여 용감하고 씩씩하게 독립적인 생각의 날개를 펼칠

엄두를 못 내게 될 때, 도대체 우리가 사는 이 세상이 어떻게 되겠는가? 우리는 때로 이런 사람들 가운데 대단히 양심적이면서 매우 섬세하고 세련된 지성을 갖춘 인물을 만나게 된다. 이 예외적인 사람들은 자신의 양심과 지성을 사회의 통설과 조화시키기 위해 솟구쳐 오르는 지성의 힘으로 생각을 발전시키고 독창적인 능력을 발휘하고자 애쓰지만 끝내 성공하지 못할 때가 많다. 사상가라면 모름지기 결론이 어떻게 나든 자신의 논리를 끝까지 따라가야 한다. 그러지 않고서는 결코 위대한 인물이 될 수 없다. 단지 생각하는 것이 귀찮아서 기존의 올바른 의견을 그대로 받아들이고 그 덕분에 실수를 피할 수 있는 사람보다는, 적절한 공부와 준비 끝에 자기 혼자 생각하다가 실수를 저지르는 사람이 진리의 발견에 더 크게 기여한다. 위대한 사상가를 위해서만 사상의 자유가 허용되어야 하는 것은 아니다. 평범한 보통 사람들도 뛰어난 사람 못지않게, 아니 그들보다 더 그런 자유가 필요하다. 그래야만 각자 타고난 능력만큼 정신적인 발전을 도모할 수 있기 때문이다. 정신적인 노예 상태가 일반화한 곳에서도 몇몇 위대한 사상가들이 태어났고 앞으로도 그럴 수 있을 것이다. 그러나 그런 곳에서는 사람들이 결코 지적으로 활발하지 못했다. 또 앞으로도 그럴 수 없을 것이다. 만일 누구든 일시적으로라도 지적 활동을 활발하게 펼쳤다면 그것은 이단적인 사고에 대한 두려움이 잠시 사라졌기 때문이다. 큰 원칙에 대해서는 시비를 걸 수 없다는 암묵적인 합의가 존재하는 곳, 그리고 우리 삶에서 가장 중요한 문제가 토론의 대상이 될 수 없는 곳에서는 인간 역사를 그토록 아름답게 빛내주던 거대한 규모의 정신 활동이 일어날 수 없다. 사람들의 뜨거운 관심을 불러일으키는 크고 중요한 문제에 대한 논란을 봉쇄하게 되면 인간 정신의 깊은 곳을 뒤흔드는 일이 생길 수 없다. 그 결과 대다수 평범한 지적 능력을 가진 사람들도 무언가 깜짝 놀랄 만한 생각을 할 수 있게 해주는 충격 같은 것은 결코 일어날 수 없게 된다. 종교개혁 직후 유럽의 상황이 바로 그러했다. 유럽 대륙, 그중에서도 특히 교양 높은 계급에 한정된 일이기는 하지만, 18세기 후반의 사상 운동이 그 예가 될 것이다. 그리고 비록 훨씬 짧은 기간 동안이기는 하지만 괴테Johann Wolfgang von Goethe[30]와 피히테Johann Gottlieb Fichte[31]가 불러일으킨 독일의 지적 흥분도 이에 해당된다. 이 각각의 시기 동안 문제의 내용은 서로 달랐지만, 단 한 가지 측면, 즉 자유로운 토론을 금지하는 권력의 사슬이 작동하지 않았다는 점에서는 같았다. 오랜 세월 동안 사람들을 짓누르던 정신적 억압 체제가 해체되었고 이를 대신할 새로운 체제는 아직 등장하지 않았다. 이 세 기간을 관통하는 충동이 오늘의 유럽을 만들었다. 인간 정신이나 각종 제도가 이룩한 모든 발전은 바로 이런 역사의 직접적인 결과인 것이다. 그런데 불행하게도 우리 주변의 상황을 종합해보면 이런 역동적인 충격이 거의 사라지고 있는 것 같다. 따라서 우리가 다시 한 번 정신의 자유를 부르짖지 않으면 결코 새롭게 시작할 수가 없다.

이제 우리의 두 번째 논점으로 옮겨가보자. 기존의 생각이 틀리지 않고 옳은 것이라고 가정해보자. 이럴 경우라도 이 진리에 대해 자유롭고 열린 토론을 하지 않으면 어떤 결과가 생기는지 따져보자. 고집 센 사람들은 자기 생각이 틀릴 수 있음을 좀처럼 인정하지 않는다. 그러나 이런 사람도, 비록 자기 생각이 옳다 하더라도 충분히 자주, 그리고 기탄없이 토론을 벌이지 않을 경우 그것은 살아 있는 진리가 아니라 죽은 독단이 되고 만다는 사실을 분명히 깨달아야 한다.

(다행히 옛날처럼 그렇게 많지는 않지만) 아직도 적지 않은 사람들이 자신이 진리라고 생각하는 것의 근거를 조금도 알지 못하고, 극히 피상적으로 제기되는 비판에도 전혀 대응하지 못한다. 그럼에도 그것을 아무런 의심 없이 받아들이는 것을 그리 심각하게 생각하지 않는다. 이런 부류의 사람들은 높은 권력자가 어떤 생각을 한번 심어주고 나면, 그에 대해 왈가왈부하는 것이 아무런 득이 되지 않고 해가 될 뿐이라고 여길 개연성이 높다. 이들은 자신의 영향권 안에 있는 사람들이—아무리 현명하고 사려 깊다 해도—기존 주장에 대해 반박하는 것을 좀처럼 허용하지 않으려 한다. 그런데 그들이 고집하는 생각이 의외로 한순간에 볼썽사납게 꺾일 수 있

다. 왜냐하면 아무리 철저하게 탄압하더라도 토론을 완전히 금지하는 것은 불가능하고, 따라서 일단 한번 말문이 열리면 확신에 바탕을 두지 않은 믿음은 사소한 비판 앞에서도 쉽사리 무너지기 때문이다. 자기 생각으로는 어떤 생각이 매우 진실한 것처럼 보일지라도 실은 그것이 토론을 통해 검증되지 않은 편견일 수 있다. 이런 가능성을 배제한다면 이는 이성적인 사람의 진리관이 될 수 없다. 이것은 진리가 무엇인지 모르고 하는 소리이다. 그런 식의 진리란 미신에 지나지 않으며, 진리를 설명하는 단어들을 우연하게 조합한 것 이상도 이하도 아니다.

신교도Protestant도 부인하지 못하듯이, 자신이 대단히 중요한 문제라고 생각하는 것에 대해 자기 의견을 갖는 것만큼 지성과 판단력 개발에 도움이 되고 따라서 인류의 지성과 판단력의 발전에도 도움이 되는 것이 또 있을까? 지성을 단련하는 데 가장 중요한 변수를 꼽으라면 단연 자기가 옳다고 생각하는 것의 근거를 학습하는 것이다. 사람들이 각자 무엇을 믿든지 간에, 그것이 자신이 반드시 정확하게 알지 않으면 안 되는 주제라면, 적어도 상식적인 수준에서 제기되는 비판에 대해서는 제대로 반박할 수 있어야 한다. 그러나 이렇게 말하는 사람도 있을 것이다. "그들이 믿는 바의 근거에 대해 가르쳐주어야 한다. 어떤 의견이 한 번도 토론에 부쳐지지 않았다고 해서 그것이 그저 다른 것을 따라 한 것에 불과하다고 단정할 수는 없다. 기하학을 배우는 사람은 단순히 정리定理를 외울 뿐만 아니라 논증을 이해해야 한다. 그가 아무도 그 정리가 틀렸다고 주장하는 것을 들어본 적이 없다고 한들, 그를 기하학적 진리의 기초도 모르는 무식한 사람이라고 말한다면 웃기는 이야기가 될 것이다." 확실히 정답을 분명하게 알 수 있는 수학 같은 분야에서는 그런 식으로 가르침을 주어도 나쁠 것이 없다. 수학의 진리는 성질이 특이한 까닭에 모든 주장이 한쪽으로 쏠린다. 그 결과, 반대가 없고 또 반대에 대해 답변할 필요도 없다. 그러나 불가피하게 생각의 차이가 생기는 분야에서는 상반된 두 의견을 종합적으로 판단한 다음에 진리를 찾아야 한다. 심지어는 자연과학에서도 동일한 사실에 대해 다른 설명이 제기될 수 있다. 그래서 지동설 대신에 천동설을, 산소 대신에 플로지스톤phlogiston[32]의 존재를 주장하는 사람이 있었던 것이다. 이런 경우, 왜 다른 주장이 진리가 될 수 없는지 증명해 보여야 한다. 이것이 증명되고 그 증명을 이해할 수 있을 때까지는 우리가 옳다고 믿는 것의 근거를 알 수 없다. 그러나 도덕이나 종교, 정치, 사회관계, 그리고 삶에 관한 문제 등 무한히 복잡한 주제를 다룰 때는 상황이 달라진다. 문제가 되는 주장을 지지하는 논거의 4분의 3은 자신과 관점이 다른 의견을 비판하는 데 집중된다. 한 사람[33] 다음으로 고대의 가장 위대한 웅변가라고 할 수 있는 키케로Marcus Tullius Cicero[34]는 자기 문제에 대해 아는 것만큼이나(그 이상은 아닐지라도) 자신과 견해가 다른 사람의 주장을 이해하는 데도 힘을 기울였다는 기록을 남기고 있다. 어느 분야에서든 진리를 찾고자 하는 사람이라면 그가 변론술을 연마하기 위해 사용했던 방법을 꼭 따라야 한다. 그저 자기가 전공하는 분야만 아는 사람은 실은 그 분야에 대해서도 잘 모른다고 볼 수 있다. 물론 그 사람이 제시하는 논거가 상당히 탄탄하고 따라서 다른 사람이 쉽게 공박할 수 없을지도 모른다. 그러나 그런 사람도 상대방의 주장에 대해 자세히 알고 그 장단점을 꿰고 있지 않으면 왜 자신의 주장이 더 타당한지 설명하기 어렵다. 이럴 경우 아무 판단도 하지 않는 것이 차라리 더 합리적이다. 아니면 권위 있는 전문가의 말을 따르거나, 보통 사람들이 하듯 가장 마음이 끌리는 쪽을 선택하는 것이 낫다. 그러나 상대방의 주장을 경청하더라도, 자기편 이론가들이 그 주장을 반박하기 위해 나름대로 각색해서 정리한 근거 위에서 듣게 되면 별다른 효과가 없다. 그렇게 해서는 반대편 주장을 정확하게 파악할 수 없다. 상대방이 왜 그런 주장을 펴는지 그 핵심을 알기 어려운 것이다. 실제 그런 생각을 하고 있고 온 힘을 다해 그런 주장을 펴는 사람의 이야기를 직접 들을 수 있어야 한다. 그들이 강조하는 내용 가운데 가장 그럴듯하고 가장 설득력 있는 부분에 대해 잘 알아야 한다. 문제가 되는 것의 진실을 가려내기 위해 해결하지 않으면 안 되는 것이 무엇인지 정확하게 파악할 수 있어야 한다. 그러지 않으면 고대하는 진리를 결코 얻을 수 없다. 오늘날 공부깨나 했다는 사람들, 심지어 자기 생각을 거침없이 표현할 줄 아는 사람들도 100명 가운데 99명은 이런 상태에 있다. 그들의 결론이 타당할지 몰라도, 그들이 내세우는 논거에 따라서 언제든지 틀릴 수 있다. 관점이 다른 사람들의 생각을 충분히 연구하지 않고 그들이 왜 그런 말을 할 수밖에 없는지 심각하게 검토하지 않았기 때문에, 자신이 하는 말에 대해서도 잘 모를 수 있다. 자신의 주장 가운데 일부가 사실은 상대방의 논리를 정당화하는 것일 수도 있음을 모른다. 그래서 서로 모순 관계에 있는 것처럼 보이는 어떤 측면이 알고 보면 같은 내용을 담고 있고, 따라서 팽팽하게 대립하는 두 주장 가운데 왜 이것은 되고 저것은 안 되는지 판단하기가 어려워지는 경우가 생긴다. 저울의 추를 움직이듯 어떤 문제를 놓고 망설이는 사람의 생각을 확정해주는 진리, 정통한 지식을 갖춘 사람이 특정 판단을 내릴 때 따르게 되는 그런 진리에 대해 전혀 모르기 때문이다. 이런 진리를 제대로 알기 위해서는 대립하는 두 주장에 똑같이 귀를 기울이고, 각각의 가장 강력한 논거를 편견 없이 정확하게 이해하려고 노력해야 한다. 도덕과 인간의 문제에 대해 진실한 지식을 얻으려면 이런 자세가 필수적이다. 진리는 세상의 무엇보다도 중요하다. 이런 진리를 찾는 데 반대하는 사람은 없다. 따라서 도덕과 인간을 둘러싼 각종 문제에 대해 모든 사람이, 심지어 악마의 편에 선 것처럼 보이는 사람까지도, 자유롭게 온갖 논리를 동원해서 자기주장을 펼 수 있게 해주어야 한다.

이런 생각을 못마땅해하는 사람들, 즉 자유 토론을 거부하는 자들은, 시중의 보통 사람이 어떤 주장을 펼 때, 그것을 둘러싼 찬반양론에 대해 철학자와 신학자들만큼이나 자세히 알거나 이해할 필요가 없다고 강변할지 모른다. 그러면서 다음과 같은 궤변을 늘어놓는다. 보통 사람들은 똑똑한 상대방이 저지른 말실수나 오류에 대해 자세히 알 필요가 없다. 그런 문제점들을 잘 짚어줄 사람이 있어서 그들이 잘못 인도되지만 않으면 충분하다. 별 생각 없는 일반 사람들은 진리의 분명한 근거만 배우고, 나머지 부분에 대해서는 권위 있는 전문가들을 그냥 믿고 따르기만 하면 된다. 스스로 이런저런 어려운 문제에 적절히 대응할 능력이나 지식을 갖추고 있지 못하다는 것을 아는 이상, 특별히 훈련받은 사람들이 지금까지 그런 문제에 잘 대처해왔고 또 앞으로도 그러리라고 안심해도 좋다.

이런 주장을 하는 사람들은 진리에 대해 최소한의 정도로만 이해하게 되어도 쉽사리 만족한다. 그러나 그들의 논리를 액면 그대로 받아들이더라도 자유로운 토론의 필요성은 조금도 줄어들지 않는다. 왜 그럴까? 그것은 자유 토론을 반대하는 사람들조차도 특정 문제를 놓고 제기되는 모든 비판에 대해 만족스러운 정도의 답변이 있어야 한다고 생각하는 것이 분명하기 때문이다. 그러나 답변을 요구받는 문제가 자유롭게 거론되지 않으면 어떻게 비판에 대한 답변을 할 수 있겠는가? 또는 비판을 가하는 사람들이 그 답변이 불만족스럽다고 말할 수 있는 기회를 얻지 못한다면 그것이 만족스러운지 어떤지 어떻게 알 수 있겠는가? 일반 시민은 모르지만 적어도 이러한 어려움을 해결해야 하는 철학자나 신학자들은 문제의 핵심에 소상하게 접근할 수 있어야 한다. 그것은 가장 자유로운 상황에서 마음 놓고 토론을 벌일 수 있을 때나 가능하다. 가톨릭교회는 이 당혹스러운 문제에 독특한 방식으로 대처해왔다. 즉 사람들을 둘로 나눠 한쪽은 이성적인 확신에 따라 교리를 받아들이게 하고, 다른 한쪽은 믿음에 입각해서 무조건 그것을 수용하도록 엄격히 구별하는 것이다. 사실 그 어느 쪽도 무엇을 받아들일 것인지에 관해 아무런 선택을 할 수 없다. 그러나 적어도 성직자, 그 가운데서도 특히 믿음이 독실한 사람은 반대편의 주장에 효과적으로 답변할 수 있도록 그들의 논점을 자세하게 알 필요가 있다. 따라서 이들에게는 이단자들이 쓴 금서를 읽는 것이 허용된다. 그러나 평신도들은 특별한 허락을 받은 경우 외에는 그럴 수가 없다. 적에 대해 잘 아는 것이 가르치는 처지에 있는 사람에게 유익하다는 사실을 인정하면서도 나머지 사람들에게는 그 문을 닫고 있는 것이다. 이것은 결국 일반 사람들에 비해 엘리트들에게 정신적 자유까지는 아닐지라도 정신문화를 발전시킬 수 있는 기회를 더 많이 주는 셈이다. 가톨릭교회는 이런 방법을 통해 목표했던 대로 정신적 우위를 확보하는 데 성공하고 있다. 비록 자유가 없는 문화였기 때문에 결코 정신이 관대하거나 자유롭지는 않았지만 현명하고 공정한 판단은 할 수 있는 것이다. 그러나 개신교를 믿는 나라에서는 이럴 가능성이 없다. 개신교 신자들은, 종교를 선택할 책임이 적어도 이론상으로는 각 개인에게 있으므로 선생들이 나설 일이 아니라고 믿기 때문이다. 나아가 오늘날의 상황에서는 많이 배운 사람들이 읽는 문건을 그렇지 못한 사람들은 읽지 못하게 막는 것이 현실적으로 가능하지도 않다. 인류의 선생이라고 할 만한 사람들이 마땅히 알아야 할 일에 대해 잘 알 수 있으려면, 어떤 글을 쓰고 출판하든지 완전한 자유가 주어져야 한다.

기존의 주장이 사실일 경우 그에 대해 자유 토론을 하지 않음으로써 생기는 부작용이 그저 사람들이 그 주장의 근거를 잘 모르게 되는 것뿐이라면, 자유 토론을 하지 않는 것이 지적인 측면에서는 어떨지 몰라도 도덕적으로는 크게 해를 주지 않을 수도 있다. 또 그 사람에게 끼치는 영향 면에서 볼 때 그 주장이 갖는 가치에도 그다지 영향을 주지 않는 것으로 생각할 수 있다. 그러나 자유 토론이 없다면 단순히 그 주장의 근거만이 아니라, 그 자체의 의미에 대해서도 모르게 된다. 그 주장을 표현하는 단어들이 특별한 생각을 담아내지 못하거나, 아니면 처음 전달하고자 했던 내용의 일부분만을 옮길 수 있을 뿐이다. 생생한 개념과 분명한 확신 대신에 그저 기계적으로 외운 몇 구절만 남게 되는 것이다. 그 의미를 둘러싼 몇몇 껍데기는 남을지 몰라도 정말 중요한 본질은 잃고 만다. 인류 역사의 위대한 순간들을 뒤돌아보면 이런 사실이 확연하게 드러난다. 이 점에 대해서는 아무리 강조하고 심사숙고해도 모자랄 지경이다.

거의 모든 윤리적 이론과 종교적 신념이 이런 사실을 경험하고 있다. 어떤 이론, 어떤 교리든 그 창시자들, 그리고 그들의 직계 제자들은 자신의 이론과 교리에 특별한 의미를 부여하고 대단히 중요하게 생각한다. 다른 이론이나 교리와의 싸움에서 이겨 우월한 위치를 차지하게 되면 그 의미를 더욱 강렬하게 느낄 것이다. 그리고 아마도 그것을 알고자 하는 사람이 더 많이 생겨날 것이다. 그런 과정을 거치다가 마침내 다수의 마음을 끄는 중심 사상이 되거나, 아니면 더 이상 발전하지 못할 수도 있다. 다시 말해 지금까지 확보해온 근거는 유지하되 새로 확산되지는 못하는 상태에 이른다. 상황이 이렇게 되면 문제의 주제를 둘러싼 논쟁의 열기가 식으면서 점차 잊히고 만다. 그 이론은 비록 주류 사상은 아니지만, 그래도 사람들에게 일부 인정을 받거나 한 분파로 받아들여지게 된다. 그것을 믿는 사람들은 일반적으로 선대에게서 물려받은 것이지 자신들이 선택해서 받아들인 것은 아니다. 한쪽에서 다른 쪽으로 전향하는 것은, 오늘날에도 아주 드문 일이지만, 더구나 그 주창자들로서는 생각하기도 어려운 일이었다. 처음에 그랬던 것처럼 세상을 향해 자신을 변호하든가 아니면 세상을 자기 쪽으로 끌어오기 위해 노심초사하는 대신, 마지못해 묵인하는 쪽으로 기울면서 할 수만 있다면 반대쪽 주장에 귀를 막는다. 또는 그 어떤 상대에 대해서건 (이견을 가진 사람이 있다 하더라도) 싸움 거는 일을 하지 않는다. 이때부터 그 이론의 생명력은 쇠퇴하기 시작한다고 볼 수 있다. 세상의 이런저런 신념을 가르치고 전파하는 선생들은, 자신의 추종자들이 명목상으로만 진리를 인정하는 것이 아니라 마음속 깊이 진심으로 믿으면서, 그것이 그들의 감정을 뚫고 들어가 행동을 완전히 지배하는 힘이 되기를 바란다. 그러나 선생들은 사람의 마음을 그렇게 다잡는 것이 어렵다고 호소하곤 한다. 어떤 신념이든 그 존재를 알리기 위해 투쟁하는 초창기에는 그러한 어려움을 느끼지 않는다. 세력이 약하더라도 이때는 자신들이 무엇을 상대로 싸우는지 알고 느낀다. 그리고 다른 교리와의 차이점도 잘 인식한다. 이 시기에는 적잖은 수의 신봉자들이 모든 형태의 사상 속에 자신들이 믿는 신념의 근본 원리가 들어 있음을 깨닫고, 그와 같은 사상의 중요한 의미에 비추어서 그 원리의 가치를 재보고 검토하게 된다. 그리고 그러한 신념에 흠뻑 빠진 사람은 자신의 정신에 일어나는 크고 작은 변화를 깊이 경험하게 된다. 그러나 세월이 흘러 그것이 몇 세대 묵은 기성 신념으로 자리 잡으면서 사람들이 소극적으로 받아들이게 되면, 그래서 그 신념이 주장하는 바에 대해 문제의식을 느끼고 예민하게 반응하는 때가 지나고 나면, 사람들은 점점 상투적인 것을 제외한 나머지 모든 것을 잊어버린다. 아니면 그저 덤덤하고 미적지근하게 수용하게 된다. 마치 일단 믿게 되면 그것을 각자 마음속에서 철저하게 깨닫거나 개인적인 경험을 통해 검증할 필요성이 없어지는 것처럼 말이다. 그러다가 마침내는 인간의 내면적인 삶과 그 신념을 연결하는 일조차 중단하는 때가 오게 된다. 오늘날 이런 일이 너무 자주 일어나다 보니 그것이 거의 대세인 듯이 보이기까지 한다. 그 결과 그런 신념이, 사람의 마음과 동떨어진 채, 우리 본성의 더욱 오묘한 부분을 향해 오는 다른 모든 영향을 무력하고 쓸모없는 것으로 만든다. 그리고 어떤 신선하고 생동감 넘치는 확신 앞에서도 완강하게 고집을 부리며, 우리 마음과 정신을 아무 내용도 없는 공허한 상태로 이끄는 데만 신경을 쓰게 된다.

사람의 마음에 유례가 없을 정도로 강력한 충격을 주리라 기대되던 교리들이 상상과 감정 또는 지성 속에서 꽃을 피우지 못한 채 죽어버린 믿음으로 전락하는 경우가 있다. 이는 많은 그리스도교 신자들이 보여주는 사례에서 잘 드러난다.

여기서 내가 그리스도교라고 말하는 것은 모든 교회와 교파가 믿는 것, 즉 《신약성서》에 담긴 계율과 원리를 말한다. 스스로 그리스도교 신자라고 말하는 사람들은 이들을 신성한 것으로 믿으며 그 법에 따를 것을 다짐한다. 그러나 내가 그리스도교 신자 가운데 그런 계율과 원리에 따라 철저히 자기 삶을 규율하는 사람은 1,000명 가운데 1명도 안 된다고 말하더라도 너무 지나치다고 하지는 못할 것이다. 계율과 원리보다는 오히려 그가 속한 민족과 계급 또는 교계敎界의 관습이 그의 삶을 이끄는 행동 준칙이 된다. 그래서 그는 한편으로는 자신의 행동을 규율하기 위해 절대적인 지혜가 허락했다는 일련의 윤리적 계율을 준수한다. 그러나 동시에 그 계율과 뜻을 같이하지만 그다지 비슷하지 않고, 때로 정면으로 대립하기도 하는 어떤 관점, 즉 전체적으로 볼 때 그리스도교적 믿음과 세속적 삶의 절충이라고 할 수 있는 어떤 선에 맞추어서 그날그날 일상을 살아간다. 그는 전자에 경의를 표한다. 그러나 그가 실제로 마음에 두는 것은 후자이다. 모든 그리스도교 신자들은 가난하고 겸손하며 세상에서 버림받은 사람들이 축복을 받는다고 믿는다. 부자가 천국에 들어가기보다 낙타가 바늘구멍으로 들어가기가 더 쉬우며, 심판을 받지 않으려면 심판을 하지 말아야 한다고 믿는다. 함부로 맹세해서는 안 되며, 이웃을 자기 몸처럼 사랑해야 한다고 믿는다. 누가 겉옷을 가져가면 속옷까지 벗어주어야 하고,

내일 일을 걱정하지 말아야 한다고 믿는다. 누구든 완전해지고 싶으면 가진 것을 모두 팔아 가난한 사람들에게 주어야 한다고 믿는다. 그들이 이런 계율을 믿는다고 할 때 마음에도 없는 거짓말을 하는 것은 아니다. 사람들이 늘 칭송받는 일을 보고 들으면서 아무 의심 없이 믿듯이, 그들도 이런 계율을 믿고 있다. 살아 있는 믿음이라면 믿는 사람들의 행동을 규율할 수 있어야 한다. 그들은 자신들의 교리를 믿기도 하지만, 다른 사람들과 보조를 맞추면서 적당히 믿고 적당히 행동한다. 교리라는 것은 원래 적대 세력을 공격하는 데 편리하게 사용된다. 그리고 널리 알려져 있듯이 그것은 사람들이 좋다고 생각해서 하는 행동이면 무엇이든 (가능하다면) 정당화한다. 그 계율은 그들이 꿈도 꾸지 못할 수많은 것들을 하도록 요구한다. 그러나 그들에게 이런 사실을 일깨워주는 사람은, 남보다 더 나은 인물인 것처럼 행세하는 까닭에 평판이 좋지 못한 부류 가운데 하나로 분류되는 것 외에는 아무런 실익도 얻지 못한다. 일반 신자들은 교리에 특별히 신경을 쓰지 않기 때문에 크게 구속받지도 않는다. 습관적으로 교리를 따르기는 하지만, 그 가르침 하나하나에 각별한 의미를 부여하며 마음에서 우러나오는 감정으로 실천에 옮기는 것은 아니다. 그래서 구체적인 문제에 부딪히면 주변 사람들이 어느 정도로 그리스도의 가르침대로 사는지 살피면서 그들을 따르려고 한다.

물론 초기 그리스도교 신자들은 그렇지 않았다고 분명히 말할 수 있다. 만일 그들도 그렇게 행동했더라면, 그리스도교가 멸시받는 유대인들의 이름 없는 한 교파에서 벗어나 로마 제국의 종교로까지 성장하지 못했을 것이다. 그리스도교를 박해하는 사람들이 "저들이 서로서로 어떻게 사랑하는지 보라!"라고 말했을 때(오늘날 그렇게 말하는 사람은 아마 아무도 없을 것이다), 당시 그리스도교 신자들은 분명 이후 사람들이 따를 수 없을 정도로 자신들의 믿음에 뜨거운 신념을 품고 있었다. 1800년이라는 세월이 지났지만, 그리스도교가 오늘날 그 세를 넓히지 못하고 여전히 주로 유럽인과 유럽인의 후예들만 상대하고 있는 이유는 과거의 그런 신념을 잃어버렸기 때문이라고 보아야 할 것이다. 심지어는 보통 사람들보다 훨씬 열심히 믿으며 엄격한 종교적 계율에 따라 일상생활을 해나가는 사람들도 대체로 그 믿음의 내용을 따지고 보면 칼뱅Jean Calvin[35]이나 녹스John Knox[36] 또는 자신들과 뭔가 닮은 점이 많은 사람들에게서 직접 영향을 받은 바가 크다. 예수의 가르침을 받아들이기는 하지만, 그것이 그저 덤덤하며 그렇고 그런 교훈 이상의 어떤 영향력을 발휘하지는 않는다. 어떤 교리는 유달리 활력이 넘친다. 이에 반해 또 어떤 교리의 전도자들은 신자들의 믿음을 되살리느라 남다른 고통을 겪어야 한다. 거기에는 모두 그럴 만한 이유가 있다. 한 가지 부인할 수 없는 것은 세를 확장해나가는 종교의 경우, 교리를 둘러싸고 활발한 토론이 벌어지며, 그에 대해 비판적인 사람들도 어렵지 않게 자신의 견해를 표명할 수 있다는 점이다. 적군이 시야에서 사라지면 가르치는 사람이나 배우는 사람 모두 공부를 집어치우고 낮잠이나 자러 가게 마련이다.

일반적으로 말해서 이런 현상은 전통적인 모든 교리, 즉 도덕이나 종교는 물론이고 인생에 관한 지식이나 지혜를 담고 있는 것들에서도 똑같이 발견된다. 각종 언어로 쓰인 이 세상의 책들은 모두 인생이란 어떤 것이고 우리가 어떻게 살아야 하는지에 관한 깊은 성찰로 가득 차 있다. 모든 사람들이 이런 성찰에 대해 알고 있다. 그리고 그것을 따르거나 아니면 대체로 수용한다. 모두가 그것을 진실로 받아들이지만, 대부분은 흔히 고통스러운 기억을 안겨주는 경험을 통해 그 의미를 확실히 깨닫게 된다. 어떤 예기치 못했던 불행이나 실망스러운 일로 고통을 받을 때 사람들은 평소 익숙한 격언이나 속담을 쉽게 떠올린다. 그가 만일 이때처럼 그 말의 뜻을 미리 충분히 깨달았더라면 그런 불행한 일은 피할 수 있었을 것이다. 물론 이런 일이 생기게 된 배경에는 토론이 없었다는 것 외에 또 다른 이유도 있을 것이다. 세상의 진리 중에는 사람들이 직접 경험하지 않으면 그 참뜻을 제대로 알기 어려운 것이 많다. 그러나 그 내용을 잘 아는 사람들이 모여 찬반 토론을 벌이고 모르는 사람들도 이것을 경청했더라면 그 뜻을 더 잘 알게 되었을 것이다. 그렇게 이해된 것들은 사람들의 마음에 훨씬 더 큰 영향을 주었을 것이다. 사람들은 흔히 어떤 사안이 의심할 여지 없이 확실하다면서 그 문제에 대해 더 이상 생각하지 않으려 하는데, 이것이야말로 치명적인 악습이 아닐 수 없다. 왜냐하면 사람들이 저지르는 실수의 절반은 그런 버릇에서 비롯되기 때문이다. 우리 시대의 어떤 작가는 "확정된 결론은 깊은 잠에 빠진다"고 말했는데, 정말 정곡을 찌르는 표현이라고 하겠다.

(그러나 이렇게 반문하는 사람도 있을 것이다.) 뭐라고? 만장일치가 없어야 참된 지식에 이를 수 있다고? 그렇다면 진리를 얻기 위해 누군가가 틀린 주장이라도 억지로 고집을 부려야 한다는 말인가? 어떤 의견을 모든 사람이 받아들이면, 그 순간 그 의견은 중요하고 참된 진리로서의 성질을 잃어버리는 건가? 뭔가 의심할 여지가 있어야 그것이 완전히 이해되고 체감될 수 있다는 말인가? 사람들이 만장일치로 어떤 진리를 받아들이면 바로 그 순간부터 그 진리는 사라진다는 건가? 지금까지 우리는 이 세상에서 가장 중요한 진리를 중심으로 사람들이 하나로 뭉치는 것을, 인간의 지식이 진보하면서 달성하게 되는 최고의 목표, 최선의 결과라고 믿어왔다. 그런데 바로 그런 목표가 달성되지 않아야 인간의 지식이 존재할 수 있다는 이야기가 아닌가? 완전한 승리를 얻으면 오히려 그 승리의 열매가 사라지게 된다는 주장을 어떻게 이해해야 옳은가?

내 말은 그런 뜻이 아니다. 인간의 역사가 발전하면서 더 이상 논쟁과 의심의 대상이 되지 않는 이론은 당연히 늘어날 것이다. 그리고 의심할 여지가 없는 진리가 얼마나 많은지에 따라 인간의 행복이 결정된다고 해도 틀린 말은 아닐 것이다. 심각한 문제를 둘러싸고 이런저런 의문이 줄어든다는 것은 하나의 진리가 확정되어가는 과정에서 빼놓을 수 없는 것 가운데 하나임은 분명하다. 잘못된 의견이 그렇게 확고해지면 위험하고 나쁜 영향을 주겠지만, 참된 생각이라면 그것은 환영할 만한 일이다. 그러나 한 의견에 대한 이런저런 의문이 점차 줄어드는 것은 불가피한 동시에 필수적인 일이기는 하지만, 그렇다고 그런 현상이 반드시 좋은 결과만을 낳는다고 말할 수는 없다. 우리는 우리와 반대되는 생각을 가진 사람들에게 설명하거나 아니면 그들의 생각이 잘못되었다고 비판하는 과정에서 어떤 한 진리를 더 생생하고 깊이 이해하게 된다. 그런데 그 진리가 보편적으로 인정받으면서 이런 소중한 기회를 잃게 된다면, 그로 인해 얻는 것도 있겠지만 잃는 것도 만만치 않다. 이와 같은 유익함을 더 이상 기대할 수 없다면, 나는 인류의 위대한 스승들이 그 대안—즉 마치 통설과 동떨어진 주장을 펴는 어떤 사람이 자신의 뜻을 관철하기 위해 집요하게 물고 늘어지기라도 하듯이, 사람들의 의식 깊숙한 곳에 그런 골치 아픈 문제에 대한 생각이 솟아나게 해주는 장치—을 찾으려 애쓰는 것을 진정 보고 싶다.

그러나 그들은 이런 노력을 하지 않고 예전에 하던 일들을 놓쳐버리고 말았다. 플라톤의 대화편에 찬란하게 소개되어 있는 소크라테스의 변증법은 이런 장치의 대표적인 예이다. 그 변증법은 기본적으로 철학과 인생의 핵심적인 문제들에 대한 부정형 질문으로 구성된다. 변증법은 어떤 문제에 대해 그 본질은 모른 채 그저 상식적인 수준의 지식만 반복하는 사람들에게, 스스로는 안다고 주장하지만 실제로는 정확한 의미를 모른다는 사실을 일깨워주고, 나아가 스스로의 무지를 깨달은 뒤 그 의미와 논거를 확실하게 파악한 바탕 위에서 굳건한 믿음을 가질 수 있도록 고안된 최상의 기법이었다. 중세의 논변술 학교도 이와 꽤 비슷한 목표를 지향하고 있었다. 즉 학생이 자신의 의견과 (그 연장선상에서) 그와 반대되는 의견에 대해 충분히 이해할 수 있게 하면서, 자신의 논거는 강화하고 상대방의 의견은 무력화하는 방법을 가르쳤다. 그러나 이는 이성이 아니라 권력자에게 의지했기 때문에 근본적인 결함을 안고 있었다. 따라서 사람의 정신을 움직이는 원리라는 점에서 볼 때 이 방법은 어느 면에서든 '소크라테스학파'의 철학을 일궈낸 강력한 변증법을 따라갈 수가 없었다. 그러나 현대를 사는 우리가 이 두 가지 방법에서 받은 영향은 우리가 일반적으로 인정하는 것보다 훨씬 크다. 그리고 오늘날 시행되고 있는 교육 방식도 이 둘을 빼고 나면 남는 것이 거의 없을 정도이다. 선생이나 책을 통해서 주입식으로만 지식을 얻는 사람은 엉터리 자기만족의 유혹에서는 벗어날 수 있을지 몰라도 문제가 되는 사안의 양쪽을 모두 알아야 할 필요성은 느끼지 못한다. 그러다 보니 보통 사람은 물론이고 심지어는 사상가들까지도 양쪽의 견해에 대해 두루 잘 아는 경우가 매우 드물다. 대부분의 사람들이 상대방의 비판에 대응해서 자기 의견을 옹호하려 하지만 실은 이 부분에서 가장 큰 약점을 보이는 것도 바로 이런 이유 때문이다. 오늘날에는 긍정적인 진리를 찾아내기보다는 이론상의 약점이나 실천상의 과오만 지적하는 부정적 논리를 좋지 않게 보는 것이 하나의 시대적 조류가 되고 있다. 이런 부정적 비판은 궁극적인 결과의 측면에서 본다면 확실히 보잘것없다. 그러나 이것은 이름값을 하는 모든 긍정적인 지식이나 확신을 획득하는 수단이 된다는 점에서 더없이 소중한 가치가 있다. 사람들이 이제 다시 그런 부정적 논리에 체계적으로 숙달되지 않으면 위대한 사상가가 나오기 힘들다. 수학이나 물리학 분야 등을 제외하고는 보통 사람들의 지적 수준 또한 떨어질 것이다. 그래서 다른 사람들이 싸움을 걸든지 아니면 스스로 그런 싸움을 붙이든지, 어쨌든 적극적으로 논쟁을 벌이는 과정을 거치지 않는다면, 그 어떤 주제에 관한 의견도 지식다운 지식이 될 수 없다. 이런 부정적 비판은 정말 없어서는 안 되는 것이고, 한번 없어지고 나면 복구하기가 대단히 어렵다. 그런데 이렇게 소중한 논쟁의 기회가 스스로 찾아왔는데도 마다하다니, 이보다 더 어리석은 일이 어디 있겠는가! 만약 일반적인 통념에 이의를 제기하거나, 법이나 여론이 이의 제기를 허용할 때 실제로 그렇게 하는 사람이 있다면, 우리는 그에게 고마워해야 한다. 마음의 문을 열고 그 사람의 말을 들어야 한다. 우리가 우리의 믿음에 확신을 가지는 데, 또는 그 믿음이 생명력을 유지하는 데 조금이라도 관심이 있다면 아주 엄청난 노력을 기울여서라도 마땅히 해야 할 일인데, 그가 우리를 대신해서 그래준다니 얼마나 고마운 일인가.

다양한 견해들이 우리에게 이득을 주는(인류가 현재로서는 까마득히 먼 미래의 일로 보이는 그런 높은 지적 수준에 도달할 때까지는 계속 그러할 것이다) 중요한 이유 가운데 하나를 아직 이야기하지 못했다. 우리는 지금까지 두 가지 가능성만 검토해왔다. 기존의 통설이 틀린 것인지도 모른다. 그렇다면 그와 다른 의견이 진리일 수 있다. 또는 통설이 진리일 경우, 그 반대 의견은 오류일 것이다. 그렇기는 하지만 진리와 오류 사이의 논쟁은 진리를 더욱 분명히 이해하고 또 깊이 깨닫는 데 없어서는 안 될 필수 요소이다. 그러나 서로 대립하는 두 주장 가운데 하나는 진리이고 다른 하나는 틀린 것으로 확연히 구분되기보다는, 각각 어느 정도씩 진리를 담고 있는 경우가 더 일반적이다. 이럴 때 통설이 채우지 못하는 진리의 빈 곳을 채울 수 있도록 그 통설에 도전하는 이설異說의 존재가 반드시 필요하다. 감각을 통해 확인할 수 없는 주제에 관한 대중의 주장이 흔히 진리를 담고 있기는 하지만, 전적으로 옳은 경우는 거의 또는 전혀 없다. 그런 주장은 상황에 따라 진리를 더 많이 또는 더 적게 담고 있기는 하지만 부분적으로만 옳을 뿐, 대체로 과장되고 왜곡되어 있다. 그리고 다른 각도에서 존재하는, 그래서 상충되는 내용을 담은 진리들과는 거리가 멀다. 반면 이단적인 주장들은 일반적으로 이런 억압받고 무시당한 진리들 가운데 일부이다. 이런 주장은 자신을 억눌러온 족쇄를 벗어나 통설 속에 들어 있는 진리와 화해를 모색하거나, 아니면 그것을 적으로 간주하여 일전—戰을 벼르면서—통설과 마찬가지로—자신만이 유일 진리라고 선포한다. 인간 정신이 언제나 일면성one-sidedness으로 넘쳐났고 다면성many-sidedness에 대한 관심은 그야말로 예외적인 상황에 국한되었기 때문에, 지금까지 후자의 경우가 더 빈번하게 발생했다. 따라서 사상 혁명이 벌어지는 와중에도 진리의 한 부분이 떠오르면 다른 부분은 사라지는 경우가 흔하다. 진보라는 것도 진리를 새로 덧붙이기보다는 대부분의 경우 부분적이고 불완전한 진리를 다른 것으로 대체하는 데 지나지 않는다. 개선도 기본적으로 마찬가지이다. 새로운 진리를 향한 욕구가 더 커지고 그것이 시대의 필요에 더 잘 부응한다면, 그것이 바로 개선인 것이다. 다수가 받아들이는 의견이 비록 올바른 기초 위에 서 있을지라도 이처럼 부분적인 진리밖에 가지고 있지 않다면, 그런 통설이 빠뜨리고 있는 진리의 어떤 부분을 구현하는 다른 모든 생각은, 그것이 아무리 많은 오류와 큰 혼돈을 초래하더라도, 마땅히 소중히 다루어져야 한다. 세상살이에 대해 이성적으로 판단하는 사람이라면, 누군가가 자칫 우리가 어떤 진리를 빠뜨리고 놓칠까봐 윽박지르면서 정작 우리는 알고 있는 진리의 어느 부분을 모른다고 그에게 화를 내는 일은 없을 것이다. 오히려 다수의 주장이 일방적인 한, 소수 의견을 역시 일방적으로 주장하는 사람들이 존재하는 것이 그렇지 않은 경우보다 훨씬 더 바람직하다고 생각할 것이다. 왜냐하면 그들 소수파가 아주 강력하게 유일 진리라고 주장하는 것이 실은 부분적인 진리에 지나지 않더라도, 그런 과정을 통해 사람들이 그 소수 의견에 억지로라도 관심을 기울이게 될 가능성이 높기 때문이다.

18세기의 배운 사람들 거의 대부분, 그리고 그들에 의해 이끌려가는 배우지 못한 사람들 모두는 이른바 문명이라는 것, 그리고 근대 과학, 문학과 철학의 위용에 흠뻑 빠져 있었다. 그들은 근대인과 고대인은 근본적으로 다르다는 잘못된 전제 아래, 그런 차이 때문에 결국 근대가 고대보다 결정적으로 더 낫다고 생각했다. 그러나 루소의 역설[37]은 일방적인 의견을 가진 대중에게 자기 성찰의 기회를 주고, 그들의 생각이 더 나은 형태로 재구성되게 하며, 새로운 힘을 얻게 해 준다. 오늘날의 견해들이 전반적으로 루소의 견해에 비해 진리에서 더 멀어져 있다는 말은 아니다. 오히려 진리에 더 근접해 있다. 확실한 진리를 더 많이 담고 있으며 오류는 훨씬 줄어들었다. 그러나 루소의 이론과 그것을 따르는 여러 사람들의 생각 속에는 오늘날 다수 의견이 빠뜨리고 있는 상당한 양의 진리가 들어 있다. 따라서 루소의 지적을 간과한다면 우리는 많은 것을 잃게 된다. 루소 이래로 의식이 깨어 있는 사람들은 단순하고 소박한 삶이 얼마나 귀한 가치가 있는지, 그리고 인위적인 삶이 강요하는 속박과 위선이 얼마나 심각하게 우리의 도덕을 해치고 활력을 빼앗는지 경각심을 높이려 애쓰고 있다. 지금 이 순간에도 루소가 말하는 삶의 양식은 매우 중요한 의미를 지닌다. 시간이 흐를수록 그 가치는 더욱 커질 것이다. 이제는 거의 효력을 잃어버린 말 대신에 행동으로 그것이 옳다는 것을 입증해야 할 때이다.

정치에서도 정당들이 무엇은 바꾸고 무엇은 지켜야 한다는 분명한 판단 아래 질서와 진보를 모두 포용할 수 있을 정도로 정신적인 그릇이 커질 때까지는, 질서 또는 안정을 추구하는 정당과 진보 또는 개혁을 주장하는 정당 둘 다 있는 것이 건전한 정치적 삶을 위해 중요하다는 생각이 거의 상식이 되다시피 하고 있다. 이 두 가지 상반된 인식 틀은 각기 상대방이 지닌 한계 때문에 존재 이유가 있다. 그러나 분명한 것은 바로 상대편이 존재하기 때문에 양쪽 모두 이성과 건강한 정신 상태를 유지할 수 있다는 점이다. 민주주의와 귀족 정치, 재산과 평등, 협력과 경쟁, 사치와 절제, 사회성sociality 과 개별성individuality, 자유와 규율, 그리고 일상적인 삶에서 부딪히는 모든 상반된 주장들이 그 어떤 의견이든 자유롭게 표출될 수 있고 똑같은 비중으로 가치를 인정받지 못한다면, 각 주장에 담긴 내용들이 빛을 발할 기회를 얻지 못할 것이다. 저울의 한쪽 추가 올라가면 반대편 추는 내려가게 마련이다. 우리 삶의 아주 중요한 실천적 문제를 놓고 볼 때, 진리를 찾기 위해서는 결국 서로 대립하는 것들을 화해시키고 결합시켜야 한다. 그러나 어지간히 넓고 공정한 마음의 소유자가 아니라면 이런 일에 올바른 결론을 끌어내기가 몹시 어렵다. 적대적인 깃발 아래 모인 양쪽이 서로 치고받는 과정을 거치고야 진리에 이를 수 있는 것이다. 지금 막 거론한 중요한 문제들에 대한 두 가지 의견 가운데 하나가 다른 쪽 의견보다 단순히 묵인할 만한 정도가 아니라 더 장려되고 적극적으로 인정될 만한 주장이라 해도, 그것은 특정 시대나 장소의 일부 사람들에게나 해당하는 것이다. 그것은 소외된 이익, 자기 몫에 상응하는 것을 챙기지 못한 인간의 복리를 일정 시간 동안 대변한다. 나는 영국에서는 이런 주제 대부분에 대해 생각이 다르다고 해서 억압하는 일이 없음을 잘 안다. 관용의 폭이 과거보다 몇 배나 더 넓어진 것이 사실이다.

이런 예들이 인정되고 늘어남으로써, 현재 인간의 지적 수준에 비추어볼 때 다양한 의견들을 통해서만이 진리의 모든 측면이 드러날 수 있다는 보편적인 사실이 거듭 확인된다. 어떤 문제든 세상 모든 사람의 통념과 어긋난 주장을 펴는 사람이 있다면, 아무리 세상 사람들의 생각이 옳다 하더라도 그런 이설에는 분명 무언가 들어볼 만한 내용이 있음을 잊어서는 안 된다. 그 입을 막아버리면 중요한 진리를 잃어버릴 가능성이 대단히 크다.

다음과 같은 반론을 제기할 수도 있다. "통설 가운데 어떤 것, 특히 최고, 가장 중요한 주제에 관한 것들은 절반 이상의 진리를 담고 있다. 예를 들어 그리스도교 도덕 같은 것은 그런 문제에 관한 한 전적으로 옳기 때문에 그것과 어긋나게 가르치는 사람은 누구든 결정적인 실수를 저지르는 셈이 된다." 사실 이런 주장은 우리의 일상생활에서 가장 중요한 문제를 건드리고 있기 때문에 이 책에서 다루는 명제를 검증하는 데 이보다 더 좋을 수 없다. 그러나 그리스도교 도덕이 무엇인지 확인하기 전에 그 자체가 무엇을 의미하는지 먼저 따져보는 것이 좋을 듯하다. 만일 그것이《신약성서》의 도덕을 의미한다면,《신약성서》자체에서 그 도덕에 관한 지식을 습득하는 사람이, 과연 그리스도교 도덕이 완전한 교리로서 선포된 것인지 또는 그런 의도로 만들어진 것이라고 믿어도 되는지 나는 확신이 서지 않는다.《신약성서》의 복음서는 언제나 기존 도덕을 염두에 두고 있다. 이 복음서는 기존 도덕이 좀 더 포괄적이고 좀 더 높은 수준의 도덕률에 의해 교정되거나 대체될 필요가 있는 구체적 상황 속에서만 계율을 제시한다. 그런 가운데서도 복음서는 너무 포괄적인 말들로 표현되어 있어 통상적인 언어 감각으로는 이해하기 어려울 때가 많다. 시적인 또는 가슴을 울리는 영감을 주는 대신 법률적인 정확성과는 거리가 멀다. 《구약성서》에서 부족한 부분을 보완하지 않는다면, 지금까지 《신약성서》에서 윤리적 교리를 이끌어내는 것이 불가능했을 것이다. 그런데 《구약성서》는 매우 정교한 체계이기는 하지만 여러 면에서 야만적barbarous이다. 아니, 실제로 야만적인 사람들만을 겨냥해서 만들어진 것이 바로 《구약성서》이다. 사도 바울은 유대인들이 교리를 이렇게 해석하고 예수의 구원 계획을 오도하는 것을 노골적으로 비판하지만, 그 또한 기존의 도덕, 즉 그리스와 로마에서 전해 내려오는 도덕을 받아들였다. 그가 그리스도교 신자들에게 하는 충고도 그리스와 로마의 도덕에 바탕을 둔 것이 많았다. 노예 제도의 정당성을 명백하게 인정할 정도였으니, 더 말할 것도 없다. 그리스도교 도덕이라고 불리는 것은—사실은 신학적 도덕이라고 해야 더 타당하다—예수나 그의 사도들이 세운 것이 아니고, 그들보다 훨씬 뒤 가톨릭 교회가 초기 500년에 걸쳐 조금씩 체계화한 것이다. 그리고 그들 자신은 결코 인정하고 싶지 않겠지만, 현대인들과 개신교 신자들도 이 도덕을 위해 한 일이 생각보다는 별로 없다. 그들이 한 일이라고는 기껏해야 중세 때 추가된 내용들을 제거하는 데 불과했다(당시 각 교파가 각자의 성격과 경향에 따라 새로운 내용을 만들어 넣곤 했다). 나는 인류가 이 도덕에 대해, 그리고 그 도덕의 초기 이론가들에 대해 큰 빚을 지고 있다는 사실을 부인할 생각이 전혀 없다. 그러나 나는 동시에 그 도덕이 여러 중요한 측면에서 불완전하고 일방적이며, 따라서 그것과 다른 관점의 생각과 감정이 유럽인들의 삶과 성격을 형성하는 데 기여하지 않았다면, 인간 역사가 지금보다 못한 상황에 빠지고 말았으리라고 주저 없이 말해두고 싶다. (흔히 말하는) 그리스도교 도덕은 반동적인reaction 성격이 매우 강하다. 전체적으로 볼 때 그것은 이교도들과의 투쟁을 통해 기본 성격이 형성되었다고 할 수 있다. 그 기본 지향은 긍정적이라기보다 부정적이다. 적극적이지 못하고 소극적이다. 고귀함보다는 결백을 더 중요하게 여긴다. 선을 활기차게 추구하기보다는 악을 억제하는 데 초점을 맞추고 있다. 또한 계율에는 (정말 적절하게 표현했다고 생각하는데) '어떤 일을 하라'는 것보다 '어떤 일을 해서는 안 된다'는 말이 압도적으로 많다. 처음 그 도덕은 정욕에 대한 두려움 때문에 금욕주의를 지나치게 강조했는데, 사람들이 점차 금욕주의 대신 율법주의를 따르게 되었다. 그리스도교 도덕에서는 여전히 천국에 대한 소망과 지옥에 대한 두려움이 덕 있는 삶의 핵심 동기가 되고 있다. 그 결과 그리스도교인들은 고대의 뛰어난 인물들보다 훨씬 못한 사람들이 되었다. 자기에게 이익이 되지 않으면 주변 사람들과 왕래도 하지 않는 등, 이웃에 대해 무감각해지면서 인간은 기본적으로 이기적인 존재로 전락했다. 그것은 한마디로 수동적인 복종의 교리이다. 이 교리는 모든 기성 권위에 순종할 것을 가르친다. 권력자가 종교적 금기 사항을 명령할 때는 적극적으로 복종할 필요가 없지만, 그 외에는 그가 아무리 나쁜 짓을 하더라도 봉기를 일으키는 것은 말할 것도 없고 저항을 해서도 안 된다는 것이다. 이교도 국가 가운데서도 뛰어난 나라의 도덕률은 국가에 대한 의무를 지나치게 중시하는 나머지, 개인의 정당한 자유를 침해하기까지 한다. 이에 비해, 순수 그리스도교 윤리에서는 그와 같은 의무의 중요성을 별로 인식하지 않으며 또 깨닫지도 못하고 있다. "자기 수하에 더 좋은 사람이 있는데도 그렇지 못한 사람을 어떤 관직에 임명하는 지배자는 신과 국가에 죄를 짓는 셈이다"라는 격률은 《신약성서》가 아니라 《코란》에서 발견된다. 현대 사회에서 공공의 이익을 위해 헌신해야 한다는 생각은 아주 미미한 정도이며, 그나마도 그리스도교가 아니라 그리스와 로마 시대의 산물이다. 나아가 사적인 개인의 삶에서 그런대로 강조되는 관대함이나 고상함, 인간적인 위엄, 심지어 존경심 등과 같은 모든 도덕적 성품조차 종교가 아니라 순전히 세속적인 교육에서 비롯한다.

복종을 유일한 미덕으로 공공연히 강조하는 윤리 체계에서는 그런 것이 결코 생길 수 없기 때문이다.

그러나 나는 이런 결점들이 어떤 형태나 모양을 띠건 그리스도교 윤리 그 자체에 불가피한 것이라고 주장하고 싶은 마음은 전혀 없다. 그리스도교 윤리가 완전한 도덕 이론의 지위에 오르자면 보완해야 할 것이 적지 않지만, 그렇다고 장차 완전해지지 못할 이유도 없다. 나는 이런 한계가 예수 자신의 교리와 계율에서 비롯하는 것이라고 말하고 싶은 생각도 없다. 나는 예수의 뜻에 비추어 바라보아야만 예수의 가르침을 정확하게 이해할 수 있다고 믿는다. 그의 가르침이 포괄적 도덕률이 요구하는 어떤 것과 조화를 이루지 못할 이유도 없다. 많은 사람들이 예수의 가르침 속에서 구체적인 행동 지침을 끄집어내려다 오히려 그 본질을 왜곡하기도 하지만, 윤리학에서 말하는 훌륭한 것들은 그런 오류를 범하지 않으면서 예수의 가르침과 조화될 수도 있다. 그러나 이렇게 전제하더라도 예수의 가르침이 진리의 일부를 담고 있을 뿐이며, 또 본래 그런 의도로 행해졌음을 강조한다고 해서 이상할 것은 전혀 없다. 우선 그리스도교 창시자의 교시를 기록한 것을 보면 최고 도덕률의 여러 핵심 요소들을 빠뜨리고 있다. 그가 그에 대해 언급할 생각이 없었다고 할 수도 있다. 그리고 그리스도교 교회의 교시를 바탕으로 세워진 윤리 체계 속에도 그런 것들이 완전히 빠졌다. 사실이 이렇다면 그리스도교 교리 속에서 우리의 삶을 이끌어줄 완전한 규칙을 찾겠다고 고집을 부리는 것은 큰 잘못이 아닐 수 없다. 그 교리의 '저자'는 그러한 규칙을 만들고 집행하기를 바랐지만 다만 그 일부만을 제공하려 했을 뿐이다. 나 역시 이런 편협한 이론이 오늘날 수많은 선의의 사람들이 애써 후원하는 도덕 교육과 훈련을 혼란에 빠뜨리며 현실적으로 심각한 문제를 일으키고 있다고 생각한다. 나는 그것이 사람의 정신과 감정을 오직 종교적인 관점에서만 규정하고 세속적 기준을 멀리함으로써―달리 더 좋은 이름이 없어 그냥 이렇게 표현하지만, 이 세속적 기준이라는 것은 지금까지 일부는 주고 또 일부는 받아들이는 방식으로 그리스도교 윤리를 보완하며 공존해 나왔다―장차 저속하고 비열하며 노예근성을 지닌 사람을 만들어내지나 않을까(지금도 그런 일이 벌어지고 있지만) 큰 걱정이다. 이런 성격의 사람들은 자기들이 최고 의지Supreme Will라고 생각하는 존재에 복종할 수는 있어도, 최고선Supreme Goodness 개념에 공감하거나 그것을 실천에 옮기려는 노력은 하지 못한다. 나는 그리스도교 윤리와는 전적으로 다른 모습을 띤 윤리 체계도 인류의 도덕적 쇄신을 위해서는 그리스도교와 나란히 공존하지 않으면 안 된다고 믿는다. 그리고 인간 정신이 불완전한 상태에 있는 한, 그리스도교 신앙도 다양한 의견을 허용해야 진리를 찾을 수 있다는 원칙에서 벗어날 수 없다. 그리스도교 속에 포함되지 않은 도덕적 진리를 인정한다고 해서 반드시 그리스도교 속에 담긴 진리를 포기하는 것은 아니다. 그런 편견이나 착각은 중대한 오류를 불러일으키는데, 우리가 언제나 그것을 미연에 방지할 수 있으리라고 기대할 수는 없다. 다양한 의견을 허용하는 것은, 그 무엇과도 바꿀 수 없이 소중한 어떤 것을 얻기 위해 지불하지 않으면 안 되는 비용인 셈이다. 조그마한 부분을 얻은 데 지나지 않으면서도 마치 진리 전체를 얻은 듯이 행세하는 것은 반드시 비판받아야 마땅하다. 그런데 그런 잘못을 시정한다고 나선 사람들이 그와 비슷한 잘못을 범한다면, 우리는 이런 일방적인 처사에도 똑같이 개탄하지 않을 수 없다. 그래도 우리는 그들에게 관용을 베풀어야 한다. 만일 그리스도교 신자들이 이교도들을 그리스도교에 편견을 가지지 않은 사람이 되도록 가르치고 싶다면, 자신들부터 먼저 이교에 대한 편견을 버릴 수 있어야 한다. 학문의 역사에 대해 최소한의 지식이 있는 사람이라면, 가장 고귀하고 중요한 도덕률의 상당 부분이 그리스도교 신앙에 대해 아무것도 모르는 사람, 나아가 잘 알면서도 배척한 사람들의 작품이기도 하다는 사실을 잘 알고 있다. 따라서 이 엄연한 사실을 일부러 모른 체한다는 것은 진리를 찾는 사람으로서 할 일이 아니다.

나는 있을 법한 모든 의견에 대해 아무런 제약 없이 자유롭게 토론을 벌인다고 해서 종교적 또는 철학적 분파주의의 해독을 제거할 수 있으리라고 기대하지 않는다. 능력이 한정된 인간이기는 하지만 어떤 진리를 진심으로 추구할 때, 마치 이 세상에 다른 진리는 전혀 존재하지 않는 것처럼 또는 자신들의 진리를 능가하는 것은 있을 수 없는 것처럼, 그 진리를 주장하고 가르치며 행동에 옮길 수 있기 때문이다. 나는 아무리 자유 토론을 허용하더라도 사람의 생각이 한쪽으로 치우치는 것을 근본적으로 막을 수는 없다고 생각한다. 오히려 그런 경향을 증폭하고 악화시킬 수도 있다. 진리가 드러나기보다는 오히려 반대파가 주장하는 것이라는 이유로 더 격렬하게 배척되는 경우가 많기 때문이다. 이런 의견의 충돌은 열정적인 당파주의자보다는 상대적으로 조용하고 관심 없는 방관자들에게 훨씬 큰 영향을 끼친다. 부분적인 진리를 둘러싸고 격렬하게 충돌하는 것보다 진리의 절반을 소리 없이 억압하는 것이 사실은 더 무서운 결과를 낳는다. 사람들이 억지로라도 양쪽 의견을 모두 듣게 되면 언제나 희망이 있다. 그러지 않고 오직 한쪽만 듣게 되면, 오류가 편견으로 굳어지고 반대편에 의해 거짓으로 과장되면서 진리 자체가 진리로서 역할을 할 수 없게 된다. 인간의 능력 가운데 팽팽하게 맞서는 두 의견에 대해 재판관처럼 공정하게 지적 판단을 내리는 능력만큼 드문 것도 없다. 모든 주장 속에 진리가 어느 정도는 다 들어 있기 때문에, 대립하는 모든 주장에 대해 변론을 펼 수 있을 뿐만 아니라 상대방 주장도 경청하도록 훈련되어야 진리에 이를 가능성이 커진다.

　우리는 지금까지 네 가지 분명한 이유 때문에 다른 의견을 가질 자유와 그것을 표현할 수 있는 자유가 인간의 정신적 복리를 위해 중요하다는 사실을 확인했다(정신적 복리는 다른 모든 복리의 기초가 된다). 그 내용을 다시 한 번 간단하게 정리해보자.

　첫째, 침묵을 강요당하는 모든 의견은, 그것이 어떤 의견인지 우리가 확실히 알 수는 없다 하더라도, 진리일 가능성이 있다. 이 사실을 부인하면 우리 자신이 절대적으로 옳음 infallibility을 전제하는 셈이 된다.

　둘째, 침묵을 강요당하는 의견이 틀린 것이라 하더라도, 그것이 일정 부분 진리를 담고 있을지도 모른다. 실제로 그런 일이 아주 흔하다. 어떤 문제에 관한 것이든 통설이나 다수의 의견이 전적으로 옳은 경우는 드물거나 아예 없다. 따라서 대립하는 의견들을 서로 부딪치게 하는 것만이 나머지 진리를 찾을 수 있는 유일한 방법이다.

　셋째, 통설이 진리일 뿐만 아니라 전적으로 옳은 것이라고 하자. 그렇다 해도 어렵고 진지하게 시험을 받지 않으면 그것을 받아들이는 사람들 대부분은 그 진리의 합리적인 근거를 그다지 이해하지도 느끼지도 못한 채 그저 하나의 편견과 같은 것으로만 간직하게 될 것이다. 뿐만 아니라 네 번째로,

그 주장의 의미 자체가 실종되거나 퇴색하면서 사람들의 성격과 행동에 큰 영향을 끼치지 못하게 될 것이다. 선을 위해 아무런 영향도 주지 못하는 하나의 헛된 독단적 구호로 전락하면서, 이성이나 개인적 경험에서 그 어떤 강력하고 진심 어린 확신이 자라나는 것을 방해하고 가로막게 되는 것이다.

의견의 자유에 대한 검토를 마치기 전에, 절제된 양식 아래 공정한 토론의 틀을 벗어나지 않는 상태에서만 의견의 자유로운 표현이 허용되어야 한다고 주장하는 사람들에 대해 간단히 언급하는 것이 좋겠다. 여러 가지 이유 때문에 이런 틀을 정확하게 설정하는 것은 힘들다. 경험이 말해주듯이, 설득력 있고 강력한 비판을 받을 때마다 사람들은 자신이 공격을 당한다고 느낄 가능성이 있다. 상대방이 강하게 몰아붙이는 바람에 제대로 대꾸하기 어려운데, 거기에다 조금이라도 감정 섞인 언사까지 구사한다면, 곧 부당한 비난을 퍼붓는다고 생각하기 쉽다. 이것은 실제 상황에 비추어볼 때 아주 중요한 문제일 수 있다. 그러나 더욱 근본적인 것을 잊어서는 안 된다. 아무리 옳은 의견이라 해도 적절하지 못한 방식으로 표현하면 심각한 반발을 불러일으킬 수 있기 때문에 이에 대해 엄격한 조치를 취하는 것은 불가피하다. 그러나 그런 공격이라는 것은, 의도하지 않은 자기 배신이 아니라면, 아무리 심하게 공격하더라도 다른 사람들에게 확신을 심어줄 수가 없다. 그중에서 가장 심한 것은, 세련되게 말하자면, 문제의 본질을 거짓 진술하기 위해 또는 반대 의견을 엉터리로 전달하기 위해 사실이나 주장을 호도하는 것이다. 무식하거나 모자라다고 생각되지 않는, 그리고 여러 측면에서 볼 때 그렇게 생각되어서는 안 될 사람들이 이런 일들을 아무런 거리낌 없이 오랫동안 자행해왔다. 따라서 그런 허위 진술에 대해 합당한 이유를 대며 도덕적으로 나쁜 짓이라고 낙인찍는 것은 거의 불가능할 정도이다. 이렇게 논란의 대상이 되는 비행非行을 법적으로 처벌한다는 것은 더구나 어렵다. 흔히 자제심을 잃은 토론이라고 할 때 독설, 빈정댐, 인신공격 등을 꼽는데, 논쟁의 당사자 모두에게 이런 것을 금지할 수만 있다면 그 같은 조치에 공감하는 사람이 늘어날 것이다. 그러나 실제로는 그렇지 않다. 그저 통설에 대해 무차별 공격을 가하지 못하게 가로막는 것이 주목적일 뿐이다. 이에 반해 소수 이설에 대해서는 아무런 제약도 받지 않은 채 거침없이 공격을 퍼부을 수 있다. 심지어는 그런 식의 공격을 가하는 사람에게 뜨거운 양심이니 정의의 분노니 하는 따위의 찬사를 보내기까지 한다. 그러나 가장 심각한 문제는 이런 일이 상대적으로 힘이 없는 사람들을 대상으로 벌어진다는 점이다. 이와 같은 방식으로 제기되는 의견이 그 어떤 불공정한 이득을 얻은 상관없이, 이런 싸움은 언제나 통설에 일방적으로 힘을 실어주는 방향으로 결말이 난다. 논쟁이 진행되면서 통설과 생각이 다른 사람은 사악하고 비도덕적인 인물로 공격받게 되는데, 이것이야말로 최악의 결과가 아닐 수 없다. 누구든지 시류에 어긋나는 생각을 하는 사람은 이런 비방과 중상에 노출되기 십상이다. 왜냐하면 그들은 일반적으로 소수인데다 영향력도 작고, 그들이 당하는 옳지 못한 일에 대해 당사자 외에는 관심을 기울여줄 사람도 없기 때문이다. 문제는 통설을 공격하는 사람들은 애당초 이런 무기를 사용할 수 없다는 데 있다. 설령 그렇게 할 수 있다 하더라도 자신들의 명분에 해가 될 뿐이다. 일반적으로 볼 때, 다수가 받아들이는 생각과 일치하지 않는 소수 의견은, 부자연스러울 정도로 표현을 순화하고, 상대방에게 불필요한 자극을 주지 않도록 극도로 세심한 주의를 기울여야 한다. 그러지 않으면 자기 의견을 밝힐 기회를 얻기가 여간 어렵지 않다. 결국 통설과 단 한 줄도 어긋나지 말아야 하는데, 그러자면 본래의 취지를 포기하는 수밖에 없다. 이에 반해 통설을 따르는 사람들은 온갖 언어폭력을 다 동원해서 반대쪽 의견을 피력하지도 듣지도 못하게 한다. 그러므로 진리와 정의를 위해, 이러한 언어폭력을 막는 것이 무엇보다 중요하다. 예를 들어, 둘 가운데 하나를 선택해야 한다면, 정통 신앙보다도 이교도에 대한 공격을 차단하는 것이 훨씬 더 시급하다. 물론 법과 권력이 그 어느 것에도 제한을 가해서는 안 된다는 것은 자명한 사실이다. 어느 경우건 그때그때 상황에 따라 의견들 스스로 결론을 낼 수 있어야 한다. 자신의 생각을 표현하는 방식이 적절하지 못한 사람, 즉 눈에 띄게 솔직하지 못하거나 악의나 비방의 정도가 너무 심한 사람이나 타인의 감정에 관용적이지 못한 사람에 대해서는, 그가 누구이고 주장하는 바가 무엇이든 관계없이, 가차 없이 비판해야 한다. 그러나 비록 우리와 반대되는 견해를 가진 사람이고, 따라서 좋지 못한 결과를 불러일으킨다고 생각되더라도 그에게 간섭해서는 안 된다. 이에 반해, 자신과 반대되는 사람들의 진짜 생각이 무엇인지 차분하게 들어볼 수 있고 정직하게 평가할 수 있는, 그래서 그들에게 불리한 것이라고 과장하지 않고, 또 유리한 것이라고 해서 결코 차단하지도 않는 사람은, 그가 누구든 또 어떤 생각을 가졌든 존경받을 만하다. 이런 기본적인 도덕률 위에서 토론이 진행되어야 한다. 설령 이런 도덕률이 가끔씩 침해당한다 해도 그것을 진지하게 지키는 논쟁가들이 많고, 그보다 훨씬 많은 사람들이 그것을 양심적으로 지키기 위해 애쓰고 있음을 생각하면, 마음이 여간 흐뭇하지 않다.

제3장

개별성

행복한 삶을 위한 중요한 요소

이런 이유에서 사람들이 자유롭게 자기 의견을 가지고 또 그 의견을 자유롭게 표현할 수 있지 않으면 안 된다. 이와 같은 자유가 허용되거나 강조되지 않으면 인간의 지적 발달과 그를 통한 도덕 생활이 치명적인 타격을 입게 된다. 이제부터는 똑같은 이유에서, 그에 따르는 모든 위험과 불확실성을 스스로 책임지는 한, 다른 사람에게서 일체의 물리적·도덕적 방해를 받지 않고 각자 생각대로 행동하는 자유가 필요함을 강조하고자 한다. 자신의 행동에 대해 책임진다는 단서는 두말할 것 없이 매우 중요하다. 행동하는 것이 의견을 가지는 것처럼 자유로워야 한다고 주장하는 사람은 아마 없을 것이다. 그러나 다른 사람들이 옳지 못한 행동을 하도록 하는 데 직접적인 영향을 끼칠 수 있는 상황이라면, 의견의 자유도 무제한적으로 허용될 수는 없다. 어떤 사람이 곡물 중개상들이 가난한 사람들의 배를 곯린다거나 사유재산은 강도짓이나 다름없다는 의견을 신문 지상에 발표한다면, 이런 행동을 방해해서는 안 된다. 그러나 곡물 중개상의 집 앞에 모여든 흥분 상태의 폭도들을 상대로 그런 의견을 개진하거나 그들이 보는 데서 그 같은 내용의 벽보를 붙인다면, 그런 행동을 처벌하는 것은 불가피하다. 어떤 종류의 행동이든 정당한 이유 없이 다른 사람에게 해를 끼치는 것은 강압적인 통제를 받을 수 있으며, 사안이 심각하다면 반드시 통제를 받아야 한다. 나아가 필요하다면 사회 전체가 적극적으로 간섭해야 한다. 이렇게 되면 개인의 자유가 심각하게 제한받게 된다. 그렇지만 사람을 성가시게 해서는 안 되기 때문에 이는 불가피하다. 그러나 다른 사람들이 관심을 가지는 문제에 대해 그들을 괴롭히지 않는 한편, 그저 자신에게만 관계되는 일에 대해 자기 스스로의 기분과 판단에 따라 행동한다면, 각자가 자유롭게 자기 의견을 가질 수 있어야 하는 것과 마찬가지로, 자신의 책임 아래 남의 방해를 받지 않고 자기 생각에 따라 행동하는 자유가 허용되어야 한다. 인간은 오류를 범하지 않는 절대적인 존재가 아니다. 인간이 아는 진리란 대부분 반쪽짜리 진리일 뿐이다. 인간이 진리의 모든 측면에 대해 지금보다 훨씬 더 잘 알 수 있을 때까지는, 의견일치도 반대쪽 의견이 최대한 자유롭게 피력된 끝에 이루어진 것이 아니라면 바람직하다고 할 수 없다. 다양함은 나쁜 것이 아니라 오히려 좋은 것이라는 사실은 개인의 의견 못지않게 행동 양식에도 적용될 수 있다. 인간이 불완전한 상태에서는 서로 다른 의견이 존재하는 것이 유익하듯이, 삶의 실험도 다양하게 이루어지는 것이 필요하다. 다른 사람에게 피해를 주지 않는 한, 각자의 개성을 다양하게 꽃피울 수 있어야 한다. 누구든 시도해보고 싶다면, 자기가 원하는 삶의 양식이 얼마나 가치 있는 것인지 실천적으로 증명해볼 수 있어야 한다. 간단히 말하자면, 다른 사람들에게 중대하게 연관되지 않는 일에서는 각자의 개별성이 발휘되도록 하는 것이 바람직하다. 각자의 고유한 개성이 아니라 전통이나 다른 사람들이 행하는 관습에 따라 행동하게 되면, 인간을 행복하게 만드는 중요한 요소 가운데 하나이자 개인과 사회의 발전에 결코 빼놓을 수 없는 요소인 개별성을 잃게 된다.

이런 원칙을 지켜나갈 때 부딪히게 되는 가장 어려운 문제는, 주어진 목표를 달성하는 데 필요한 수단에 대한 이해 부족이 아니라 목적 그 자체에 대한 보통 사람들의 무관심이다. 만일 개별성의 자유로운 발달이 인간을 행복하게 만드는 데 특별히 중요한 요소 가운데 하나이고, 문명·지식·교육·문화 등과 같은 용어에 반드시 따라다니는 요소일 뿐 아니라, 그 자체가 그런 모든 것들에 없어서는 안 되는 필요조건임을 깨닫는다면, 자유를 가벼이 여기는 일은 없을 것이다. 그리고 개별성과 사회적 통제 사이에 적절한 선을 긋는 일이 그리 어렵지도 않을 것이다. 그러나 문제는 보통 사람들이 각 개인의 자발성이 얼마나 중요한 가치가 있는지, 또는 그것이 왜 소중한지 별로 생각하지 않는다는 점이다. 대부분의 사람들이 오늘날 인간의 삶의 모습에 만족하기 때문에(그들 자신이 바로 그런 삶의 주인공이라 그렇다) 왜 다른 모든 사람들이 자기와 똑같이 살면 안 되는지 이해하지 못한다. 더 심각한 사실은 도덕과 사회 문제를 개혁하고자 하는 이들 다수가 자발성을 그들이 추구하는 이상의 일부로 간주하기는 커녕, 인류에게 꼭 필요한 것을 성취하는 데 도움이 되기보다 오히려 고약하게 방해하기까지 하는 경계의 대상으로 간주한다는 것이다. 지혜의 화신으로, 그리고 정치인으로 이름이 드높은 훔볼트Wilhelm von Humboldt[38]가 한 다음과 같은 의미심장한 말에 대해 독일 바깥에서는 그 뜻을 아는 사람조차 드물다. "인간은 막연하고 덧없는 욕망이 아니라 영원하고 변함없는 이성에 따라 살아야 한다. 그 이성은 우리에게 각자의 능력powers을 완전하고 전체적으로 일관되게끔 최대한, 그리고 가장 조화 있게 발전시킬 것을 명령한다." 그러므로 그는 "각자의 개별성에 맞게 능력을 발전시키기 위해 모든 사람이 끊임없이 노력을 기울여야 하고, 특히 다른 사람을 이끌 지도자가 되려는 사람은 그 목적을 향해 언제나 눈을 부릅뜨고 바라보아야 한다"고 강조했다. 훔볼트는 이를 위해서 '자유와 상황의 다양성'이라는 두 가지 조건이 필수적으로 충족되어야 한다고 주장했다. 이 두 가지가 결합하여 '개별적 활력과 고도의 다양성'이 생기는데, 이들이 곧 '독창

성'의 바탕이 된다는 것이 그의 생각이다.[39]

그러나 사람들은 훔볼트가 한 말을 낯설어한다. 그가 개별성에 그토록 큰 가치를 부여한 것이 놀랍기까지 한 모양이다. 그래도 사람들은 개별성이 중요하다는 것은 안다. 문제는 개별성에 어느 정도 가치를 부여할 것인가이다. 어느 누구도 자신은 아무 일도 하지 않은 채 그저 다른 사람을 따라 하기만 하면 좋은 삶을 살 수 있다고 생각하지는 않기 때문이다. 자기가 살아가는 방식에, 그리고 자기가 관심을 기울이는 일에, 자기 자신의 판단 또는 고유한 특성을 최소한 어느 정도는 반영해야 한다는 사실을 부인하는 사람은 아무도 없을 것이다. 반면에 사람들이 이 세상에 태어나기 전에는 아무런 지식도 존재하지 않았던 것처럼, 그리고 경험을 통해서는 어떻게 살고 어떻게 행동하는 것이 더 나은지에 대해 하나도 얻을 게 없는 것처럼 살아야 한다고 주장하는 것은 어리석은 일이다. 사람들은 경험을 통해 확인된 결과에 대해 알고, 또 그 혜택을 받을 수 있도록 젊은 시절에 가르침과 훈련을 받아야 한다. 적당히 나이가 들어 경험을 자신의 방식대로 이용하고 해석하는 것은 인간의 특권이자 인간다운 삶을 살기 위한 조건이라고 하겠다. 기록으로 남은 다른 사람들의 경험 가운데 어느 부분이 자신의 환경과 성격에 의미 있게 적용될 수 있을지는 스스로 판단해야 한다. 다른 사람들의 전통과 관습은, 경험이 어느 정도 그들에게 무언가를 가르쳐주었다는, 또는 가르쳐주었다고 추정할 수 있는 증거이다. 그러므로 그런 것들을 적절한 수준에서 참고할 필요가 있다. 그러나 첫째, 그들의 경험이 너무 지엽적이거나 그들이 자신의 경험을 잘못 해석했을 수 있다. 둘째, 해석은 옳을지 몰라도 그 사람에게는 어울리지 않는 것일 수도 있다. 대체로 관습이라는 것은 관례를 따르는 환경과 성격의 산물이다. 그러나 그 사람의 환경과 성격이 일반적이지 않을 수 있다. 셋째, 비록 관습 그 자체가 괜찮은 것이고 그 사람에게도 어울린다 해도, 그저 단순히 관습이니까 따른다는 생각이라면, 인간만이 가질 수 있는 독특한 능력은 어느 것도 교육, 발전시킬 수 없게 된다. 사람의 지각, 판단, 특이한 감정, 정신 활동, 그리고 심지어 도덕적 선호選好와 같은 능력들도 오직 선택을 거듭하는 과정을 통해서만 단련될 수 있다. 그저 관습이 시키는 대로 따라 하기만 하는 사람은 아무런 선택도 하지 않은 것이나 다름없다. 무엇이 최선인지 구분하는, 또는 가장 좋은 것에 욕망을 느끼는 훈련을 하지 못하는 셈이다. 근육과 마찬가지로 사람의 정신이나 도덕적 힘도 자꾸 써야 커진다. 다른 사람이 믿으니까 자기도 믿는 경우도 그렇지만, 그저 어떤 일을 다른 사람이 하니까 따라 한다면 자신의 능력을 발휘할 수 없을 것이다. 어떤 문제에 대해 자기 자신의 분명한 이성적 판단에 따라 결론을 내리지 않는다면, 그 사람의 이성은 튼튼해질 수 없다. 그렇지 않은 상태에서 어떤 입장을 취한다면 이성이 오히려 약화되고 만다. (다른 사람의 권리나 감정을 고려하지 않아도 되는 상황에서) 자기 자신의 감정이나 성격과 다른 방향으로 행동하게 되면, 그것은 감정과 성격을 적극적이고 활기 넘치게 하기보다는 소극적이고 무기력하게 만드는 큰 요인이 된다.

만일 사람이 세상 또는 주변 환경이 정해주는 대로 살아간다면, 원숭이의 흉내 내는 능력 이상은 필요하지 않을 것이다. 자기 자신의 삶을 설계하고 선택하는 사람만이 자기가 타고난 모든 능력을 사용하게 된다. 관찰하기 위해 눈을 써야 하고, 앞날을 예측하기 위해 이성에 따라 판단해야 한다. 결정을 내리는 데 필요한 자료를 모아야 하며, 결론을 내리기 위해 이런저런 차이점을 파악해야 한다. 그리고 일단 결정하고 나면, 자신의 신중한 선택을 실천에 옮길 수 있도록 확고한 의지와 자기 통제가 필요하다. 사람이 모두 갖추어야 하고 요긴하게 사용할 수 있는 이런 능력은, 각자 행동을 스스로의 판단과 감정에 따라 결정하는 것과 정확히 비례해서 커진다. 물론 이런 것이 없어도 위험을 피해 좋은 길로 갈 수 있다. 그러나 이 둘 가운데 어느 경우에 인간으로서 더 가치 있는 삶을 살게 될까? 인간이 무엇을 하는지뿐만 아니라, 그 일을 어떤 방식으로 하는지 역시 대단히 중요하다. 인간의 삶을 완전하고 아름답게 만드는 것 가운데 가장 중요한 것은 역시 인간 그 자체이다. 사람의 모양을 한 기계가 사람을 대신해서 집을 짓고, 옥수수를 기르고, 전쟁을 대신해주고, 재판을 하며, 심지어 교회를 세우기까지 한다고 치자. 그렇더라도 이 기계와, 현재 좀 더 개명된 세상에서 살고 있다고 하지만 자연이 만들 수 있고 만들어낼 종種 가운데서도 가장 못났다고 할 수 있는 사람과 맞바꾼다는 것은 엄청난 손실이 아닐 수 없다. 인간은 본성상 모형대로 찍어내고 그것이 시키는 대로 따라 하는 기계가 아니다. 그보다는 생명을 불어넣어주는 내면의 힘에 따라 온 사방으로 스스로 자라고 발전하려 하는 나무와 같은 존재이다.[40]

사람들이 각자 나름대로 관점을 가지는 것이 바람직하며, 전해 내려오는 관습을 비판적으로 수용하거나 때로 그것을 비판적으로 거부하는 것이, 맹목적으로 그리고 단순히 기계적으로 추종하는 것보다 더 낫다는 사실을 대개는 인정할 것이다. 그리고 어느 정도는, 사물을 바라보는 관점이 각자의 처지에서 정립되어야 한다는 점도 수긍할 것이다. 그러나 욕망desires이나 충동impulses에도 각자 나름의 특성이 담겨 있다는 사실, 또는 각 개인의 특성이 반영된 충동을 일정 정도로 느끼는 것이 위험하거나 크게 나쁜 일이 아니라는 사실은 잘 인정하고 싶어 하지 않는다. 욕망과 충동 역시 신념과 자제 못지않게 완전한 인간을 만드는 데 필수적인 요소임을 분명히 알아야 한다. 충동이 강하다고 해서 모두 문제가 되는 것은 아니다. 다만 그것이 적절하게 균형을 이루지 못할 때,

다시 말해 특정 종류의 목표와 성향은 강하게 발전하는데, 그와 함께 있어야 할 다른 것들은 약하고 활발하지 못할 때 경계의 대상이 되는 것이다. 인간의 욕망이 너무 강해서 나쁜 결과를 낳는 것은 아니다. 그것보다는 양심conscience이 약한 것이 문제이다. 강한 충동과 약한 양심 사이에는 어떤 근본적인 인과 관계도 존재하지 않는다. 자연의 섭리는 오히려 그 반대이다. 어떤 사람의 욕망과 감정이 다른 사람보다 더 강하고 더 다양하다는 것은, 분명히 말하자면 인간으로서 타고난 자질이 더 풍부하고 따라서 남보다 나쁜 일을 더 많이 할 수도 있지만, 대체로 그보다는 좋은 일을 할 가능성이 더 큰 셈이라고 말해도 무방하다. 강력한 충동이란 곧 정력energy의 다른 이름이라고 할 수 있다. 정력은 나쁜 데 이용될 수 있다. 그러나 동시에 게으르고 무덤덤한 사람보다는 정력적인 사람이 좋은 일도 더 많이 할 수 있는 법이다. 천성적으로 감정이 아주 풍부한 사람이 자신의 감정을 아주 강렬하게 가꾸고 발전시킬 수 있는 법이다. 감수성이 예민한 사람이 충동을 생생하고 강렬하게 만들 수 있으며, 이런 감수성이 있어야 열정적으로 덕을 추구하고 철저하게 자신을 통제할 수 있다. 사회는 이런 일을 유도하여 영웅을 배출할 수 있는 터전을 헐어버리지 않음으로써 — 영웅을 어떻게 만드는지 모르기 때문에 — 할 일을 하고 필요한 이익도 보호하는 것이다. 자기만의 욕망과 충동을 가진 사람, 다시 말해 그것들을 통해 자신의 타고난 본질—이것은 자신이 속한 사회의 문화 속에서 발전되고 다듬어진다—을 담아내는 사람은, 말하자면 자신만의 독특한 성격이 있는 사람이다. 반대로 자신만의 욕망과 충동을 가지지 못한 사람은 자기 고유의 성격도 없는 사람이나 마찬가지이다. 이것은 마치 다 똑같아서 아무 개성도 지니지 못한 증기기관이나 다를 바 없다. 누군가 자기 고유의 색깔을 띤 강렬한 충동을 가지고 있을 뿐 아니라 그것을 굳센 의지의 통제 아래 둘 수 있다면, 그는 정력적인 성격의 소유자이다. 욕망과 충동의 개별성이 발휘되어서는 안 된다고 주장하는 사람은, 사회가 강한 개성을 지닐 필요가 없고—사회에 개성 있는 사람이 많으면 좋지 않고—일반적으로 정력이 높은 수준에 이르는 것도 바람직하지 않다고 주장하는 것이나 다름없다.

아직 초기 발전 단계에 있는 사회에서는 이런 힘들이 사회가 규율·통제할 수 있는 한도보다 더 강력할지 모른다. 실제로 자발성과 개별성이 지나쳐 사회적 규율을 유지하는 데 애를 먹는 때도 있었다. 그런 경우에는 신체적으로나 정신적으로 강한 충동을 가진 사람들을 통제하고 규칙에 복종하도록 가르치는 것이 큰 문제였다. 그래서, 교황이 황제들과 힘겨루기를 했듯이, 각 개인의 성격을 통제하기 위해 삶의 구석구석을 통제할 필요가 있다는 명분 아래(사실 사회가 각자의 성격을 효과적으로 통제할 수는 없었다) 법과 규율이 개인에게 절대적인 권력을 행사했다. 그러나 이제는 사회가 개별성을 훨씬 효율적으로 통제할 수 있게 되었다. 개인의 충동과 선호의 과잉이 아니라 반대로 그런 것의 결핍이 인간 존재를 위협하는 시대가 되었다. 이제 상황이 많이 바뀌었다. 과거에는 지위가 높거나 세력이 강한 자들이 힘이 넘친 나머지 법과 제도에 끊임없이 저항했다. 따라서 그들이 법과 제도 아래 꽁꽁 묶여 있어야 그들의 영향 아래에 있는 사람들이 최소한의 안전을 확보할 수 있었다. 그러나 오늘날 사회에서는 지위가 가장 높은 사람부터 가장 낮은 사람까지 모두 적대적인 시선과 가공할 만한 검열의 위협 속에 살고 있다. 그 결과, 다른 사람에게 관계되는 일뿐만 아니라 자신에게만 관계되는 일에서조차, 개인이나 가족을 막론하고, 자신이 무엇을 더 좋아하는지, 자기 성격과 취향에 맞는 것은 무엇인지, 또는 어떻게 해야 자신이 타고난 최고·최선의 재능을 충분히 발휘하고 최대한 키울 수 있는지 고민하지 않게 되었다. 대신 자신의 위치에 어울리는 것이 무엇인지, 자기와 비슷한 신분의 사람, 또는 경제적 여건이 비슷한 사람이 주로 무엇을 하는지, (심지어는) 자기보다 높은 위치의 사람이 즐겨 하는 것이 무엇인지 궁금해한다. 이는 그들이 자기 기질에 어울리는 것보다는 다른 사람들이 관습적으로 하는 것을 더 선호한다는 말이 아니다. 관습적인 것을 빼고 나면 그들에게는 따로 자기 고유의 기질이라는 것이 아예 없다. 정신 자체가 굴레에 묶여 있는 것이다. 재미 삼아 하는 일도, 다른 사람이 무엇을 하는지 먼저 살피고서 따라 하고, 군중 속에 묻혀 들어가기를 좋아한다. 선택도 그저 사람들이 흔히 하는 것 중에서 고르는 데 국한된다. 독특한 취미나 유별난 행동은 범죄처럼 기피 대상이 된다. 자기 자신의 타고난 성질을 따르지 않다 보니 마침내 따라야 할 각자 고유의 성질까지 없어지게 된다. 그들이 지닌 인간 능력들은 시들고 죽어버린다. 그 어떤 강력한 소망이나 자연적 쾌락도 느끼지 못한다. 한마디로 자기만의 생각이나 고유한 감정 또는 그 무엇이든, 자기만의 것이 없어진다. 자, 이를 인간에게 바람직한 상황으로 봐야 할까? 아니면 나쁜 상황이라고 해야 좋을까?

칼뱅은 이런 상태가 바람직하다고 주장한다. 그의 이론에 따르면 자기 뜻대로 사는 것self-will은 인간이 저지를 수 있는 죄악 가운데서도 아주 무거운 것이다. 그에 반해 인간이 할 수 있는 모든 좋은 일은 복종과 관련이 있다. 따라서 인간에게 선택이라는 것은 없다. 주어진 것을 반드시 해야 한다. 다른 길은 없다. "의무가 아닌 것은 모두 죄악이다." 인간은 너무 타락했기 때문에, 자기 속에 있는 인간성을 완전히 죽일 때까지 어느 누구도 구원받을 수 없다. 인간에 대한 이런 이론을 믿는 사람이 보기에는, 인간이 지닌 특성, 능력, 그리고 감수성 등을 모두 없애버리는 것은 죄가 아니다. 그저 자신을 신의 의지에 완전히 맡겨버리는 것 외에 따로 아무런 능력도 가질 필요가 없기 때문이다. 인간이 신의 의지를 잘 따르는 것 외에 다른 용도로 자신의 능력을 쓸 바에야, 차라리 그 능력 자체가 없는 편이 더 좋다는 것이다. 칼뱅주의는 이런 주장을 편다. 그리고 스스로를 칼뱅주의자로 부르지 않는 사람들 중에서도 상당수가 비록 정도는 약하지만 비슷한 입장을 취한다. 이들은 신의 의지라는 것에 대해 덜 금욕적인 해석을 한다. 인간이 자기가 원하는 대로 해도 된다는 말은 아니다. 최고 권력자, 즉 신의 지시를 순종한다는 조건 아래에서, 자기가 좋아하는 것 가운데 일부를 추구해도 신의 의지에 부합할 수 있다는 뜻이다.

오늘날 눈에 잘 띄지는 않지만, 인간에 대한 이런 폐쇄적인 이론과, 이것이 표방하는 꽉 막혀 답답하기 이를 데 없는 유형의 인간 성격이 많은 사람들의 마음을 강하게 끈다. 이들은, 자연 그대로의 나무보다는 가지를 바짝 치거나 이런저런 동물 모양으로 잘린 모습이 훨씬 보기 좋듯이, 인간이 비비 꼬이고 위축된 존재로 전락한 것은 조물주가 그렇게 만들었기 때문이라고 생각한다. 어느 종교든 인간이 어떤 선한 존재good Being에 의해 창조되었다고 믿는다. 그렇다면, 이런 선한 존재는 자신이 인간에게 준 모든 능력이 뿌리를 드러낸 채 말라비틀어지기보다는 잘 자라고 번성하기를 바랄 것이다. 그가 기대한 대로 피조물들이 차츰 발전해나갈 때마다, 즉 이해하고 행동하고 즐거움을 느끼는 그들의 능력이

한 단계씩 향상될 때마다 기쁨을 느끼리라고 믿는 것이 논리에도 맞다. 칼뱅주의와는 다른 각도에서 성공적인 인간상을 그릴 수도 있다. 그저 인간적인 욕심을 모두 끊어버리는 것만이 능사는 아니다. '그리스도교적 자기 부정self-denial'뿐만 아니라 '이교도들의 자기 주장self-assertion'도 나름대로 가치가 있다.[41] 그리스인들은 자기 발전self-development이라는 이상을 지향했는데, 자기 지배self-government라는 플라톤과 그리스도교의 이상은 이런 그리스적 이상과 융합된 것이지 그것을 대체하는 것은 아니다. 알키비아데스Alcibiades[42]보다는 존 녹스가 되는 것이 더 낫고, 이들 두 사람보다는 페리클레스Pericles[43]가 되는 것이 더 낫다. 오늘날 페리클레스 같은 사람은 굳이 존 녹스가 지닌 장점이 없어도 훌륭한 사람이 될 수 있다.

인간은 개인에 따라 서로 다른 것들을 획일적으로 묶어두기보다는, 다른 사람의 권리와 이익을 침해하지 않는다는 전제 아래 잘 가꾸고 발전시킴으로써 더욱 고귀하고 아름다운 존재가 될 수 있다. 창작물이 그것을 만든 사람의 성격을 반영하듯이, 인류의 일원이라는 사실에 한껏 자부심을 느낄 정도로 인간이 발전하게 되면, 우리 삶도 풍요로워지고 다양해지며 활력이 넘칠 것이다. 고귀한 생각과 고결한 감정을 더욱 북돋워주게 되고, 모든 사람을 하나로 묶는 연대의 끈이 더욱 강해질 것이다. 각자의 개별성이 발전하는 것과 비례해서 사람은 자기 자신에 대해 더욱 가치 있는 존재가 되며, 또 그로 인해 다른 사람에게도 더욱 가치 있는 존재가 될 수 있다. 자기 존재에 대해 더욱 충만한 감정을 느끼게 되는 것이다. 각 개인이 이처럼 의미 있는 삶을 영위하면, 개인들이 모인 사회 역시 더욱 의미 있는 존재가 될 것이다. 인간의 본성 가운데 어떤 강력한 것이 다른 요소들의 발전을 저해하면 그렇게 하지 못하도록 적절하게 억압할 수밖에 없다. 그러나 이런 억압은 충분히 의미 있는 결과를 낳는다. 인간 발전이라는 측면에서 보더라도 그렇다. 다른 사람에게 해를 주지 않기 위해 자신의 기질을 억제하면 자기 발전의 수단을 잃게 된다. 그러나 그런 수단은 주로 다른 사람이 발전할 수 있는 기회를 희생시킴으로써 얻는 것이다. 따라서 이기적인 요소를 억제하면 자기 내면의 사회적 요소social part를 더욱 발전시키게 되고, 결과적으로 그에 못지않은 것을 새로 얻게 된다. 다른 사람을 배려하는 엄격한 정의의 규칙을 따르다 보면 타인의 이익을 목표로 삼는 감정과 능력을 발전시킬 수 있다. 그러나 타인의 이익에 영향을 주지 않는 일인데 단순히 그들의 불쾌한 마음 때문에 제지를 받는다면, 그런 제지에 대한 거부감만 자랄 뿐, 무언가 가치 있는 것은 발달하지 못한다. 자꾸 묵종默從하는 버릇이 들면 성격 자체가 단조롭고 둔감해진다. 사람들이 자기 성향대로 마음껏 살기 위해서는 각자 다른 삶을 사는 것이 허용되어야 한다. 어느 시대든 이런 의미의 자유가 허용되는 것과 비례해서 후대에 그 이름을 남길 수 있었다. 아무리 악명 높은 폭정이라 해도 각자의 개별성이 발휘될 여지가 남아 있는 한 아직 최악의 상태는 아니라고 볼 수 있다. 이에 반해 개별성을 짓밟는 체제는 그 이름이 무엇이든, 그리고 그것이 신의 뜻을 따른다거나 인간이 만든 율법을 집행한다거나 하는 등 어떤 명분을 내세우든, 최악의 독재 체제라고 할 수 있다.

지금까지 개별성이 발전development과 같은 것이고, 오직 개별성을 잘 키워야만 인간이 높은 수준의 발전에 이르게 되거나 또는 이를 수 있다고 강조했으니, 이제 이쯤에서 내가 주장하는 바를 정리할까 한다. 우리 삶에서 각자를 인간이 이를 수 있는 최선의 상태에 최대한 가깝게 끌어올리는 것 이상으로 더 중요하거나 더 좋은 것이 무엇이겠는가? 반대로 이를 가로막는 것 이상으로 더 나쁜 일이 무엇이겠는가? 그러나 분명히 말하지만, 이런 주장도 이 문제에 대해 그 누구보다 더 깊이 깨달을 필요가 있는 사람을 설득하지는 못한다. 그래서 자유를 열망하지 않고 자유의 향기에 자신을 맡기려 하지 않는 사람들에게, 발전된 사람들이 그렇지 못한 사람들을 위해 무엇인가 유익한 일을 할 수 있다는 것과, 다른 사람들이 자유를 향유하는 것을 방해하지 않음으로써 자신들도 지적인 측면에서 뭔가 이득을 얻게 되리라는 사실을 더욱 자세히 보여줄 필요가 있다.

첫째, 나는 그들이 이런 사람들에게서 무엇인가 배울 것이 있으리라는 점을 상기시키고 싶다. 어느 누구도 독창성이 우리 삶에서 대단히 중요한 요소임을 부인하지 않는다. 우리 삶에서 새로운 진리를 발견하고 한때 진리였던 것이 이제 더 이상 진리가 되지 못하는 때를 간파하는 사람만 소중한 것은 아니다. 남이 하지 않는 관례를 처음 만들고, 더욱 발전된 행동과 더 수준 높은 취향과 감각을 선보이는 사람도 필요하다. 우리가 사는 이 세상이 모든 측면에서 이미 완벽한 상태에 이르렀다고 믿는 사람이 아니라면 누구도 이 사실을 부인하지 못할 것이다. 분명히 말하지만, 아무나 이런 일을 할 수 있는 것은 아니다. 많은 사람 중에서도 극히 일부만이 새로운 실험을 주도할 뿐이다. 사람들이 그 새 길을 따라간다면 사회 전체가 한 단계 더 발전할 가능성이 있다. 이들 소수야말로 세상의 소금과 같은 존재이다. 이들이 없으면 우리 삶은 정체停滯를 면치 못할 것이다. 이들은 전에 없던 새로운 좋은 것을 만들어낼 뿐 아니라 이미 존재하는 좋은 것을 잘 유지·발전시키기도 한다. 새로 해야 할 것이 없으면 인간의 지성도 더 이상 필요가 없을까? 옛것을 따르는 사람들이 왜 그것을 해야 하는지 잊어버리고, 그런 일을 인간이 아니라 짐승처럼 하는 것도 이런 이유 때문일까? 최고의 이론과 관례라는 것들도 너무 쉽게 도식적인 것으로 전락하는 경향이 있다. 따라서 끊임없이 샘솟는 독창성으로 기존의 이론과 관례가 그렇고 그런 구습으로 굳어버리는 것을 방지해주는 사람들이 없다면, 그런 죽어버린 전통은 새롭게 부각되는 것들이 가하는 최소한의 충격에도 버티지 못한다. 비잔틴 제국이 보여주듯이 문명 자체가 죽어버릴 수도 있다. 천재는 언제나 소수일 수밖에 없다. 이는 지금도 그렇지만 앞으로도 언제나 변함없을 진리이다. 그들을 보호하기 위해서는 그들이 살수 있는 토양을 만들어주어야 한다. 천재는 오직 자유의 공기 속에서만 자유롭게 숨을 쉴 수 있다. 천재는 그 속성상 다른 사람들보다 더 개인적이기 때문에, 각 개인이 자기 기분대로 살아가지 못하도록 사회가 쳐놓은 작은 그물 속으로 들어가는 것을 다른 사람들보다 더 어려워한다. 그들이 제재를 두려워한 나머지, 그 작은 틀 속으로 억지로 들어가 사는 데 동의한다면, 그래서 그런 억압 속에서 자신의 재능을 사장한다면, 사회는 천재들에게서 아무것도 얻지 못할 것이다. 만일 천재적 재능을 가진 사람들 가운데 누군가가 강한 성격에 힘입어 자신들을 둘러싼 족쇄들을 깨뜨려버릴 수 있다면, 이들이야말로 자신들을 평범함 속에 가두어버리려고 시도하는 사회 — 마치 나이아가라처럼 큰 강이 더치 운하[44]처럼 좁은 곳으로 잘 흘러가지 못한다고 불평하듯이, 그들의 행동에 대해 '미쳤다', '엉뚱하다'고 하면서 압박을 가하는 사회 — 를 위한 푯대가 될 것이다.

이론상으로는 천재의 중요성과 그들이 자유롭게 생각하

고 행동할 수 있도록 허용해야 한다는 것을 아무도 부인하지 않지만, 실제로는 거의 모든 사람이 이 문제에 무관심하다. 나는 이런 사실을 잘 알기 때문에 이에 대해 힘주어 강조하고자 한다. 사람들은 감동적인 시를 쓰고 멋있는 그림을 그릴 수 있는 천재를 아주 좋게 생각한다. 생각과 행동의 독창성을 칭찬하지 않는 사람은 없다. 그러나 거의 모든 사람들이, 실제로 그 마음속 깊은 곳을 들여다보면 독창성이 없어도 잘 살 수 있다고 생각한다. 불행하게도 이를 당연하게 생각한다. 사실 독창적이지 못한 사람들로서는 독창성이 왜 중요한지 이해하기 어렵다. 독창성이 자기들에게 무슨 의미가 있는지 알 수가 없는 것이다. 그들이 어떻게 알 수 있겠는가? 그들이 그것을 안다면 독창성이 문제 되지도 않을 것이다. 독창성이 그들을 위해 하는 일 가운데 첫 번째로 중요한 것은 그들의 눈을 뜨게 해주는 것이다. 이렇게만 된다면 그들도 독창성을 얻을 가능성이 있다. 누군가가 처음 시작하지 않았으면 이 세상의 그 무엇도 존재할 수 없었을 것이다. 또 우리 주변에 보이는 좋은 것들은 모두 독창성이 뛰어난 사람들의 작품이다. 따라서 이 시점에서는 이런 사실을 상기하면서, 독창성이 얼마나 중요한지 잘 모르는 사람들로 하여금 세상에는 여전히 독창적인 사람들이 해야 할 일이 많음을 최대한 겸손히 받아들이게 하는 것이 중요하다. 나아가 독창성이 부족한 사람일수록 자신에게 그것이 모자란다는 사실을 잘 인식하도록 해주는 것이 무엇보다 시급하다.

엄연한 진실을 하나 이야기해야겠다. 정신적인 능력이 뛰어나거나 뛰어나다고 여겨지는 사람에게, 우리는 어느 정도든 겉으로나마 또는 실제로 경의를 표한다. 그러나 우리가 사는 이 세상에서는 일반적으로 평범한 사람들이 최고 권력을 장악하는 경향이 있다. 고대와 중세에서는, 그리고 점차 그 정도가 약해지기는 하지만 봉건 시대부터 현재에 이르는 긴 과도기 동안, 능력 있는 개인은 자신의 힘으로 권력을 잡았다. 그래서 뛰어난 재능이 있든가 권문세가 출신이라면 그 자신이 상당한 권력자가 될 수 있었다. 그러나 오늘날에는 개인이 군중 속에 묻혀버린다. 정치적인 측면에서 볼 때 이제 여론public opinion이 세상을 지배한다는 말은 거의 진부하기까지 하다. 대중masses만이 권력자라는 말에 어울리는 유일한 존재가 되었다. 정부도 대중이 원하는 것과 좋아하는 것을 챙겨주는 기관이 되고 있다. 공공 영역에서만 그런 것이 아니고 개인들의 도덕적·사회적 관계에서도 똑같은 현상이 목격된다. 공중public의 생각을 한데 묶어서 여론이라고들 하지만 그 공중이 언제나 똑같은 것은 아니다. 그 말은 미국에서는 백인 전체를 가리키지만 영국에서는 주로 중산층을 가리킨다. 그러나 그들은 언제나 대중, 다시 말해 평범한 보통 사람들의 집합체로 존재한다. 더 중요하고 놀라운 사실은, 대중이 이제는 더 이상 교회나 국가의 유명 인사, 저명한 지도자들을 따라 하거나, 또는 책에 나오는 내용에 따라 자신들의 생각을 정리하지 않는다는 점이다. 그들의 생각은 그들과 아주 비슷한 사람들이, 그들을 향해 또 때로는 그들의 이름을 내걸고서 신문을 통해 밝히는 생각과 다르지 않다. 내가 이런 일들을 불만스러워한다는 것은 아니다. 나는, 일반적으로 말해서, 현재 인간 정신이 놓여 있는 낮은 상태에 비추어볼 때 더 나은 것이 있을 수 있다고 주장하지 않는다. 문제는 평범한 사람들이 움직이는 정부가 평범한 정부가 되는 것을 피할 길이 없다는 데 있다. 민주적인 정부 또는 다수의 귀족들이 지배하는 정부의 정치적 행동이나, 그 정부가 떠받드는 사람들의 여론, 자질, 그리고 생각의 방향이 보통 수준을 넘었던 경우는 한 번도 없었고 또 그럴 수도 없다. 그래서 뛰어난 업적을 남긴 많은 사람들이 자청해서 여러 자문단의 도움을 받았다. 훌륭한 재능과 학식을 갖춘 '한 사람' 또는 '몇 사람'의 영향을 기꺼이 받아들였고, 그 덕분에 전성기를 구가할 수 있었다. 현명한 일 또는 고상한 일들이 처음에는 모두 개인들에게서 시작되며 또 그래야만 한다. 일반적으로 보면 첫 단추는 어떤 특별한 한 사람이 꿴다. 보통 사람에게는 그런 첫걸음을 따라가는 것이 존경과 영광을 받는 길이다. 현명하고 고상한 일에 내면적으로 반응하고 눈을 똑바로 뜬 채 거기에 이끌릴 수 있어야 한다. 내가 여기서 탁월한 재능을 가진 사람이 힘으로 권력을 장악해서 이 세상을 자기 마음대로 주무르는 일종의 '영웅 숭배론'을 펼치자는 것은 아니다. 단지 천재 같은 사람이 자기 방식대로 세상을 살아갈 자유를 누릴 수 있어야 한다는 점을 강조할 뿐이다. 그러나 천재가 다른 사람들에게 자기 방식을 따라 살도록 강요한다면 그들의 자유와 발전에 도움이 되지 않을 뿐만 아니라 천재 자신에게도 부정적인 영향을 끼친다. 그저 그런 정도의 능력밖에 갖지 못한 다수 보통 사람들의 주장이 점점 압도적인 힘으로 온 세상을 지배하는 요즘 같은 때에는, 널리 통용되는 의견의 잘못을 지적하고 시정할 수 있도록 뛰어난 사상을 지닌 사람들의 개별성이 더욱 발휘되어야 한다. 소수의 뛰어난 사람이 대중의 생각과 다른 방향으로 자유롭고 거리낌 없이 행동하고 살아가도록 장려되어야만 한다. 여느 시대 같으면, 그들이 대중과 다르게 행동하는 것 자체는 별 의미가 없고 오로지 더 나은 행동을 할 때만 긍정적인 평가를 받을 것이다. 그러나 지금 이 시대에서는 획일성을 거부하는 파격, 그리고 관습을 따르지 않는 것만으로도 인류에게 크게 봉사하는 셈이 된다. 오늘날에는 무언가 남과 다른 것을 일절 용납하지 않을 정도로 여론의 전제專制가 심하다. 바로 이런 이유 때문에 색다르게 행동하는 것이 바람직하다. 그래야 그러한 전제를 부숴버릴 수 있기 때문이다. 언제나 강한 성격이 충만할 때 거기에서 남다른 개성이 꽃핀다. 그리고 한 사회 속에서 남다른 개성이 자유롭게 만개할 수 있는 가능성은, 일반적으로 그 사회가 보여주는 탁월한 재능과 정신적 활력, 그리고 도덕적 용기와 비례한다. 불행하게도 오늘날에는 극히 일부 용기 있는 사람들만이 그런 개성을 발휘할 뿐이다. 이것이야말로 우리 시대가 직면한 가장 심각한 문제가 아닐 수 없다.

나는 지금까지 관습과 어긋나는 일을 최대한 자유롭게 할 수 있는 것이 중요하다고 주장했다. 그렇게 되면 언젠가는 그런 행동도 새로운 관습으로 정착될 수 있기 때문이다. 그러나 내가 남의 간섭을 받지 않고 관습을 뛰어넘는 행동을 할 수 있어야 한다고 강조하고는 있지만, 그렇게 해야만 좀 더 나은 행동 양식, 그리고 사람들이 널리 따라야 할 만큼 가치 있는 관습을 창조할 가능성이 커지기 때문에 이런 말을 하는 것은 아니다. 그리고 이러한 중요성이 탁월한 정신적 능력을 갖춘 소수의 사람에게만 적용되는 것도 결코 아니다. 모든 인간의 삶이 어떤 특정인 또는 소수 사람들의 생각에 맞춰져 정형화되어야 할 이유는 없다. 누구든지 웬만한 정도의 상식과 경험만 있다면, 자신의 삶을 자기 방식대로 살아가는 것이 가장 바람직하다. 그 방식 자체가 최선이기 때문이 아니다. 그보다는 자기 방식대로his own mode 사는 길이기 때문에 바람직하다는 것이다.[45] 인간은 양 같은 동물과는 다르다. 그리고 양이라고 해서 다 똑같지도 않다. 우리는 코트나 구두를 고를 때, 자기 몸의 치수를 재서 맞추거나 아니면 온 가게를 다 뒤져 자기에게 맞는 것 하나를 선택한다. 사람이 살아가는 것이 코트 고르기보다 더 쉬운가? 사람들의 육체나 정신 상태가 각자의 발 모양보다 더 비슷할까? 만일 사람들의 취향이 서로 다르다면, 그 이유만으로도 사람들을 하나의 틀에 맞춰 획일화해서는 안 된다. 그런데 사람은 취향만이 아니라 각자 추구하는 정신적 발전도 다르기 때문에 그에 맞는 조건 또한 필요하다. 온갖 종류의 식물들이 다 똑같은 물리적 환경과 대기, 그리고 기후 조건 속에서 살 수 없듯이, 인간 또한 똑같은 도덕적 기준 아래에서는 건강한 삶을 누릴 수 없다. 같은 것이라 해도, 이 사람의 정신적 성장에는 도움이 되지만 저 사람에게는 방해물이 되기도 한다. 동일한 생활양식이라도, 어떤 사람에게는 행동 능력을 잘 키워주면서 최선의 상태에서 건강하고 즐겁게 살 수 있도록 해주지만, 다른 사람에게는 모든 내적 삶을 황폐하게 만들어버리는 지긋지긋한 암초 같은 것이 되기도 한다. 사람들을 기쁘게 해주는 일들, 고통을 느끼게 되는 상황, 이런 문제들을 지각하는 육체적·정신적 작용은 사람에 따라 아주 다양하다. 그러므로 각자의 경우에 맞는 다양한 삶의 형태가 허용되지 않는다면, 인간은 충분히 행복해질 수 없다. 제각기 타고난 소질에 맞게 정신적·도덕적·미적 능력을 발전시킬 수도 없게 된다. 그런데도 왜 다수 대중이 용인하는 취향과 생활양식만 관용의 대상이 되는가? 수도원 같은 일부 예외를 제외하고는 취향의 다양성을 완전히 부인하는 곳은 없다. 사람에 따라서는 아무 부담 없이, 노 젓는 배를 타는 것이나 담배 피우는 것, 또는 음악이나 운동, 장기, 카드놀이, 아니면 공부하는 것을 좋아할 수도 있고 싫어할 수도 있다. 이런 것을 좋아하는 사람이나 싫어하는 사람이 너무 많아서 말릴 수 없기 때문이다. 그러나 어떤 사람, 특히 여자가 '아무도 하지 않는 것을 한다'든가 또는 '남이 다 하는 것을 안 한다'면, 마치 그 사람이 아주 심각한 도덕적 잘못을 저지르기나 한 것처럼 비난의 대상이 된다. 사람들이 자신의 평판에 손상을 입지 않으면서 자기가 좋아하는 일을 어느 정도 사치스럽게 멋을 부리며 하자면 상당한 지위 또는 그에 상응하는 다른 힘이 있거나, 그도 아니면 그만한 위치에 있는 사람들의 인정을 받아야 한다. 왜냐하면 누구든 그 일을 지나치게 하면 불명예스러운 비난 이상의 것을 자초할 수 있기 때문이다. 잘못하면 정신병자 취급을 받아 친척들이 재산을 몰수해서 나눠 가지는 사태가 생길 수도 있다.[46]

대중 여론은 조금이라도 개별성을 발휘하는 것을 용납하려 하지 않는데, 현재 그것이 흘러가는 방향에는 한 가지 특성이 있다. 보통 사람들은 지적인 면뿐만 아니라 취향도 덤덤한 편이다. 그들은 취미나 하고 싶어 하는 일에 대한 욕구가 그리 강렬하지 않기 때문에, 관례를 벗어난 것은 기피하려 든다. 다른 사람이 관습과 어긋나게 행동하는 것을 이해하지도 못한다. 그런 모든 행동을 야비하고 무절제한 것으로 치부하면서, 경멸하기까지 한다. 이런 일반적 경향에 덧붙여, 이른바 도덕을 향상시킨다면서 새로운 움직임이 일어나고 있음을 알아야 한다. 상황은 불을 보듯 뻔하다. 오늘날 사람의 행동을 규칙화하며, 일상적인 기준을 넘는다 싶은 것은 막으려 드는 일들이 벌어지고 있다. 외국에서도 박애주의자 philanthropists라는 사람들은 이웃을 도덕적이고 사려 깊은 사람으로 만들기 위해 애쓰고 있다. 이런 시대적 경향 때문에 사람들은 과거 어느 때보다도 더 보편적인 행동 규칙을 따른다. 그리고 다른 사람들도 모두 일반적으로 통용되는 기준을 따르도록 압력을 가한다. 그 기준이란 무엇인가? 명시적 또는 암묵적으로 어느 것도 강력하게 열망하지 않는 것이 바로 그 기준이다. 아무런 뚜렷한 성격이 없는 것을 이상으로 삼는다. 남보다 특출하게 두드러지고, 보통 사람이 볼 때 눈에 띄게 이탈하는 듯한 개성은 사정없이 짓눌러버린다. 마치 중국 여인들의 전족纏足처럼 불구가 되게 만드는 것이다.

흔히 이상적이라고 하는 것이 바람직한 것의 절반을 배제해버리듯, 오늘날 사람들이 수용하는 기준을 따르다 보면 나머지 절반을 불충분하게 모방하는 결과만 낳고 만다. 건강한 이성에 의해 인도받는 왕성한 정력, 양심적인 의지에 따라 엄격하게 통제되는 강렬한 감정, 이런 것이 현시대에는 용납되지 않는다. 미약한 감정과 허약한 정력이 그 자리를 대신

채운다. 강력한 의지나 이성이 없다 보니 무비판적으로 남을 따라 사는 것이 주류가 되고 있다. 제법 강한 개성을 지닌 사람도 차츰 전통적인 것을 생각 없이 받아들이기 시작한다. 영국에서는 이제 장사하는 것을 빼면 넘치는 정력을 쓸 데를 찾기 어렵다. 이런 쪽에 사용되는 정력은 여전히 상당할 것이다. 그렇게 쓰고 남은 얼마 안 되는 정력은—유익하고 심지어 자선 사업에 가까운—취미 활동에 쓸 수 있다. 그러나 그 종류는 언제나 한두 가지에 한정되고 그나마 규모도 크지 않다. 영국을 돋보이게 만드는 것은 모두 집단적인 것들뿐이며 개인적인 특성이 빛을 보는 경우는 매우 드물다. 영국 사람이 잘하는 것은 그저 집단으로 모여 활동하는 것뿐인 듯 보일 정도이다. 이런 현상에 대해 우리 나라의 도덕적·종교적 박애주의자들은 대단히 만족하고 있다. 그러나 영국의 오늘이 있게 만든 것은 이런 사람들이 아니라 다른 종류의 시각을 가진 사람들이다. 이들의 존재가 사라지는 것을 막아야 한다.

관습의 전제專制가 곳곳에서 인간의 발전을 가로막는 심각한 장애물로 등장하면서, 관습보다 더 나은 것을 지향하는 기질—상황에 따라 자유, 진보, 개선의 정신 등 달리 일컬어진다—을 끊임없이 박해하고 있다. 개선의 정신과 자유의 정신이 언제나 일치하는 것은 아니다. 왜냐하면 개선을 원치 않는 사람에게 개선을 강제할 수도 있기 때문이다. 그래서 자유의 정신이 그런 강제를 용납하지 않으며, 개선을 가로막는 적들과 국지적으로, 그리고 한시적으로 연합할 수도 있다. 그러나 개선을 가능하게 만드는 절대적이며 영원한 요소는 오직 자유에서 나온다. 자유가 허용되는 곳에서만 사람의 수만큼이나 다양한 독립적인 개선의 요소가 뿌리를 내릴 수 있기 때문이다. 발전 원리progressive principle는 자유를 사랑하든, 아니면 개선을 사랑하든, 그 형태에 관계없이, 관습의 횡포에 대해서는 적대적이다. 관습의 굴레로부터의 해방을 포함하지 않으면 발전 원리라고 할 수 없다. 그래서 이 둘의 싸움이 인간 역사를 규정하는 기본 변수가 된다. 정확하게 말하자면, 이 세계의 대다수 지역에는 역사가 없다. 왜냐하면 그곳에서는 관습의 전횡이 극에 달하고 있기 때문이다. 아시아 전체가 바로 이런 상황이다. 그곳에서는 관습이 모든 문제에 대한 최종 결정권을 쥐고 있다. 그래서 관습을 따르는 것이 곧 정의요, 올바른 것으로 통한다. 권력에 도취된 일부 폭군이 아니라면 감히 누구도 관습에 대들 생각을 못한다. 그 결과가 무엇인지 우리는 잘 안다. 그 나라들도 한때는 분명히 독창성을 구가했을 것이다. 인구도 많았고 학문도 높았으며 각종 예술에도 조예가 깊었다. 그럴 때는 이 세계에서 가장 위대하고 강력한 국가의 대열에 들었다. 그러나 지금은 어떤가? 그들은 숲속을 헤매고 다니던 조상들과는 달리 휘황찬란한 궁궐과 멋들어진 사원을 만들어냈지만, 문제는 그들의 관습이 자유와 발전을 가로막았다는 데 있다. 역사를 돌이켜보면, 한 민족이 어느 정도는 번영을 누리다가 그만 쇠퇴기에 접어들고 만다. 언제 그런 일이 생기는가? 바로 개별성을 가볍게 여기는 때이다. 비슷한 일이 유럽 국가에서 벌어진다 해도 그 결과가 똑같지는 않을 것이다. 이 나라들을 위협하는 관습의 전제가 그들처럼 심한 정체를 야기하지는 않을 것이기 때문이다. 색다른 것을 제지하기는 하겠지만, 모든 변화를 거부하지는 않을 것이다. 우리는 선조들이 물려준 고루한 관습을 폐기해왔다. 아직도 모든 사람이 다른 사람과 똑같은 옷을 입어야 하지만, 그 모양은 1년에 한 번 또는 두 번씩 바뀐다. 그러므로 우리는 변화가 있을 때, 그것이 아름다움이나 편리함의 관점에서 비롯된 것이 아니라 변화를 위한 변화가 될 것임을 주목해야 한다. 왜냐하면 아름다움이나 편리함에 관한 생각이 모든 나라 사람들에게 똑같은 시기에 생겼다가 때가 되면 한꺼번에 바뀌는 일은 없을 것이기 때문이다. 그러나 우리는 변화를 추구하는 동시에 발전도 도모한다. 우리는 끊임없이 새로운 기계를 만들어내고 또 다른 새것이 그것을 대체할 때까지 사용한다. 우리는 정치와 교육, 나아가 도덕을 개선하기 위해 진지하게 노력한다(우리가 생각하는 도덕적 개선은, 기본적으로 다른 사람들도 우리처럼 선한 생활을 추구하도록 설득하거나 강제하는 데 바탕을 둔다). 우리가 발전을 반대하는 것은 아니다. 오히려 우리는 역사상 그 누구보다도 더 발전적인 사람들이라고 자랑스럽게 생각한다. 우리가 등을 돌리고 거부하고 있는 것은 바로 개별성이다. 사람들은 서로 다르다는 이유 때문에, 자신의 불완전함과 다른 사람의 탁월함, 또는 양자의 장점을 함께 묶음으로써 따로 있을 때보다 더 좋은 것을 만들 수 있는 가능성에 관심을 보이게 된다. 만일 우리가 이러한 사실을 망각한 채 우리 자신을 모두 똑같은 존재로 만든 상태에서 오늘과 같은 발전을 이룩했다면, 그것은 기적이라고 할 수 있다. 우리는 중국에서 그런 무서운 실례를 보게 된다. 중국은 초기 한때 놀라운 재능, 그리고 어떤 면에서는 지혜를 자랑하기까지 했다. 정말 드물게 운이 좋아 아주 훌륭한 관습이 있었기 때문이다. 어떤 측면에서는 가장 개명된 유럽인까지도—일부 조건을 달기는 했지만—현자와 철학자라고 부르지 않을 수 없었던 사람들이 그런 관습을 만들었다. 그들은 또한 자기 나라 사람들이 최고 수준의 지혜를 습득할 수 있도록, 지혜가 가장 뛰어난 사람들이 명예와 권력을 함께 누릴 수 있는 제도적 장치를 고안해냈다는 점에서도 주목의 대상이 된다. 이런 일을 할 수 있는 민족이라면 인간 발전의 비밀을 알아냈음이 틀림없고, 따라서 중단 없이 세계 역사를 이끌어 나갔어야 마땅했다. 그러나 그들은 수천 년 동안이나 제자리에 머물러 있다. 이제 그들이 조금이라도 더 앞으로 나갈 수 있다면, 그것은 외국인들의 도움 덕분일 것이다.

그들은 오늘날 영국의 박애주의자들이 그토록 간절하게 추구하고 있는 것—사람들을 모두 똑같이 만들고 사람들의 생각과 행동을 동일한 격률과 규칙 아래 통제하는 것—이상을 해냈다. 그 결과가 지금과 같은 것이다. 오늘날 대중 여론이라는 것은 중국의 교육과 정치가 하던 일을 똑같이 따라 하고 있다. 단지 비조직적으로 그런다는 점이 다를 뿐이다. 유럽도 이런 굴레를 벗어나 개별성을 활짝 꽃피우지 못하면, 아무리 과거 문명이 찬란하고 그리스도교의 영향이 뛰어나다 해도 제2의 중국이 될 수밖에 없다.

유럽이 지금까지 이런 운명의 나락으로 떨어지지 않고 버틸 수 있었던 것은 무엇 때문인가? 무엇이 유럽 민족들로 하여금 정체되지 않고 계속해서 진보할 수 있게 만들었는가? 어떤 사람은 유럽 민족들의 우수성을 이야기한다. 설령 그렇다 하더라도 그것은 결과일 뿐 결코 원인이 아니다. 유럽을 유럽답게 만든 요인, 그것은 바로 성격과 문화의 놀라운 다양성이다. 개인이나 계급, 그리고 민족이 극단적으로 서로 다르다. 이들 각자가 엄청나게 다양한 길을 찾아 헤매면서 무언가 가치 있는 것들을 만들어냈다. 각 시대마다 다른 길을 걸어가는 사람들에 대한 관용이 부족했다. 다들 모든 사람이 자기와 같은 식으로 일하도록 만들면 기가 막히게 좋은 결과를 얻으리라고 생각했다. 그러나 다른 사람에게 자기 방식을 강요하려는 시도가 항구적인 성공을 거두는 경우는 드물었다. 시간이 되면 다른 사람들이 개척한 좋은 길을 받아들이지 않을 수 없었다. 결국 내가 볼 때, 전진하는 경로를 여럿 가지고 있었고 다면적인 발전을 추구했다는 점, 전적으로 이 덕분에 유럽의 오늘이 있을 수 있었다. 그런데 이제 유럽이 벌써부터 이 소중한 자산을 멀리하고 있다. 사람들을 똑같이 만들려는 중국식 이상을 향해 무섭게 나아가고 있다. 토크빌Alexis de Tocqueville은 그가 마지막으로 쓴 중요한 저술에서 오늘날의 프랑스 사람들이 불과 한 세대 이전보다 서로 얼마나 닮아가고 있는지 분석했다.[47] 영국 사람들은 그 정도가 훨씬 더 심하다고 할 수 있다. 이미 앞에서 소개한 바와 같이, 훔볼트는 인간 발전을 위한 필수 조건으로 두 가지, 즉 자유와 상황의 다양성을 들었는데, 이는 결국 사람들이 서로 똑같지 않아야 한다는 말의 다른 표현이다. 그 가운데서도 두 번째 조건인 다양성이 영국에서 하루가 다르게 줄어들고 있다. 서로 다른 계급과 개인을 둘러싸고서 그들의 성격을 형성하던 환경이 하루가 다르게 닮아가고 있다. 과거에는 서로 다른 계급과 이웃, 서로 다른 직업과 활동 분야의 사람들이, 말하자면 서로 다른 세계 속에서 살았다. 그러나 이제는 상당한 정도로 같은 세계에서 살고들 있다. 과거와 비교해볼 때 읽고 듣고 보는 것이 같아졌다. 놀러 가는 곳도 같다. 희망이나 두려워하는 것도 서로 닮아간다. 똑같은 권리와 자유를 누리며 그것을 향유하는 방법도 같다. 물론 신분의 차이는 여전히 남아 있다. 그러나 이것은 서로 닮아가는 경향과는 비교도 안 될 정도로 미미하다. 사람들을 똑같게 만드는 것은 지금도 진행되고 있다. 우선 이 시대의 정치적 변화가 그것을 부추긴다. 신분이 낮은 사람들은 끌어올리고 높은 사람들은 끌어내리기 때문이다. 교육의 기회가 확대되는 것 역시 동일한 현상을 촉진한다. 왜냐하면 교육이 사람들을 비슷한 영향권 아래에 들게 하고, 나아가 비슷한 사실과 감정을 접하기 더 쉽게 만들기 때문이다. 교통과 통신 수단의 발전 또한 심각한 영향을 끼친다. 이제 서로 멀리 떨어져 있는 사람들끼리 개인적인 접촉이 용이해졌고, 한쪽에서 다른 쪽으로 거주지를 옮기는 속도도 훨씬 빨라지고 있다. 상업과 제조업의 발달은, 편리한 환경이 주는 이점을 더욱 널리 퍼뜨리고 모든 사람들이 심지어 최고 수준의 목표에 대해서도 똑같은 야망을 품을 수 있게 만들었다. 이제는 출세라는 것이 특정 계급의 전유물이 아니라 누구에게나 열림으로써 역시 비슷한 결과를 촉진하고 있다. 그러나 지금까지 예를 든 모든 것들보다도 더욱더 결정적으로 사람들 사이의 유사성을 촉진하는 것이 있다. 그것은 바로 영국을 포함한 다른 자유 국가에서 여론이 국가를 움직이는 중요한 변수로서 절대적으로 확실히 떠오르고 있다는 사실이다. 과거에는 특별한 사회적 위치에 있는 사람들이 그 특별함 때문에 다수 대중의 생각을 무시할 수 있었지만, 이제는 그러한 것들이 점차 사라지고 모두가 평등한 가치를 지니게 되었다. 대중도 나름대로 의지를 가져야 한다는 적극적인 생각이 확산되면서 정치 일선에 있는 사람들의 머릿속에서는 대중의 의지에 맞선다는 생각이 점점 더 사라지고 있다. 그 결과 통념을 뛰어넘으려는 시도에 대해서는 그 어떤 사회적 후원도 보이지 않는다. 다시 말해, 대중이 수로 밀어붙이는 것에 대항하면서 대중과 다른 자신만의 생각이나 경향을 지키려는 강력한 사회 세력이 아예 존재하지 않게 된 것이다.

이런 모든 이유들이 서로 합쳐져서 개별성에 대해 몹시 적대적인 환경이 만들어지고 있다. 따라서 개별성을 어떻게 보존할 수 있을지 막막하기만 하다. 그래도 대중보다 앞서 있는 지식인들이 개별성의 중요성, 즉 사람들이 서로 다른 것이 비록 상황을 더 낫게 만들지는 못하더라도—더 낫게 만들기는커녕 일부 사람들의 눈에는 오히려 더 악화시키는 것처럼 보일지라도—그래도 다들 똑같은 것보다는 낫다는 사실을 깨닫지 못하는 한, 사정은 그리 나아지지 않을 것이다. 그러나 달리 보면, 사람들을 아직 완벽하게 하나로 묶지 못하고 있는 지금이야말로 개별성의 중요성을 환기시킬 수 있는 최적의 시기이다. 초기가 지나면 병을 확실히 고치기 어려운 법이다. 다른 모든 사람들도 우리처럼 살아야 한다고 강요하는 것이 바로 그 병을 키우는 뿌리이다. 우리 삶이 획일적인 하나의 형태로 거의 굳어진 뒤에야 그것을 뒤집으려

하면, 그때는 불경不敬이니 비도덕적이니, 심지어 자연에 반하는 괴물과도 같다는 등 온갖 비난과 공격을 감수해야 한다. 사람들은 잠시만 다양성과 벽을 쌓고 살아도 순식간에 그 중요성을 잊어버리게 되기 때문이다.

제4장

사회가 개인에게
행사할 수 있는
권한의 한계

그렇다면 각 개인은 자신에 대해 어느 정도까지 주권을 행사할 수 있는가? 그 정당한 한계는 어디인가? 사회의 권한 authority 은 어디에서 시작되는가? 우리의 삶에서 개별성에 속하는 부분은 어디까지이고 사회에 속하는 부분은 또 어디까지인가?

개인과 사회는 각각 자신과 특별하게 관계되는 것에 대해 정당한 권리를 가진다. 개인이 일차적으로 이해관계가 걸려 있는 삶의 부분은 개별성에 속한다. 반면 사회가 기본적으로 이해관계가 있는 것에 대해서는 사회가 권한을 가져야 한다.

사회는 계약에 의해 만들어진 것이 아니다. 사회적 의무의 근거를 끌어내기 위해 계약론을 거론해봐도 별 뾰족한 수가 없다. 그렇기는 하지만, 사회에서 보호받는 사람이라면 누구든 자신이 혜택을 받은 만큼 사회에 갚아주어야 한다. 또 사회 속에서 사는 한, 다른 사람들과 공존하기 위해 일정한 행동 규칙을 준수하는 것이 불가피하다. 그런 행동 규칙에는 다음과 같은 것이 있다. 첫째, 다른 사람들의 이익, 좀 더 구체적으로 말하면, 명시적인 법 규정 또는 암묵적인 이해에 따라 개인의 권리로 인정되어야만 하는 특정 이익을 침해해서는 안 된다. 둘째, 각자는 사회를 방어하는 데 또는 사회 구성원이 공격이나 괴롭힘을 당하지 않도록 하는 데 필요한 노동과 희생 중에서 자기 몫(이것은 어떤 평등한 원리에 입각해서 결정해야 한다)을 감당해야 한다. 이런 의무를 거부하는 개인이 있으면 사회는 무슨 수를 써서라도 그것을 강제할 수 있다. 이뿐만이 아니다. 법으로 부여받은 다른 사람의 권리를 직접적으로 침해하는 데까지는 이르지 않는다 해도, 타인에게 해를 주거나 그들의 이익과 상관있는 문제를 사려 깊게 고려하지 않을 경우, 사회가 직접 법을 동원하지는 않더라도 여론의 힘을 빌려 그런 행동에 대해 정당하게 처벌할 수 있을 것이다. 어느 누구의 어떤 행동이든 다른 사람의 이익을 부당하게 침해하면, 바로 그 순간부터 사회가 그에 대해 사법적 권한을 가진다. 사회가 그런 문제에 간섭하는 것이 과연 모두의 복리에 긍정적으로 작용할지는 논의의 대상이 될 수 있을 것이다. 그러나 개인의 행동이 다른 사람과는 아무 관계가 없고 단지 자신의 이익에만 영향을 끼친다면, 또는 그들이 원치 않는 한 영향을 끼치지 않는다면(이때 관계있는 사람들은 모두 성년이고 지적 수준이 웬만한 정도는 되어야 한다), 그런 질문은 할 필요도 없어진다. 이 모든 경우에는, 각 개인이 그런 일과 그로 인한 결과에 대해 절대적인 법적·사회적 자유를 누려야 한다.

이 원리가, 자기 자신의 이해관계가 걸려 있지 않은 타인의 행동에 대해 아무런 상관도 하지 않고 서로의 행복이나 성공에 관심을 둘 필요도 없이 이기적인 무관심을 조장한다고 생각한다면, 그것은 아주 심각한 오해가 아닐 수 없다. 오히려 이 원리는 우리 모두가 다른 사람의 이익을 위해 사심 없는 노력을 많이 기울여야 할 필요성을 강조한다. 그러나 사심 없이 남을 돕는 것도, 글자 그대로 또는 비유적인 의미에서 채찍질을 하거나 혼을 내는 것보다는, 그가 자기에게 좋은 것을 스스로 하도록 설득하는 것과 같은 방법을 찾는 것이 바람직하다. 나는 어느 누구 못지않게 개인적self-regarding 덕목의 중요성을 강조하는 사람이다. 이보다 더 중요한 것을 굳이 찾으라고 한다면 사회적 덕목을 꼽아야 할 것이다. 교육자들은 이 둘을 동일하게 가르쳐야 한다. 그러나 교육도 강압적인 방법뿐만 아니라 확신과 설득을 통해 그 목적을 달성한다. 그래서 일정한 교육 기간이 지나고 나면 오직 후자, 즉 설득과 확신을 통해서만 개인적 덕목을 배양해야 한다. 사람은 서로 도와가며 좋은 것과 나쁜 것을 구분하며, 나쁜 것을 피하고 좋은 것을 취하도록 서로 격려한다. 우리는 언제까지나 높은 능력과 감정과 목표가 현명하게, 그리고 품위를 유지한 채 고상한 목표와 계획을 점점 더 지향하도록 서로 자극을 주며 살아야 한다. 그러나 어느 누구도 나이가 충분히 든 사람이 스스로 자기 인생을 위해 선택한 일을 하지 말라고 말할 자격은 없다. 누구보다도 자신이 자기를 가장 아끼는 법이다. 아주 긴밀한 인간적 관계가 아니라면, 타인에게 기울이는 관심이라는 것은 당사자가 자기에게 쏟는 관심에 비하면 보잘것없다. 그리고 사회가 그 사람 개인에게 두는 관심이라는 것은(그 사람이 타인에게 하는 행동에 대한 관심을 제외하면) 그야말로 지엽적이고, 한마디로 말하면 간접적인 것이다. 이에 반해 아무리 평범한 남자나 여자라 해도 자기 자신의 감정과 환경에 관한 한, 그 누구보다도 자신이 더 잘 알고 있다. 따라서 당사자에게만 관계되는 문제에 대해 본인 스스로 내린 결정과 마음먹은 목표를 사회가 끼어들어 번복하는 것은 그릇된 가정 위에서나 가능한 일이다. 설령 그것이 잘못된 가정에서 출발한 것이 아니라 해도, 문제가 되는 개별 상황에 대해 그저 국외자 처지에서 구경꾼 정도의 지식밖에 없는 사람이 간섭을 하게 되니 일이 잘될 수가 없다. 그러므로 이런 일에 대해서는 개별성이 크게 작용할 수 있어야 한다. 다른 사람과 관계되는 행동이라면 대부분의 경우 일반 규칙을 준수하는 것이 필요하다. 그래야 사람들이 무엇을 기대해야 하는지 알 수 있을 것이기 때문이다. 그러나 각 개인 고유의 문제라면 그 사람의 개별적 자발성에 전적으로 맡겨야 한다. 다른 사람은 그저 당사자의 판단을 돕기 위한 고려를 하거나 의지를 강화하기 위한 경고 정도만 하는 데 그쳐야 한다. 또 경우에 따라서는 강요도 할 수 있을 것이다. 그러나 어떤 상황에서든 본인이 최종 결정권을 가져야 한다. 물론 다른 사람의 충고나 경고를 듣지 않음으로써 이런저런 실수를 저지를 수도 있다. 그러나 그런 실수라는 것도, 타인이 보기에 그에게 이익이 되는 듯해서 당사자의 뜻을 무시한 채 어떤 일을 강제할 때 발생하는 손실과 비교하면 아무것도 아니다.

그러나 자기 자신에게만 관계되는self-regarding 자질이나 약점이라고 해서 다른 사람들이 그에 대해 이런저런 감정을 품어서는 안 된다는 말은 아니다. 이런 일은 가능하지도 바람직하지도 않다. 어떤 사람이 자기에게 도움이 되는 특정 자질을 빼어나게 많이 가지고 있다면, 그 사람은 분명히 존경의 대상이 될 것이다. 어떻게 보면 그 사람은 이상적인 인간성에 아주 가까운 인물이라고 할 수도 있다. 거꾸로 그 사람이 그런 자질을 전혀 가지고 있지 못하다면, 존경과는 정반대되는 감정이 따를 것이다. 세상에는 바보 같은 짓이라고 할 수 있는 것, 그리고 보기에 따라서는 (이렇게 표현하는 것이 문제가 없지는 않지만) 천박하거나 타락한 사람들이나 좋아하는 취향이 있다. 물론 이런 짓을 하는 사람이라고 해도 해를 가해서는 안 된다. 그러나 그를 혐오의 대상 또는 극단적인 경우에는 경멸의 대상으로 간주하는 것은 불가피하고 또 적절한 일일 수 있다. 이런 대접을 받지 않으면 그와 반대되는 좋은 자질을 전혀 구비할 수 없을 것이기 때문이다. 다른 사람에게 해를 끼치지는 않지만 적절하지 못한 행동을 하는 바람에 바보 또는 열등한 인간으로 평가받는 사람이 있다. 이런 사람이라도 그런 대접을 받고 싶어 하지는 않을 것이므로, 그가 원치 않는 결과를 낳기 전에 미리 경고를 해주는 것이 본인을 위해서도 좋다. 사실 오늘날 흔히 공손하다고 인정되는 수준에서 할 수 있는 것보다 훨씬 더 자유롭게 이런 충고를 할 수 있다면, 그리고 무례하거나 주제넘은 듯한 인상을 주지 않으면서 그 사람의 잘못을 진심으로 지적할 수 있다면, 정말 좋을 것이다. 나아가 우리는 누구든지 다른 사람에게 품고 있는 유쾌하지 않은 우리의 기분을, 그 사람의 개별성을 침해하는 것이 아니라 우리 자신의 개별성을 발휘한다는 차원에서 여러 가지 방법으로 드러낼 권리를 가지고 있다. 예를 들면, 우리가 그 사람이 속한 모임을 찾아다닐 필요는 없다. 우리에게 가장 맞는 모임을 선택할 권리가 있기 때문에 (좋아하지 않는다고 떠벌릴 일은 아니지만) 그런 모임을 피할 권리도 있다. 어떤 사람의 행동거지나 대화 내용이 주변 사람들에게 나쁜 영향을 줄 것 같으면, 그를 조심해야 한다고 주위에 알려주는 것은 우리의 권리이며 어떻게 보면 의무일 수도 있다. 그를 발전시키는 데 필요한 것이 아니라면, 다른 사람에게 우선적으로 혜택을 줘도 괜찮을 것이다. 비록 당사자에게만 좋지 못한 결과를 안겨주는 행동이라 해도, 다른 사람들이 이런 여러 방식을 통해 그를 대단히 엄중하게 처벌할 수도 있는 것이다. 그러나 그 사람은 징계 목적으로 부과된 것이 아니라, 잘못한 일 자체 때문에 자연스럽게 생기는 처벌에만 고통을 느끼게 된다. 경솔하고 완고하며 자만심이 강한 사람, 절제하는 삶과 거리가 먼 사람, 패가망신으로 이끄는 탐닉에서 벗어나지 못하는 사람, 품격 높은 감성과 지성은 마다하고 동물적인 쾌락만 좇는 사람, 이런 사람은 자신에 대한 다른 사람들의 평판이 나쁘리라는 점을 각오해야 한다. 좋은 말을 하리라고 기대해서는 안 된다. 뛰어난 인간관계 덕분에 사람들에게서 인심을 얻고 그래서 자기 자신에게 좋지 못한 일을 하더라도 여전히 평판이 좋은 경우가 아니라면, 그 사람은 아무런 불평도 할 권리가 없다.

내가 주장하고 싶은 것은, 어떤 사람이 자기에게만 문제가 되고 자신과 관계를 맺고 있는 다른 사람의 이익에는 영향을 주지 않는 어떤 행동과 성격 때문에 무언가 감수해야 하는 불이익이 있다면, 그것은 다른 사람이 자신에게 비우호적인 판단을 하는 데 대해 불편함을 느끼는 것뿐이라는 점이다. 그러나 남에게 해를 주는 행동에 대해서는 전혀 달리 취급할 수밖에 없다. 타인의 권리를 침해하는 것, 정당한 권리 없이 다른 사람에게 손해를 끼치고 타격을 입히는 것, 거짓으로 또는 표리부동하게 사람을 대하는 것, 불공정하게 또는 관대하지 못한 방법으로 남에게서 이득을 얻는 것, 심지어는 다른 사람이 위험에 빠져 있는데 이기적인 마음에서 모른 척하는 것 등, 이 모든 것은 도덕적 비난 또는 심각할 경우에는 도덕적 징벌이나 처벌의 대상이 되어야 한다. 이와 같은 직접적인 행동뿐만 아니라 그런 행동을 유발하는 기질도 비도덕적이라고 할 수 있으므로, 잘못하면 혐오감으로까지 번질 수도 있는 비난의 대상이 된다. 잔인한 기질, 악의적이고 나쁜 천성, 모든 정념 가운데 가장 반사회적이고 가증스러운 것이라고 할 질투, 위선과 불성실, 그리고 별것도 아닌 일에 화를 곧잘 내는 것, 옳지 못한 대접을 좀 받았다고 지나치게 분노를 느끼는 것, 다른 사람에게 위세 부리기를 즐기는 것, 자기 몫 이상을 얻으려고 욕심을 부리는 것(그리스말로는 pleonexia), 남을 깎아내림으로써 만족을 얻는 자존심, 특히 자기와 자기에게 이익이 되는 것만 생각하고 모든 문제를 자기 입맛대로 결정하는 이기심 등은 모두 부도덕한 것으로 나쁘고 혐오스러운 성격을 만든다. 이러한 것들은 앞에서 말한 자기에게만 관계되는 결점(이는 엄밀한 의미에서 도덕적으로 나쁜 것이라 할 수 없고 또 현실 속에서 직접 부딪히더라도 그렇게 부도덕한 결과를 낳지는 않는다)과는 다르다. 이런 결점은 당사자가 비교적 어리석거나 인간적 존엄과 자존심을 결여하고 있음을 알려주는 증거가 될 수 있기는 하지만, 다른 사람에 대한 의무를 위반하지 않는 한 도덕적 비난의 대상이 될 수는 없다. 왜냐하면 그런 문제에 대해서는 자기 자신이 책임져야 하기 때문이다. 우리 자신에 대한 의무라는 것은, 동시에 다른 사람에 대해서도 의무가 되지 않는 이상, 사회적으로 책임져야 할 일은 아니다. 자기 자신에 대한 의무라는 말이 사려 깊음 이상의 그 무엇을 의미한다면, 그것은 자존심self-respect 또는 자기 발전을 뜻한다. 이런 것에 관한 한, 아무도 다른 사람에 대해 책임질 이유가 없다. 왜냐하면 그것은 인류 전체의 이익과 관계되는 것이 아니기 때문이다.

사려 깊지 못하고 인간적 존엄을 지니지 못한 탓에 어쩔 수 없이 타인들에게 제대로 대접받지 못하는 것과, 다른 사람들의 권리를 침해한 까닭에 비난을 받는 것은, 단순한 명목상의 차이 이상으로 다르다. 어떤 사람이, 우리가 그를 통제할 권리가 있다고 생각하는 일에서 우리를 불쾌하게 만드느냐 아니면 그렇지 않은 일에서 불쾌하게 만드느냐에 따라, 그 사람에 대한 우리의 감정과 행동은 근본적으로 다르다. 그 사람이 우리를 불쾌하게 만들면 우리는 싫은 감정을 표현할 수 있을 것이고, 우리를 불쾌하게 만드는 그 일은 물론이고 그 사람도 멀리할 수 있다. 그러나 그 일로 그 사람의 삶을 불편하게 만들어야 한다고 생각해서는 안 된다. 그 사람은 자신의 잘못으로 인한 모든 벌을 벌써 받고 있다고 또는 받게 되리라고 생각해도 좋을 것이다. 그 사람이 일을 잘못 처리해서 이미 자신의 삶을 망치고 있는데, 그러한 잘못을 이유로 그의 삶을 더 망치게 해서는 안 된다. 그 사람을 처벌할 생각을 하기보다는, 그에게 그런 행동으로 인해 생기는 나쁜 일들을 어떻게 피하거나 치유할 수 있을지 가르쳐줌으로써 그가 받는 벌을 경감해줄 방도를 열심히 찾는 편이 더 좋을 것이다. 그는 우리에게 동정이나 혐오의 대상은 될 수 있을지 몰라도 노여움이나 분노의 대상은 아니다. 그를 사회의 공적公敵인 것처럼 다루어서는 안 된다. 그에게 흥미나 관심을 보임으로써 선의로 간섭하는 것을 제외한다면, 정당한 범위 안에서 그를 가장 심하게 대하는 것은 그를 그냥 내버려두는 것이다. 그러나 그가 개인적이든 집단적이든 주변 사람들을 보호하는 데 필요한 규칙을 위반했다면, 그런 경우에는 이야기가 완전히 달라진다. 그가 저지른 잘못 때문에 그 자신이 아니라 다른 사람들이 피해를 보기 때문이다. 사회는 모든 구성원들을 보호해야 하므로, 그에게 응징을 가해야 하고 명백한 징계의 표시로 고통을 주어야 하며 그 처벌이 충분히 무겁도록 신경을 쓰지 않으면 안 된다. 한쪽 경우에서는, 그 사람이 범법자로 법정에 앉아 있고 우리는 그에 대해 심판을 하고 형량을 결정해야 한다. 그러나 다른 경우에는, 우리가 우리 자신의 문제를 처리하기 위해 자유—그가 자기 일을 처리할 때 우리가 허용한 것과 같은 자유—를 누릴 때 우연히 생겨나는 것이 아니라면, 그 사람에게 어떤 형태로든 고통을 주는 것은 우리가 할 일이 아니다.

여기서 나는 우리 삶에서 당사자에게만 문제가 되는 것과 다른 사람에게도 관계되는 것을 구분했지만, 많은 사람들이 이런 구분을 받아들이지 않을 것이다(그들은 아마 이렇게 물을 것이다). 사회 속에서 사람이 하는 일 가운데 타인에게 아무런 영향도 끼치지 않는 것이 어디 있는가? 전적으로 고립되어서 사는 사람은 없다. 무슨 일이든 그 잘못된 결과가, 주변 사람들과 때로는 훨씬 멀리 있는 사람들에게까지 미치지 않은 채 오직 자기 자신에게만 심각하게 또는 항구적으로 해를 끼치는 경우는 있을 수 없다. 만일 누가 자신의 재산에 손해를 입힌다면, 그는 그 재산을 통해 직접 또는 간접적으로 도움을 받는 사람에게 해를 끼치게 된다. 그리고 정도 차이야 있겠지만, 일반적으로 사회 전체의 부富를 감소시키는 결과를 낳는다. 만일 그 사람이 자신의 육체적 또는 정신적 능력을 퇴보시킨다면, 그는 일정 부분 자신에 의지해서 살아가는 모든 사람의 행복을 망치게 된다. 주변의 모든 사람에게 진 빚을 갚지 못하게 되고, 나아가 그들의 자선이나 보호를 받는 짐스러운 존재가 될 수도 있다. 그런 일을 자주 벌이면, 좋은 일을 할 수 있는 사회 전체의 능력을 상당한 정도로 축내게 된다. 마지막으로, 설령 자신의 잘못된 행동이나 어리석은 일로 다른 사람에게 직접 해를 주지는 않는다 하더라도, 바람직하지 못한 본보기가 되면서 다른 사람에게 해를 줄 수 있기 때문에, 그 사람의 행동을 보거나 본받음으로써 타락하거나 잘못된 길로 들 수 있는 사람들을 위해서라도 강제로 통제해야 한다(고 말하는 사람도 있을 것이다).

(또 다음과 같이 덧붙일 것이다.) 올바르지 못한 행위의 결과가 그런 일을 한 나쁜 사람이나 생각이 모자라는 개인에 국한될 수 있다 해도, 스스로 잘 살아갈 능력이 분명히 모자라는 사람이 모두 알아서 하도록 맡겨버려야 좋은 것인가? 어린아이들과 일정한 나이에 이르지 못한 사람들의 경우 그 자신의 의사에 반해서라도 보호해주어야 한다면, 나이는 들었지만 역시 스스로 살아갈 능력이 안 되는 사람에 대해서도 사회가 똑같이 보호해주어야 하지 않을까? 만일 도박이나 과음, 무절제나 게으름, 불결함 등이 법으로 금지한 행위들만큼이나 행복한 삶을 사는 데 치명적인 장애가 되고 개인의 발전에도 심각한 걸림돌이 된다면—법이 현실성을 띠고 사회적 편의 또한 고려해야 한다면—(이렇게 물을 수도 있을 것이다.) 법의 이름으로 이런 일도 단속해야 하지 않을까? 그리고 법이 불완전할 수밖에 없다면, 그것을 보완해줄 여론이라는 것이 최소한 이런 악에 대해 강력한 경찰 역할을 해서, 그런 일을 하는 사람에게 엄격한 사회적 처벌을 가해야 마땅하지 않을까? (그러면서 다음과 같이 말할지도 모르겠다.) 이 대목에서 개별성을 제약해서는 안 되고 삶에 대해 새롭고 독창적인 실험을 하는 것을 차단해서는 안 된다는 점을 새삼 강조할 필요는 없다. 다만 한 가지, 역사가 처음 시작된 이후 지

금까지, 사람들이 숱하게 실험해보고 나서 나쁜 것으로 결론 내린 것, 다시 말해 여러 차례 실험을 통해 어느 누구의 개별성에도 유익하지 않고 또 적합하지도 않다고 밝혀진 것은 금지하는 것이 좋다. 오랜 세월이 지나고 충분한 실험을 거쳤으면 도덕적이거나 사려 깊은 진리로서 확립되었다고 말할 수도 있을 것이다. 그래서 앞 시대의 조상들에게 치명적인 타격을 입힌 바로 그 절벽에서 후손들이 또다시 떨어지는 일이 없도록 막는 것이 당연히 필요하다.

나는 어떤 사람이 자기 자신에게 위해危害를 가하는 것이 동정심과 이해관계에 의해 그 사람과 가까운 주변 사람들, 그리고 정도는 조금 덜하겠지만 사회 전체에 심각한 악영향을 끼칠 수 있음을 충분히 인정한다. 이런 유의 행동 끝에 그 사람이 타인에게 분명히 지고 있는, 그리고 지고 있다고 볼 수 있는 의무를 소홀히 하게 된다면 자신에게만 관계되는 행동 영역에서 벗어나 글자 그대로 도덕적 비난의 대상이 될 수밖에 없다. 예를 들어, 어떤 사람이 절제심이 약하거나 낭비벽이 심해서 자기가 진 빚을 갚지 못하게 되거나, 가족에 대해 도덕적 책임을 지고 있음에도 같은 이유에서 가족을 부양할 수 없거나 자식을 교육시키지 못하게 된다면, 그 사람은 비난받아야 마땅하며 나아가 처벌받는 것도 피할 수 없을지 모른다. 그러나 그런 대접을 받는 것은 가족이나 채권자에게 의무를 다하지 못해서이지 낭비벽 때문은 아니다. 만일 가족에게 써야 할 돈을 아주 신중한 검토를 거친 끝에 사업에 투자하는 데 썼다 해도, 도덕적 비난을 피할 길이 없기는 마찬가지이다. 조지 반웰이라는 사람이 정부情婦에게 쓸 돈을 마련하느라고 삼촌을 살해했는데, 자기 사업을 위해 그런 일을 저질렀다 해도 역시 교수형을 면할 수는 없었을 것이다.[48] 그리고 아주 흔한 일이지만 나쁜 취미에 중독이 된 나머지 자기 가족에게 슬픔을 안겨주는 사람의 경우도 그 무정함과 배은망덕에 대해 비난받아야 마땅하다. 그러나 그 자체로 나쁘지 않은 취미 생활을 하더라도, 그가 더불어 같이 사는 사람들이나 안락한 생활을 영위하기 위해 그의 도움을 필요로 하는 사람들에게 고통을 준다면 같은 결과가 될 것이다. 다른 사람의 이익과 감정에 적절한 수준에서 관심을 보여야 하는데─이런 배려는 강제적인 의무 사항은 아니지만 그렇다고 개인적인 기분에 따라 해도 그만, 안 해도 그만인 것은 아니다─그러지 못하는 사람은 누구든 도덕적 비난을 받을 수 있다. 그러나 그런 배려를 하지 못하게 만든 원인에 대해서는 비난할 수 없다. 그리고 그렇게 하지 못하게 만든 간접적인 이유이기는 하지만, 단지 그 사람 개인에게만 관계되는 실수에 대해서도 비난할 수 없다. 같은 맥락에서 순전히 자신에게만 관계되는 행동을 했지만 그 결과 공직에 있는 어떤 사람이 자기 할 일을 제대로 못하게 된다면, 그 사람은 사회적 범죄를 저지른 셈이다. 그저 술에 좀 취했다고 해서

벌을 받는 것은 말이 안 된다. 그러나 군인이나 경찰이 근무 시간 중에 술에 취하면, 이런 행위는 처벌 대상이 된다. 결국 어떤 행동이 다른 개인이나 공공에게 명백하게 해를 끼치거나 아니면 해를 입힐 위험성이 분명할 때, 그 행동은 자유의 영역에서 벗어나 도덕이나 법률의 적용 대상이 된다.

이런 경우는 어떨까. 사회생활을 하다 보면 공공 의무를 조금도 위반하지 않고, 또 자신을 제외한 어느 누구에게도 눈에 띌 만한 손해를 주지 않는 행동이지만, 그럼에도 이른바 불확정적contingent 또는 추정적constructive 피해를 사회에 끼칠 수 있다. 이 정도의 불편은 자유라는 좀 더 큰 목적을 위해 감수할 수밖에 없다. 나이 든 사람이 자신을 적절히 돌보지 않는다는 이유로 처벌해야 한다면, 그것은 차라리 본인들의 이익을 위한 것이라고 이유를 대는 것이 옳다. 괜히 자기 능력을 손상시키는 것을 막아야 한다거나, 사회에 무언가 유익한 일을 하게끔 만들어야 한다면서 간섭할 일은 아니다(사회가 그런 것을 요구할 권리는 없다). 그러나 나는 사회가 취약한 상황에 놓인 사람들이 보통 수준의 합리적인 행동을 할 수 있도록 끌어줄 아무런 수단도 가지고 있지 않기 때문에, 그들이 비합리적인 일을 저지르면 법적·도덕적인 처벌을 가하는 일 외에 달리 할 것이 없다는 식의 주장에는 결코 동의할 수 없다. 그들이 아직 미성년자일 때는 사회가 그들에게 절대적인 권한이 있다. 사회는 그들이 어린아이와 미성년인 동안 장차 합리적으로 자기 인생을 꾸려나갈 수 있도록 책임을 져야 한다. 현 세대는 미래 세대의 훈육 선생이면서 동시에 그 토양이 된다. 이 세대가 개탄스러울 정도로 인품이나 지적 능력 면에서 부족하다면 그다음 세대도 지적으로나 도덕적으로 완전한 사람이 될 수 없다. 그리고 지금 사람들이 최선의 노력을 기울이더라도 언제나 최고의 결과를 끌어내는 것은 아니다. 그러나 뒤를 잇는 세대들을 자신들만큼, 그리고 자신들보다 좀 더 낫게 만드는 것은 얼마든지 가능하다. 적지 않은 수의 구성원들이 장기적인 계획 아래 합리적으로 행동하지 않고 그저 어린아이들처럼 산다면, 이런 일에는 사회가 책임져야 한다. 사회는 구성원들을 교육하는 이런 막강한 힘뿐만 아니라 다수 의견을 내세워 자기 스스로 판단할 능력이 전혀 없는 사람들을 지배할 수 있는 힘도 가지고 있다. 그리고 자신을 잘 아는 주변 사람들에게 불쾌감이나 경멸감을 불러일으키는 사람은 반드시 그 대가를 치르게 하는 힘도 가지고 있다. 그러므로 이 모든 것에 덧붙여, 사회가 개인의 사적인 문제에 대해서까지 명령하고 복종을 요구하는 권한이 필요하다고 말해서는 안 된다(그 어떤 정의의 원리와 정책에 비추어보더라도 이런 것은 그 결과에 영향을 받는 사람이 결정해야 할 문제이다). 사람의 행동에 좋은 영향을 주는 것의 평판을 떨어뜨리고 좌절시키는 데 가장 효과적인 방법은 그보다 더 나쁜 것을 동원하는 것이다. 사려 깊음이나 자제심이 있어야 활력 넘치는 독립적인 성격이 만들어진다. 그러나 누가 이것을 자기에게 강제로 불어넣어주려 한다면, 이런 성격의 소유자는 분명히 완강하게 저항할 것이다. 자기만의 문제에 대해서는 다른 사람들이 결코 간섭해서는 안 된다고 생각하기 때문이다. 자기가 다른 사람들의 문제에 간섭하고 해를 끼치려 할 때 그들이 제지해야 하듯이 말이다. 찰스 2세[49]가 다스리던 당시 청교도들의 편협하기 짝이 없는 광신적 도덕률에 맞서 싸웠던 사람들처럼, 횡포를 부리는 부당한 권력에 굴하지 않고 오히려 정면으로 당당하게 반박한다면, 이런 행동은 당연히 높은 기상과 용기의 표상이 될 것이다. 흔히 사악하거나 방탕한 사람들이 좋지 못한 예를 보여주는 것을 막을 필요가 있다고 말한다. 나쁜 선례를 남기고, 특히 나쁜 짓을 해도 별다른 처벌을 받지 않은 채 계속해서 다른 사람들에게 그런 짓을 하게 된다면, 아주 좋지 못한 영향을 끼치는 것은 물론이다. 우리가 여기에서 문제 삼는 것은, 다른 사람이 아니라 당사자에게만 아주 큰 해를 끼치는 행동이다. 그러나 좋지 못한 예를 막아야 한다고 믿는 사람은, 그런 예가 결국 해가 되기보다는 유익함을 더 많이 준다는 사실을 깨닫게 될 것이다. 왜냐하면 그런 일은 옳지 못한 행동을 보여줄 뿐만 아니라 동시에 고통스럽거나 수치스러운 결과 — 나쁜 행동을 적절하게 꾸짖으면 모든 또는 대부분의 경우에 이런 결과가 따르리라고 상정하지 않을 수 없다 — 도 보여주기 때문이다.

그러나 사회가 순전히 개인적인 행동에 간섭해서는 안 되는 가장 중요한 이유는, 그런 간섭이 잘못된 방법으로 잘못된 곳에서 일어날 가능성이 크기 때문이다. 사회적 윤리나 타인에 대한 의무 같은 문제를 놓고 공공 여론, 즉 압도적 다수의 의견이 가끔씩 틀리기는 하지만 옳을 때가 더 많다. 왜냐하면 그들은 그런 문제에 대해 자신들의 이익, 그리고 어떤 특정한 행동 양식이 실제로 실천에 옮겨질 경우 자기들에게 어떤 영향을 끼칠지에 관해서만 판단하면 되기 때문이다. 그러나 같은 다수 의견이라 해도 소수의 사람들에게만 관계되는 행동에 대해 하나의 법으로 군림하는 의견은, 옳을 때도 있지만 그에 못지않게 틀리는 경우도 많다. 왜냐하면 이런 경우 공공 여론이라는 것은 기껏해야 다른 사람에게 좋고 나쁜 것에 대한 일부 사람들의 생각이고, 실제 대부분은 아무런 관심도 없는 사람들의 쾌락이나 편의에 대해 그저 자신들의 기분에 따라 판단하는 것이기 때문이다. 이들 가운데 많은 사람들이 자기가 좋아하지 않는 행동은 전부 자신에게 해를 주는 것으로 생각하며 극단적인 거부감을 숨기지 않는다. 마치 몹시 완고한 신자가 다른 사람들의 종교적인 감정을 무시한다고 비난받자 오히려 그들이 이상한 의식儀式과 교리를 고집함으로써 자신의 감정을 무시한다고 반박하는 것처럼 말이다. 그러나 도둑이 지갑을 훔치고 싶어 하는 욕망과 주인이 그것을 지키고 싶어 하는 욕망이 같을 수 없듯이, 어떤 사람이 자신의 의견에 대해 느끼는 감정과 그것 때문에 상처를 받는 다른 사람의 감정을 같이 취급할 수는 없다. 각 개인의 취향은 의견이나 지갑과 마찬가지로 각자 고유의 관심사이다. 오직 인간의 보편적인 경험이 용납하지 못하는 행동을 제외하고는, 모든 불확실한 문제에 대해 각 개인의 자유와 선택을 전적으로 존중해주는 이상적인 사회를 상상하는 것은 누구나 손쉽게 할 수 있는 일이다. 그러나 개인에 대한 검열이 일정한 수준을 넘어가지 않게 스스로 자제하는 사회가 어디 있던가? 또는 그런 보편적 경험의 문제점을 사회가 고민해본 적이 있던가? 사회가 개인의 행동에 간섭할 때, 그 사람이 사회의 주류와 다르게 행동하고 다른 감정을 품는다는 사실에 대한 격렬한 분노 때문에 다른 생각을 할 여지가 거의 없다. 도덕주의자와 사변적인 저술가 열 가운데 아홉은 본색을 살짝 숨기고 있는 이런 판단 기준을 종교와 철학의 명령인 것처럼 사람들에게 내보인다. 이들은 자기들이 옳다고 생각하면 옳은 것이라고 가르친다. 그리고 우리와 다른 모든 사람들을 함께 묶어주는 행동 법칙을 우리 자신의 정신과 마음에서 찾으라고 말한다. 불쌍한 대중은 이런 가르침을 받아들여 그 바탕 위에서 좋고 나쁜 것에 관한 그들 자신의 감정을 형성하는 것 외에 무엇을 할 수 있겠는가?

여기에서 지적되는 문제는 단순히 이론상으로만 존재하는 것이 아니다. 아마도 내가 이 시대를 사는 영국 대중이 어떻게 도덕 법칙을 자기 기준에 따라 수용하는지 구체적인 예를 들어 보여주기를 기대하는 사람들이 있을 것이다. 나는 지금 기존의 도덕 감정이 어떻게 잘못되었는지에 대해 글을 쓰고 있는 것이 아니다. 그런 주제를 짧은 시간에 분명하게 주장하기는 너무 어렵다. 그러나 내가 주장하는 원칙이 중요하고 시의적절할 뿐만 아니라 없는 문제를 상상 속에서 만들어내 분란을 일으키는 것이 아님을 입증할 만한 실례를 보여줄 필요는 있겠다. 오늘날 이른바 규찰대moral police라는 것이 누구도 부인하지 못할 개인의 자유까지 침범하면서 그 활동 영역을 확대해나가는 경우가 아주 흔하다. 이런 사례는 수없이 많다.

첫 번째 예로, 단지 자기들과 종교적 견해가 다르다는 이유로 다른 사람들의 종교적 관례, 특히 금식 전통을 무시하고, 그 때문에 서로 반감이 깊어지는 경우를 생각해보자. 어떻게 보면 사소한 예가 되겠지만, 그리스도교의 교리나 관습 가운데 돼지고기를 먹는 것만큼 그리스도교인에 대한 이슬람교도들의 증오를 부채질하는 것은 없다. 그저 허기를 피하기 위한 하나의 음식 문화에 지나지 않는 것이지만, 바로 이 때문에 그들은 그리스도교인과 유럽인을 철저히 혐오하는 것이다. 그 이유는 우선 그것이 그들 종교에 대한 도전이라고 생각하기 때문이다. 그러나 전후 사정을 따져보더라도 그들이 왜 그토록 심한 반감을 품는지 이해하기 힘들다. 왜 냐하면 포도주를 마시는 것 역시 그들의 종교에 의해 금지되고 있지만, 그렇다고 혐오스러운 일로까지는 인식되지 않기 때문이다. 그들이 '불결한 짐승'의 살코기를 극단적으로 기 피하는 것은 그 독특한 성격에 비추어볼 때 본능적인 반감과 유사하다. 그들은 불결한 생각이 일단 감정 안으로 완전히 침투해 들어오면 대단히 청결한 생활을 이어나가는 사람마저 끊임없이 좋지 못한 충동을 느끼게 된다며 두려워한다. 이는 힌두교도들이 종교적으로 불순한 것을 몹시 조심하는 것과 똑같다. 그렇다면 이슬람교도가 인구의 과반을 차지하는 나라에서 어느 누구도 돼지고기를 먹어서는 안 된다고 선언하는 경우를 생각해보자. 이것은 이슬람 국가에서는 새삼스러운 일이 아니다.[50] 대중 여론이 도덕적 권위를 내세워 그렇게 하는 것은 정당한 일인가? 그렇지 않다면, 그것은 왜 그런가? 돼지고기를 먹는다는 것은 분명히 대중의 관습을 거역하는 것이다. 그들은 또한 신이 그런 행동을 금지했고 또 싫어한다고 진심으로 믿는다. 그렇다고 그런 금지를 종교적 박해라고 비난할 수는 없다. 처음에는 종교적인 이유에서 출발했을 수도 있다. 그러나 어떤 종교도 돼지고기 먹는 것을 의무화하지는 않기 때문에 그런 금지가 종교적 박해에 해당한다고 볼 수는 없을 것이다. 확실한 것은, 개인적인 취향과 개인에게만 관계되는 문제에는 사회가 간섭할 이유가 전혀 없다는 점이다.

우리 주변으로 옮겨서 이야기해보자. 대다수 스페인 사람들은 로마 가톨릭교회와 다른 방식으로 최고 절대자를 믿는 것은 대단히 불경하며 신에 대한 더할 수 없는 모독이라고 생각한다. 그래서 스페인 땅에서 다른 형식의 종교적 예배는 법으로 금지되어 있다. 남부 유럽 사람들은 사제가 결혼하는 것은 비종교적일 뿐 아니라 정숙하지 못하고 점잖지 못하며 야비하고 혐오스러운 일이라고 여긴다. 개신교도들은 이러한 진실하기 이를 데 없는 감정과 그것을 가톨릭을 믿지 않는 사람들에게도 적용하려는 시도를 어떻게 생각할까? 만일 다른 사람의 이익에는 전혀 영향을 주지 않고 다만 그 자신에게만 관계되는 문제에 간섭하는 것이 정당화된다면, 내가 예를 든 이런 일들이 벌어지지 않게 해줄 일관된 논리를 어떻게 발전시킬 수 있겠는가? 또는 신과 인간의 눈으로 볼 때 불미스러운 일이 벌어지지 않도록 막아야겠다고 생각하는 사람들을 무슨 수로 비난할 수 있겠는가? 개인적으로 비도덕적인 일이라고 간주되는 것을 억압하고자 할 때, 신에 대한 불경이라는 이유를 내세우는 것만큼 더 강력한 무기도 없을 것이다. 우리가 박해자들의 논리를 그대로 받아들여서, 우리가 옳기 때문에 다른 사람들을 박해할 수 있지만 저들은 옳지 않기 때문에 우리에게 그런 일을 해서는 안 된다고 말할 생각이 아니라면, 어떤 정의롭지 못한 원리가 우리에게 적용되는 것을 결코 용납할 수 없는 것과 마찬가지로 우리 역시 그런 것을 남에게 함부로 적용하지 않도록 조심해야 마땅하다.

말이 안 되는 이야기지만, 지금까지 예로 든 것들이 영국인들에게는 해당되지 않는다고 반박하는 사람도 있을 것이다. 적어도 영국에서는 자기들 교리나 성향에 따라 다른 사람들이 어떤 고기를 먹지 못하도록 금지하거나, 예배 문제에 대해, 그리고 결혼을 할 것인지 말 것인지 간섭하는 일은 있을 수 없다고 생각하기 때문이다. 그러나 다음과 같은 예가 보여주듯이, 영국에서도 그런 가능성을 완전히 배제할 수가 없다. 미국의 뉴잉글랜드와 공화국 시절의 영국51처럼 청교도들이 권력을 완전히 장악한 곳에서는 어디든지 공공 오락 시설, 나아가 모든 개인적인 오락까지 없애버리려고 광분했으며 실제로 상당한 성공을 거두기도 했다. 특히 음악과 춤, 단체 놀이 또는 그 밖의 기분풀이를 위한 군중집회, 그리고 극장이 그 대상이었다. 영국에서는 오늘날까지도 도덕과 종교적인 이유를 내세워 이런 종류의 유희를 완강하게 거부하는 사람들이 있다. 이들은 주로 중산층 출신인데, 오늘날의 사회적·정치적 상황 속에서 점점 더 많은 권력을 잡고 있으며, 그 결과 의회도 장악하게 될 날이 머지않았다. 그러면 엄격한 칼뱅주의자들과 감리교 신자들의 종교적·도덕적 검열을 거친 뒤 허용되는 오락에 대해 나머지 사람들은 어떻게 받아들이겠는가? 주제넘게 남의 일에 간섭하는 이른바 경건한 사람들에 대해 아주 단호하게, 남의 일에 신경 쓰지 말고 당신네 일이나 잘하라고 말하고 싶지 않겠는가? 자기들이 볼 때 옳지 않은 것이라면 어떤 쾌락도 즐겨서는 안 된다고 강변하는 모든 정부나 사회를 향해 이런 말을 해주어야 하지 않겠는가? 그러나 그런 주장의 바탕이 되는 원리를 받아들인다면, 아무도 그 나라의 다수 국민 또는 최고 권력자들이 그것을 행동으로 옮기는 데 대해 논리적으로 반대하기 어려울 것이다. 뉴잉글랜드에 처음 정착한 사람들은 독특한 그리스도교 국가관을 발전시켰다. 잃어버린 과거의 종교적 영화를 되찾고 싶은 사람들이라면 누구든지 이들을 따라 할 각오를 해야 할 것이다. 실제로 쇠퇴기에 접어든 종교들이 자주 그렇게 하고 있다.

이보다 더 실현 가능성이 있는 다른 경우를 한번 생각해보자. 확실히 근대 세계는 민주적 정치 질서―대중의 정치 참여를 제도적으로 허용하든 안 하든―를 강력하게 지향하고 있다. 이런 경향이 가장 완벽하게 실현되고 있는, 다시 말해 사회와 정부가 가장 민주적인 곳, 이를테면 미국이 이런 사실을 입증해준다. 미국에서는 다수 대중이 꿈꿀 수 있는 수준 이상으로 화려하거나 고급스럽게 살면 많은 사람들이 곱지 않은 눈길을 준다. 대중의 감정이 일종의 사치규제법 역할을 하기 때문이다. 그래서 이 신생 공화국의 여러 곳에서는, 돈이 아무리 많은 사람이라 해도 대중의 반감을 사지 않고서 자기가 원하는 대로 돈을 쓰기란 여간 어려운 일이 아니다. 물론 이렇게 말하면 현실을 상당히 과장하는 셈이 되지만, 이런 일은 있음 직하고 또 가능한 일이다. 그리고 그것은 개인이 각자 번 돈을 쓰는 행태에 대해 대중이 거부권을 행사할 수 있다는 생각과 결합된 민주적 감정의 결과이기도 하다. 이런 것이 더 발전하면 사회주의자들의 발상, 즉 아주 미미한 수준 이상 재산을 보유하거나 육체노동자가 버는 것 이상의 수입이 있으면 대중의 눈에 수치스럽게 보이는 것과 비슷해진다. 장인匠人 계급 사이에서는 이런 생각이 벌써부터 널리 퍼져 있었는데, 이들은 자기 계급 이외의 사람, 다시 말해 자기들과 생각이 다른 사람에 대해서는 강하게 압력을 가한다. 내가 알기로는, 여러 산업 분야에서 다수를 차지하는 저급低級 노동자들이 자신들이나 일 잘하는 다른 사람들이나 모두 똑같은 대우를 받아야 한다는, 다시 말해 삯일을 하든 무엇을 하든, 기술이 더 좋거나 남보다 더 부지런하게 일한다고 해서 더 높은 임금을 받아서는 안 된다는 생각으로 완전히 기울어 있다. 그러면서 숙련 노동자들이 일을 더 잘한다고 돈을 더 받거나 고용주가 더 많이 주지 못하도록 일종의 규찰대를 두고 때로 물리적인 폭력을 행사하기도 한다. 사회가 개인의 사적인 문제에 어떤 형태로든 간섭할 권리를 가지고 있다면, 이들이 잘못하고 있다고 말할 수 없을 것이다. 또는 어떤 집단이든 사회 전체가 일반 사람들에게 행사하는 것과 동일한 권한을 구성원 개인에게 행사한다고 비난할 수도 없을 것이다.

그러나 이는 상상만의 일은 아니다. 오늘날 사적인 삶의 자유가 실제로 광범위하고 심각하게 침해받고 있으며, 더 심각한 위협이 곧 현실로 등장할 가능성도 높다. 사회가 판단해서 틀린 것이면 무엇이든 법으로 금지할 수 있을 뿐만 아니라 그런 잘못을 막을 목적이라면 아무런 혐의가 없다고 인정되는 여러 가지 일마저 사회가 무제한적으로 금지할 권리가 있다는 생각이 퍼져나가고 있기 때문이다.

사람들의 음주벽을 뿌리 뽑겠다면서, 영국 식민지 한 곳과 미국의 거의 절반을 차지하는 곳에서, 치료용을 제외한 모든 종류의 발효 음료 제조를 법으로 금지하고 있다. 판매를 금지하는 것은 결국 그 사용을 금지하기 위한 것이다. 그러나 실제 집행하기가 어려운 까닭에 그 법을 채택했던 미국의 여러 주에서 ─그 이름을 따 법의 이름이 붙여진 주52를 포함해서─결국 폐지하고 말았다. 그런데도 수많은 자칭 박애주의자들이 영국에서까지 비슷한 법을 제정하기 위해 맹렬하게 움직이고 있다. 이를 위해 자칭 '연대Alliance'라는 조직이 만들어졌다. 이 단체의 사무총장이, 정치인은 원칙 없이 함부로 이야기해서는 안 된다고 주장하는 어떤 괜찮은 영국의 저명인사 한 사람과 편지를 주고받았는데, 그 내용이 널리 알려지면서 '연대'가 제법 악명을 떨치게 되었다.[53] 스탠리 경은 이 편지들을 쓰면서 과거부터 그에게 희망을 걸고 있던 사람들 —이들은 그가 대중 앞에서 보여주었던 그런 자질을 가진 정치인이 얼마나 드문지 잘 안다—에게 자신에 대한 확신을 심어주려 했다. '연대'의 대표자는 "편협한 신앙과 박해를 정당화하는 데 악용될 수 있는 모든 원리에 대해 깊이 개탄"하면서 이 조직과 그런 원리 사이에는 '크고 넘기 어려운 장애물'이 존재한다고 주장한다. 그는 "사상, 의견, 양심과 관계되는 모든 문제에 법이 관여해서는 안 된다. 개인이 아니라 국가 고유의 재량권 아래에 있는 사회적 행위, 습관, 관계만이 법의 대상이 될 수 있다"고 말한다. 그러나 제3의 영역, 즉 그 둘 가운데 어느 쪽도 아닌 것, 다시 말해 개인적인 행위나 습관에 대해서는 언급이 없다. 발효된 술을 마시는 것이 바로 이 영역에 속하지만 아무런 언급도 하지 않고 있다. 발효된 술을 파는 것은 거래 행위이고 거래는 분명 사회적 행위이다. 그러나 문제는 판매자가 아니라 구매자와 소비자의 자유가 침해된다는 사실이다. 왜냐하면 국가가 술을 구하지 못하도록 고의적으로 막는 것은 결국 술 마시는 것을 금지하는 것이나 같기 때문이다. 그러나 사무총장은 "내 사회적 권리가 다른 사람의 사회적 행위에 의해 침해당할 때면 언제든지 내가 시민으로서 가진 권리에 입각하여 그것을 막을 입법 조치를 요구할 수 있다"고 말한다. 그렇다면 이 '사회적 권리social rights'라는 것은 무엇을 뜻하는가? "독한 술을 매매하는 것 따위는 분명히 나의 사회적 권리를 침해하는 것이다. 왜냐하면 그것은 끊임없이 사회적 무질서를 초래, 조장하여 안전이라는 나의 기본권을 해치기 때문이다. 또 내 세금으로 도와주어야 하는 불쌍한 사람들을 만들어내고 그들을 통해 이득을 취하기 때문에 나의 평등권을 침해한다. 그리고 내 주변을 위험한 것들로 둘러싸고 사회를 쇠퇴하게 만들며 풍속을 문란하게 함으로써 자유롭게 도덕적·지적 발전을 도모하려는 나의 권리를 방해한다. 이를 막기 위해 사람들과 서로 돕고 왕래할 권리가 있다." 이런 내용의 사회적 권리에 대해 뚜렷하게 언급한 것은 아마 그가 처음일 것이다. 그 내용은 바로, 모든 면에서 각 개인은 마땅히 해야할 바에 따라 행동해야 하며, 어떤 사람이라도 이를 요구할 수 있는 절대적인 사회적 권리를 지닌다는 것이다. 누구든지 비록 사소한 것이라도 어기면 그것은 곧 나의 사회적 권리를 침해하는 결과를 낳는다. 이럴 경우 나는 입법부에 문제 해결을 요구할 수 있다는 것이다. 한 고약한 원리가 빚어내는 해악은 자유를 침범하는 개별적인 사건과 비교할 수 없을 정도로 심각하다. 자유에 대한 어떤 형태의 침범도 정당화되지 못할 것이 없다. 의견을 겉으로 드러내지 않은 채 마음에 비밀스럽게 담아두는 경우를 제외하고는, 자유에 대한 그 어떤 권리도 인정하지 않는다. 유해한 어떤 생각이 사람들의 입에 오르내리는 순간 '연대'가 나에게 허용한 사회적 권리가 전부 침범당하게 된다. 이 주장은 모든 사람이 각각 상대방의 도덕적, 지적, 심지어는 신체적 완성에 대해서까지 깊은 이해관계가 있으며, 문제를 제기하는 사람 자신의 관점에 따라 그 완성의 정도를 판단할 수 있어야 함을 강조한다.

개인이 향유해야 마땅한 자유를 부당하게 간섭하면서 오래전부터 심각한 폐해를 끼쳐온 중요한 예가 하나 있는데, 안식일 엄수에 관한 법이 바로 그것이다. 사정이 허락한다면 일주일에 한 번 일상적인 근로에서 벗어나 휴식을 취한다는 것은, 유대인을 제외한 다른 나라 사람들에게는 종교적인 구속력이 없는 것이기는 하지만, 분명 대단히 바람직한 관습이라고 하겠다. 따라서 산업 노동자들 가운데 일부가 안식일에 일을 함으로써 다른 사람들도 같이 일을 하게 만들고 그 결과 이 관습이 지켜지지 않는다면, 법으로 일주일 중 하루를 잡아 대부분의 산업이 일을 멈추고 일하는 사람들이 이 관습을 준수하게 하는 것은 타당하고 옳은 일이라 하겠다. 그러나 다른 사람도 안식일을 준수하도록 만드는 것이 중요하다고 해서, 자영업에 종사하는 사람이 스스로 자신의 여가 시간에 일을 하는 경우나 개인의 지극히 사적인 취미 활동에 법이 개입해서 제한을 가할 수는 없다. 물론 어떤 사람이 휴일을 택해서 놀자면 그런 유흥을 제공해주기 위해 일하는 사람이 있어야 한다. 그러나 유익한 오락은 말할 것도 없고, 다수의 쾌락을 위해 소수의 사람이 노동하는 것―자유롭게 선택한 노동이고 언제든지 그만둘 수 있다면―은 가치 있는 일이다. 모두가 일요일에도 일을 한다면 7일 동안 일을 한다고 해도 임금은 6일분만 지급해야 한다는 노동자들의 생각은 전적으로 옳다. 그러나 압도적 다수의 사람들이 일을 하지 않는 상황에서, 다른 사람들의 즐거움을 위해 일을 해야하는 소수의 사람은 비례적으로 더 많은 돈을 받는 것이 타당하다. 반면 그들이 돈을 더 버는 대신 여가를 즐기고 싶다면 일을 계속해야 할 의무는 없다. 또 다른 대책이 필요하다면, 그런 일을 하는 사람들만을 위해서 주중의 다른 하루를 휴일로 삼을 수도 있다. 그러므로 종교적으로 잘못된 것이기 때문에 일요일 유흥을 허용할 수 없다고 한다면 몰라도―이 때문에 일요일 노동을 금지하는 법을 만든다면 진정으로 반대하기가 참으로 어렵다―다른 이유로 그에 대해 제한을 가하는 것은 결코 정당화될 수 없다. 신은 자신을 거역하는 것에 신경을 쓴다. 다른 시민들의 눈에는 그렇게 보이지 않는데도 사회나 어떤 공공기관이 전능한 신을 거역하는 짓이라며 특정 행위를 처벌하는 것을 용납할 수 있을까? 다른 사람도 자신들과 종교적으로 똑같은 행동을 하도록 만들 의무가 있다는 믿음이 이제까지 자행된 모든 종교적 박해의 출발점이었다. 만일 이런 발상이 받아들여진다면 그 같은 박해도 충분히 정당화될 수 있을 것이다. 비록 일요일 기차 여행을 금지하려 하고 박물관 문을 여는 것을 막으려는 집요한 움직임에 깔려 있는 감정이 과거 종교 문제로 박해를 가하던 때처럼 잔인하지는 않지만, 그 마음 상태는 기본적으로 같다. 다른 종교를 믿는 사람들이 그들의 교리에 따라 하는 일이라 해도, 박해자들의 종교가 허락하지 않는 것이라면 결코 받아들이지 않겠다는 결의의 일단인 것이다. 또 신이 그런 불신자들의 행동을 증오할 뿐 아니라 그런 일을 그냥 내버려둔다면 우리 자신도 죄가 없다고 할 수 없다는 믿음의 발로이기도 한 것이다.

인간의 자유가 흔히 무시되는 사례 가운데 하나로, 영국의 언론이 모르몬교Mormonism에 가하는 무차별적 언어폭력을 들지 않을 수 없다. 신문과 철도와 전보가 보급되고 있는 이 시대에, 이른바 새로운 계시에 바탕을 둔 하나의 종교가 수십만 명이나 되는 신자들을 거느리며 당당히 사회의 한 기둥이 되고 있다. (그러나 이 종파는 명백한 사기 행각의 산물이라고 할 수 있다. 그 창시자가 후광을 비칠 정도로 특별한 자질을 보여주었던 것도 아니다.) 기대 밖의, 그리고 귀중한 교훈을 주는 이런 사실에 대해 할 말이 많다. 여기에서 문제 삼고자 하는 것은, 다른 종교나 더 나은 종교와 마찬가지로 모르몬교에도 순교자들이 있다는 점이다. 그 예언가 겸 창시자는 자신의 교리를 전도한다는 이유로 폭도들에게 죽음을 당했다. 다른 추종자들도 똑같은 무법 폭력에 의해 목숨을 잃었다. 그들은 처음 자라난 나라에서 강제로 쫓겨났다. 그리고 그들이 사막 한가운데 외딴 곳으로 피신해 있는 동안, 이 나라의 많은 사람들은 토벌대를 보내 그들에게 자신들의 생각을 따르도록 강제하는 것은 정당한 일이라고(하지만 그러기에는 성가실 뿐이라고) 공공연히 말한다. 모르몬교의 교리 가운데 특히 사람들의 반감을 사면서 종교적 관용이라는 금도襟度를 깨뜨리게 만드는 것은 바로 그들이 일부다처제를 용인한다는 사실이다. 일부다처제가 마호메트교도[54]와 힌두교도, 그리고 중국인들 사이에서 이미 시행되고 있지만, 영어를 사용하고 그리스도교인들과 닮았다고 자처하는 사람들이 그런 짓을 하는 것은 참을 수 없는 분노를 자아낸다는 것이다. 나는 모르몬교의 그런 제도에 누구보다도 비판적인 사람이다. 다른 이유도 있지만, 특히 인간 사회의 절반에 해당되는 사람들에게 쇠사슬을 덮어씌우면서 나머지 절반은 상대방에 대해 져야 하는 의무에서 해방해준다는 것은 자유의 원칙을 위배하는 까닭에 나는 그것을 결코 용납할 수가 없다. 그러나 이런 제도의 희생자라고 볼 수도 있을 문제의 여자들이, 다른 사람들이 다른 결혼 제도를 받아들이듯이 그것을 자발적으로 선택하고 있다는 사실을 기억하지 않으면 안 된다. 그리고 대단히 놀라운 일로 보이기는 하지만, 이런 행태가 바로 세상 사람들의 공통된 생각과 풍습―여자들에게 결혼이 필요한 제도라고 가르치는 한편 어느 누구의 아내도 되지 않는 것보다는 차라리 여러 아내 가운데 한 사람이라도 되는 것이 더 낫다는 사실도 일깨워주는 그런 것—에 바탕을 두고 있음을 알아야 한다. 다른 나라에서는 그런 결혼 제도를 인정하지도 않고, 모르몬교도들의 주장대로 결혼할 수 있도록 일부 국민들에게 관련 법의 적용을 유보하는 경우도 없다. 그러나 그들은 다른 사람들의 극단적인 적대감에 못 이겨서 고향을 떠나 아무도 살지 않는 지구의 외딴 곳으로 옮겨갔다. 다른 나라에 아무런 적대적 행위도 하지 않는다. 자신들의 삶의 방식이 싫어서 떠나려는 사람에게는 언제든지 떠날 자유를 허용하고 있다. 그런데도 그곳에서 그들이 자기 방식대로 사는 것을 가로막는다면, 이것은 전제 정치가 아니라면 생각할 수 없는 일이다. 최근 어떤 사람은 자기 눈에 문명의 퇴보로 비치는 이런 일을 방지하기 위해, 이들 일부다처제 집단을 향해 십자군crusade이 아니라—그 자신의 말을 빌리자면—문명 보호군civilizade을 보낼 것을 제안한 적이 있는데, 어떤 면에서는 상당히 일리 있는 이야기이다. 그러나 이런 발상이 그럴듯해 보이기는 해도, 나는 어느 사회든지 다른 사회를 강제로 문명화할 권리가 있다는 말은 들어본 적이 없다. 악법에 시달리는 사람들이 스스로 도움을 청하지 않는 한, 아주 멀리 떨어진 곳에 살면서 그들과 직접적인 관계도 없는 사람들이 자기들 눈에 불미스러운 일이라는 이유로, 당사자들에게는 아무 문제도 되지 않는 제도를 폐기하라고 요구할 수는 없다. 정 그러고 싶다면 선교사를 보내 그런 풍습을 폐기하도록 설득할 수는 있을 것이다. 그리고 모든 적절한 수단을 동원해서 자기네 나라에 그런 풍습이 퍼지는 것을 막는 것도 무방할 것이다(그렇다고 그런 풍습을 옹호하는 사람의 입을 막는 것은 물론 옳지 않다). 야만인들barbarians이 사는 지역에 문명이 스며든 뒤 오랜 시간이 지났음에도 야만적인 풍습이 되살아나서 문명을 해칠까 두려워하는 것은 기우에 지나지 않는다. 자신들이 이미 과거에 정벌한 적 앞에서 무너질 수 있는 문명이라면 그런 일이 있기 전에 이미 몰락이 진행되고 있었을 것이다. 그리고 그 문명의 공인된 사제나 선생 또는 그 누구도 그에 맞설 능력이 없고, 희생을 감당할 생각도 없음이 분명하다. 그런 문명이라면 하루빨리 사라지는 것이 차라리 낫다. 그렇지 않고 힘이 넘치는 야만족들에 의해 파괴되고 무너진다면, 서로마 제국이 보여주듯이 상황만 더 악화될 것이다.

제 5 장

현실 적용

이 책에서 내가 주장하는 원리들이 정부가 하는 여러 가지 일이나 도덕 문제와 관련해서 조금이라도 도움이 될 수 있으려면, 우선 사람들이 구체적인 현실 문제에 대한 토론의 기초로서 그 원리들을 더욱 폭넓게 받아들여야 한다. 내가 여기에서 구체적인 문제를 놓고 검토하는 것은 이런 원리를 설명하기 위해서이지, 그 원리가 어떤 결과를 낳는지 보기 위함은 아니다. 나는 이런저런 사안 중에서 몇몇 경우만 골라 그 적용 문제를 따져볼 것이다. 그렇게 함으로써 이 책에서 내가 주장하는 두 개의 핵심 격률maxim이 지니는 의미와 그 한계가 좀 더 분명해질 것이다. 또한 그 둘 가운데 어느 것을 받아들여야 하는지 불투명해 보일 때 둘 사이에서 균형을 취함으로써 올바른 판단을 내리는 데 도움이 될 것이다.

첫째, 각 개인은 자신의 행동이 다른 사람의 이해관계에 해를 주지 않고 자기 자신에게만 영향을 끼칠 때 사회에 대해 책임지지 않는다. 다른 사람의 눈에 어떤 사람의 행동이 불만스럽거나 옳지 않게 보일 때, 당사자에게 이익이 될 수 있도록 정당하게 의사를 표시할 수 있는 유일한 방법은 충고, 훈계, 설득 또는 상대해주지 않고 피하는 것뿐이다. 둘째, 다른 사람의 이익을 침해하는 행동에 대해서는 당사자가 당연히 책임을 져야 한다. 또 사회가 사회 전체의 이익을 보호하기 위해 필요하다고 판단하면, 그런 행동에 대해 사회적 또는 법적 처벌을 가할 수 있다.

우선, 다른 사람에게 손해를 입힐 때, 또는 손해를 입힐 가능성이 있을 때만 사회가 간섭할 수 있지만, 그런 간섭이 언제나 정당화될 수 있다고 생각해서는 결코 안 된다. 사람이 살다 보면 합법적인 목표를 추구하는 과정에서 불가피하게, 그러므로 합법적으로 다른 사람에게 아픔이나 상실감을 줄 수 있고, 또 그들이 충분히 희망을 걸어봄 직한 일들을 무산시키는 경우도 있다. 개인들 사이에 그런 이익의 대립이 생기는 것은 때로 옳지 못한 사회제도 때문일 수 있지만, 어떤 제도에서든 그런 결과를 피할 수 없는 경우도 있다. 예를 들어 사람이 너무 많이 몰리는 직종이나 경쟁시험에서 성공을 거두는 사람, 그리고 서로 원하는 대상을 놓고 다툰 결과 선택을 받는 사람은 모두 상대방의 패배를 통해, 그리고 상대방의 소득 없는 노력과 실망에 반해서 과실을 따게 되는 것이다. 그러나 모두들 인정하듯이, 결과가 어떻든 각자가 이런 방식으로 자기가 원하는 목표를 방해받지 않고 추구하는 것이 인류 전체에 이익이 된다. 달리 말하면, 사회가 경쟁에서 진 쪽을 편들어 결과를 무효 처리할 수 있는 법적 또는 도덕적 권리는 가지고 있지 않다. 다만 경쟁에서 이긴 쪽이 사회 전체의 이익과 어긋나는 방법—이를테면 사기나 위약違約, 그리고 강압과 같은 것—을 쓴 경우에만 간섭할 수 있는 것이다.

다시 말하지만, 상거래는 사회적 행위이다. 누구든지 어떤 종류의 물건이든 대중을 상대로 팔게 되면, 그 행위는 다른 사람들과 사회 일반의 이익에 영향을 끼친다. 그러므로 그 사람의 행위는 원칙적으로 사회의 법률적 관할 아래에 들어간다. 한때 이런 이유에서 중요하다고 인정되는 모든 제품의 가격을 동결하고 제조 과정을 규제하는 것이 정부의 의무라고 생각하기도 했다. 그러나 이제, 비록 오랜 투쟁의 산물이기는 하지만, 생산자와 판매자에게 완전한 자유를 줄 때 가장 싼값에 가장 높은 품질의 물건을 살 수 있다는 사실—물론 그들이 장소를 불문하고 소비자를 대상으로 평등한 자유를 향유할 수 있어야 한다는 단 한 가지 조건이 충족되어야 하지만—이 널리 인식되고 있다. 이것이 이른바 '자유 거래free trade'의 원리인데, 이는 지금까지 이 책에서 주장한 개인 자유의 원리와는 다른 근거에서 출발한다. 그러나 후자 못지않게 자유 거래의 원리도 바탕이 대단히 튼튼하다. 거래 또는 거래 목적의 생산물에 대해 제한을 가하는 것은 당연히 자유를 구속하는 것이다. 그리고 자유를 구속하는 것은 그 자체가 나쁜 짓이다. 사회는 좋은 결과를 얻게 되리라는 자신감이 있을 때만 제약을 가하지만 기대한 대로 일이 되는 것은 아니다. 그래서 제약을 가하는 것은 좋지 않은 것이다. 그러나 개인 자유의 원리를 자유 거래론 속에서 명확하게 구현하기가 쉽지 않듯이, 자유 거래론을 둘러싸고 제기되는 여러 의문에도 분명하게 답하기가 어렵다. 이를테면, 불량품 사기를 방지하기 위해 공권력이 어느 정도로 규제하는 것이 좋을까? 위험한 작업장에서 일하는 사람들의 건강과 안전을 보호하기 위해 고용주가 어느 정도의 예방 조치를 취해야 마땅할까? 이런 의문들은, 사정이 다 같다면, 통제하기보다 각자 알아서 하게 내버려두는 것이 언제나 더 나은 결과를 낳는다는 사실을 상기시키면서, 자유의 중요성에 대해 생각하게 만든다. 그러나 이런 목적에서라면 사람들을 통제하는 것도 필요하다. 그 원리상 이런 사실을 부인할 수가 없다. 반면에 거래 규제와 관련해서 이런저런 의문이 생기는데, 이런 것은 기본적으로 자유와 관련된 문제들이다. 예를 들면, 이미 앞에서 언급했던 메인법 규정이나 중국에서 아편 수입을 금지한 것, 그리고 독약 판매를 제한하는 조치 등을 생각해볼 수 있다. 말하자면 어떤 물건의 획득을 불가능하게 하거나 어렵게 만드는 모든 경우가 이에 해당된다. 이런 종류의 간섭은 허용될 수 없다. 생산자나 판매자가 아니라 구매자의 자유를 침해하기 때문이다.

이런 것 가운데 하나인 독약 판매와 관련해서 새로운 질문이 제기된다. 경찰의 기능이라는 것이 어느 선까지 확대될 수 있는가? 범죄나 사고를 미리 막기 위해 개인의 자유를 침해하는 것이 어느 정도까지 허용될 수 있는가? 정부가 사후에 범죄 행위를 적발하고 그 범죄자를 처벌하는 것은 물론, 그런 일이 일어나기 전에 미리 예방 조치를 취하는 것은 당연히 해야 할 일이다. 그러나 정부가 취하는 예방 조치는 사후에 처벌하는 것보다 남용되거나 개인의 자유를 위협할 가능성이 훨씬 크다. 왜냐하면 정당한 행위라 해도 인간을 대상으로 하다 보면 이런저런 형태의 잘못을 저지르기가 매우 쉽기 때문이다. 그렇지만 어떤 사람이 분명히 범죄를 저지를 것이라는 판단이 서는데도, 실제 그런 일이 일어날 때까지 공권력이나 개인이 아무런 조치도 취하지 않은 채 그냥 방관한다는 것은 말이 안 된다. 그것을 막기 위해 어떤 식으로든 개입해야 하는 것이다. 만일 독약이 오직 살인 행위 용도로만 구매되고 사용된다면, 그것의 제조·판매를 금지하는 것이 당연하다. 그러나 선의를 가지고 유용한 목적으로 독약을 찾는 사람도 있을 것이기 때문에, 일률적으로 금지하는 것은 바람직하지 않다. 거듭 말하지만, 사고를 방지하는 것은 공권력이 당연히 해야 할 일이다. 만일 공공기관에 근무하는 사람 또는 그 누구라도, 어떤 사람이 위험한 것으로 알려진

다리를 건너려 하는 것을 본다면, 그리고 그 사람에게 위험을 알려줄 시간적 여유가 없다면, 그를 붙들어 돌려세운다고 해서 당사자의 자유를 심각하게 침해한다고 볼 수 없다. 왜냐하면 자유란 자기가 원하는 바를 하는 것doing what one desires인데, 그 사람이 강물 속으로 떨어지기를 원하지는 않을 것이기 때문이다. 그러나 그 다리가 위험하다는 확실한 증거는 없고 다만 위험한 일이 일어날 가능성만 있을 경우에는, 자신이 위험에 빠질 수 있는데도 다리를 꼭 건너야 하는지는 오직 당사자만이 판단할 수 있다. 이 경우(그 사람이 어린아이가 아니라면, 그리고 정신 착란 또는 흥분 상태에 있거나 이성적 판단을 충분히 할 수 없을 만큼 어떤 일에 정신이 빠져 있을 때가 아니라면), 그 사람에게 그런 위험에 대해 경고하는 것으로 끝나야 한다. 다리를 건너지 못하게 강제로 막아서는 안 되는 것이다. 독약 판매 문제를 놓고 어느 정도까지 규제를 해야 자유의 원리와 상충되지 않는지에 대해서도 비슷하게 생각할 수 있다. 예를 들어, 어떤 약품이 위험하므로 주의해야 한다는 내용을 담은 딱지를 붙이도록 강제하는 것을 두고 자유를 침해한다고 할 수는 없다. 그 약품을 사는 사람이 그것이 독약인지 아닌지 알고 싶어 하지 않는다고 볼 수 없기 때문이다. 그러나 어떤 경우든지 항상 전문의의 허락을 받아야 한다면, 그 약품이 꼭 있어야 하는 사람도 그것을 구하는 데 비용이 너무 많이 들고 때로 불가능하기도 할 것이다. 좋은 뜻으로 독약을 사용하고자 하는 사람의 자유를 침해하지 않으면서 그것을 이용한 범죄를 막을 수 있는 유일한 방법은, 벤담이 잘 말했듯이 '사전에 법적 증거로서 구성 요건을 갖춘 증거preappointed evidence'[55]를 제시하게 하는 것이다. 계약을 둘러싸고도 비슷한 상황이 벌어진다. 계약을 맺을 때 법에 따라 계약 이행의 조건으로 서명, 증인의 입회 등과 같은 몇몇 형식적인 절차를 밟도록 요구하는 것은 흔히 있는 일이고 또 그렇게 하는 것이 옳다. 그렇게 해야 나중에 분쟁이 일어나더라도 계약이 실제로 이루어졌다는 증거가 되고, 그 과정에서 법적으로 문제 될 것이 없다는 사실을 입증할 수 있기 때문이다. 아울러 가짜 계약은 물론, 발각되면 그 효력이 발휘될 수 없는 상황에서 계약이 이루어지는 것도 막을 수 있는 것이다. 범죄에 이용될 수 있는 물건을 판매할 때도 비슷한 성격의 사전 조치를 요구할 수 있다. 예를 들어, 판매자가 거래가 이루어진 실제 시간, 구매자의 이름과 주소, 판매된 물건의 정확한 내용과 수량, 그리고 그 사람이 문제의 물건을 사는 이유를 물은 뒤, 이런 질문에 대한 답을 장부에 기록하게 하는 것이다. 의사의 처방전이 없을 경우 제3자가 함께 있어야 살 수 있도록 하는 것도 하나의 방법이다. 그래야 나중에 그 물건이 범죄에 이용된다고 의심될 때 구매자에게 그 잘못에 대한 책임을 물을 수 있을 것이기 때문이다. 해당되는 물건을 사지 못하게 하려고 이런 규제를 하는 것은 아니다. 적발되지 않은 채 나쁜 일에 사용되는 것을 어렵게 만드는 것이 그 목적일 뿐이다.

사회가 범죄를 예방하기 위해 사전 조치를 취할 권리를 가진다는 것은, 전적으로 자기에게만 관계되는 잘못된 행동에 대해 하지 못하게 막거나 처벌을 가하는 식으로 간섭할 수 없다는 원리에 명백하게 한계가 있음을 뜻한다. 예를 들면, 보통의 경우에는 술에 취한다고 해서 법적으로 간섭할 일은 아니다. 그러나 술에 취해 다른 사람에게 폭력을 휘두른 끝에 한 번 유죄 판결을 받은 사람에게 법적 제약을 가하는 것, 이를테면 나중에 또 술에 취한 것이 적발되면 그때는 처벌을 하고 나아가 그 상태에서 또 다른 잘못을 저지를 경우에는 가중 처벌을 하는 것은 지극히 당연한 일이다. 술에 취해 정신을 잃고 다른 사람에게 해를 끼칠 수 있는 사람이라면, 술에 취하는 것이 범죄 행위나 다름없기 때문이다. 또 다른 예를 들자면, 사회에서 도움을 받는 사람이나, 계약에 의해 그렇게 하지 못하도록 묶여 있는 사람이 아니라면, 게으르다고 해서 법적으로 처벌할 수는 없다. 그런 짓은 전제 국가에서나 할 법한 일이다. 그러나 게으름 또는 피할 수도 있는 다른 이유 때문에 타인에 대한 법적 의무—예를 들어, 자기 자녀들을 양육하는 것—를 다하지 못한다면, 다른 적절한 방법이 없을 경우 강제로라도 일을 시켜 그런 의무를 다하게 만든다고 해서 너무 가혹하다고 비난할 수는 없다.

되풀이하는 말이지만, 당사자에게만 직접 해를 끼치는 여러 행위를 법적으로 금지하는 것은 옳지 않다. 그러나 그런 행위 중에는 사람들 앞에서 공공연히 이루어질 경우 선량한 풍속을 해치고 그 결과 다른 사람에게 피해를 입히는 행위의 범주에 포함되기 때문에 법에 따라 금지되어야 하는 것도 있다. 품위를 지키지 못하는 사람의 경우가 바로 그렇다. 우리가 다루는 주제와 직접 관계되지 않아 이에 대해서는 길게 이야기할 필요가 없다. 그러나 그 자체로 비난의 대상이 되지 않는 행위들 가운데는 세상에 공개적으로 드러나면 곤란한 것들이 상당수 있다.

지금까지 설명한 원리들과 맥이 통하는 것으로, 꼭 답을 해야 하는 또 다른 질문이 하나 있다. 어떤 행동이 비난의 대상이 된다고 하더라도 그것이 직접 초래하는 나쁜 결과가 전적으로 당사자에게만 돌아갈 경우, 개인의 자유를 존중하는 차원에서 사회가 금지하거나 처벌할 수는 없을 것이다. 그러나 당사자가 자유롭게 할 수 있는 일이라고 해서 다른 사람들 또한 자유롭게 그런 일에 대해 그와 의논하거나 부추겨도 되는 것일까? 이 질문에 답하기는 쉽지 않다. 다른 사람에게 어떤 일을 하라고 권유하는 것은 엄격한 의미에서 자기에게만 관계되는 행동이라고 할 수 없다. 누군가에게 충고하고 권유하는 것은 일종의 사회적 행위이기 때문에 타인에게 영향을 끼치는 다른 일반적인 행동과 마찬가지로 사회적 통제를 받아야 한다고 볼 수 있다. 그러나 조금 더 생각해보면, 그런 일이 글자 그대로 개인 자유의 영역에 포함되지 않는다 하더라도 개인 자유 원리의 연장선상에 있기 때문에, 그 판단이 옳지 않음을 알게 된다. 사람들이 무엇이든 자기에게만 관계되는 일에 대해 스스로의 책임 아래 자신이 보기에 최선이라고 생각되는 대로 행동할 수 있으려면, 어떻게 하는 것이 가장 좋은지 서로 의논할(의견을 교환하고 서로 제안을 주고받을) 자유도 똑같이 누릴 수 있어야 한다. 해도 된다고 허락을 받은 일이라면, 그 일이 무엇이든지 그것에 대해 충고하는 것도 허락되어야 마땅하다. 그러나 충고한다면서 개인적인 이득을 꾀하는―사회나 국가가 나쁜 일이라고 규정하는 일을 부추김으로써 생계벌이를 하거나 금전적 이득을 취하는―선동가의 경우는 이야기가 달라진다. 이렇게 되면 복잡한 변수(다시 말해, 공공의 이익이라고 생각되는 것과 반대되는 이익을 추구하며 생활양식 또한 그와 상반되는 인간 집단)가 하나 늘어난 셈이 된다. 이에 대해 간섭을 해야 옳은가, 하지 말아야 옳은가? 예를 들면, 간음을 관대하게 대해주어야 한다. 도박도 마찬가지이다. 그러나 포주가 되는 자유, 도박장을 운영하는 자유도 허용해야만 하는가? 이런 경우는 정확하게 두 가지 원리 사이의 경계선 위에 있어서 둘 가운데 어느 쪽에 가까운지 즉각적으로 판단하기가 쉽지 않다. 양쪽 모두 주장할 근거가 있다. 관용을 주장하는 쪽에서 본다면, 생계를 잇거나 이윤을 얻기 위해 직업으로 하는 일이라면, 그게 무엇이든지 범죄가 된다고 할 수 없다. 그런 일은 전부 허용 되든지, 아니면 전부 금지되어야 한다. 지금까지 우리가 주 장해온 원리가 옳은 것이라면, 사회가—글자 그대로 사회 가—한 개인만 관계되는 일에 대해 그것이 무엇이든지, 잘 못된 것이라고 결정할 권한을 가지고 있지 않다. 사회는 그 런 일을 하지 못하도록 설득하는 것 이상을 할 수 없다. 누구 든 그런 일을 하도록 또는 하지 못하도록 설득하는 데 똑같 은 자유를 누릴 수 있어야 한다. 이에 대해, 비록 사회나 국가 가 당사자에게만 영향을 주는 이런저런 행동이 좋고 나쁜지 최종적으로 결정할 권한은 가지고 있지 않지만, 그래도 그것 이 나쁜 일이라고 생각한다면 그것이 나쁜지 아닌지 적어도 논쟁에 부치는 권한 정도는 충분히 가진다고 보는 사람도 있 을 것이다. 그렇다면, 사회나 국가가 사심을 품은 사람 또는 편파적일 수밖에 없는 사람—국가가 볼 때 바람직하지 않은 한쪽 방향으로 기울어 있으면서 노골적으로 개인적인 이익 을 도모하려는 사람—의 영향을 배제하기 위해 애쓰는 것이 나쁘다고 할 수는 없다. 경우에 따라서는 이기적인 목적으로 선동하는 사람들의 영향에서 벗어나 스스로의 판단에 따라, 현명하든 어리석든 최대한 자유롭게, 각자 선택하도록 허용 한다고 해서 특별히 잃을 것도 손해 볼 것도 없다고 주장할 수도 있겠다. 그래서 (비합법적 놀이를 조장하는 규정은 분명히 잘못된 것이지만) 누구든지 자기 집이나 상대방 집 또는 자기들이 출자해서 만들고 회원과 방문객들에게만 개방되어 있는 장소라면 어디에서든 자유롭게 도박을 할 자유를 누려야 하지만, 공공 도박장은 허용되어서는 안 된다(고 말할 수도 있을 것이다). 사실 그것을 금지한다고 하지만 완전히 막을 수는 없다. 그래서 아무리 강압적인 방법을 동원하더라도 도박장은 이런저런 명목을 내세워 언제나 문을 열고 있다. 그러나 도박장을 일부러 열심히 찾는 사람이 아니라면 눈에 띄지 않게, 어느 정도 숨기고서 영업을 하도록 강제할 수는 있을 것이다. 사회가 이 선을 넘어서는 안 된다. 이 주장은 상당히 설득력이 있다. 나는 이런 주장이 정범正犯은 내버려두고 종범從犯만 처벌하는, 다시 말해 간음한 사람(또는 도박꾼)은 그냥 두고 뚜쟁이(또는 도박장 주인)만 벌금형이나 감옥에 가두는 형벌을 가하는 이상한 도덕률을 충분히 정당화할 수 있는지에 대해서는 감히 따져볼 생각이 없다. 물건을 사고파는 일상적인 거래에 대해 비슷한 논거를 가지고 간섭하는 것은 더욱 허용할 수 없다. 사람들이 사고파는 거의 모든 물건들은 과잉 사용될 수 있고, 또 그것을 파는 사람들은 그렇게 부추김으로써 이득을 얻고 싶어 한다. 그렇다고 해서 이런 논리가, 이를테면 메인법 같은 것을 정당화할 수는 없다. 왜냐하면 독한 술을 파는 사람 같은 경우는, 아무리 과잉 소비가 자신들에게 이익이 된다 해도 그런 술이 적절한 수준에서 소비되도록 압박당하는 것이 불가피하기 때문이다. 이런 장사꾼들이 자신들의 이익을 위해 지나친 음주를 부추긴다는 것은 정말 나쁜 일이다. 따라서 국가가 그들에게 제약을 가하는 것은 정당한 일이고, 또 그러다 보니 개인의 합법적인 자유를 어느 정도 침해하는 것도 어쩔 수 없는 일이다.

여기에 덧붙여 이런 질문도 제기될 수 있다. 국가가 일단 어떤 행위를 허락하면서도, 국가가 보기에 사람들의 최상의 이익에 어긋나는 그런 일을 하지 않도록 간접적으로 설득하는 것이 과연 합당한가? 예를 들어 술을 마시려면 돈이 많이 들게 하거나 판매하는 장소의 수를 제한함으로써 술 구입을 어렵게 만드는 것이 잘하는 일인가? 현실적인 다른 모든 문제들과 마찬가지로 여러 상황을 구분할 필요가 있다. 그저 주류酒類 구입을 더 어렵게 하기 위해 세금을 부과하는 것은 술의 소비를 전면 금지하는 것과 단지 정도만 다를 뿐이다. 따라서 전면 금지가 정당하지 않다면 그것도 정당하지 않다고 볼 수도 있다. 술을 구입하는 비용을 올리면, 오른 만큼 수입이 늘지 않는 사람은 술을 사지 못하게 가로막는 것이나 마찬가지이다. 이는 다시 말하면 특정 취향을 가진 사람에게 처벌을 가하는 것이나 다름없다. 누구든지 자기가 번 돈으로 국가와 사람들에 대한 법적·도덕적 의무를 다한 뒤에 그 나머지로 자신이 원하는 쾌락을 위해 자기 나름대로 돈을 쓰는 것은 전적으로 개인적인 문제이므로 그 사람의 판단에 맡겨야 한다. 이런 논리가 국가 수입을 늘리기 위해 술을 특별 과세 대상으로 삼는 것을 비난하는 것처럼 보일 수도 있다. 그러나 재정을 유지하자면 과세가 절대 필요하고 대부분의 나라에서 과세의 상당 부분을 간접세로 충당해야 한다는 사실을 기억하지 않으면 안 된다. 그렇다면 국가가 특정 소비 물품을 사용하는 사람에게 처벌을 가하는 것(어떤 사람에게는 그 사용을 금지하는 것이나 다름없을 것이다)은 어쩔 수 없다. 다만 국가가 어떤 물품에 세금을 부과할 경우, 그것을 사용하지 않아도 소비자가 살아가는 데 큰 어려움이 없는 물건인지 반드시 고려해야 한다. 특히 아주 적은 양만 사용해도 분명히 해를 주게 될 것을 먼저 과세 대상으로 삼아야 한다. 그러므로 재정을 유지하기 위해 국가가 수입을 가장 많이 늘릴 수 있는 방향으로 주류에 세금을 부과하는 것은 용인할 수 있을 뿐 아니라 찬동할 수 있는 일이기도 하다.

물건에 따라서는 그것을 구입하는 것이 어느 정도 배타적 특권이 될 수도 있다. 이와 관련해서 제기되는 질문에 대해서는, 그 같은 제약을 가해서 얻으려는 것이 무엇인가에 따라 달리 대답해야 한다. 모든 공공 행락지, 그 가운데서도 특히 술을 파는 곳에는 경찰이 있게 마련인데, 사회질서를 어지럽히는 범죄가 다른 곳보다 더 일어나기 쉽기 때문이다. 이런 곳에서는 문제의 물건들을 (적어도 현장에서 사용하려는 물건에 대해서는) 안면이 있거나 믿을 만한 사람에게만 팔게 제한할 수 있다. 가게 문을 열고 닫는 시간을 지정하고 이를 잘 지키는지 감독하는 것도 필요하다. 그리고 주인이 묵과하거나 통제할 능력이 없어서 평화를 깨뜨리는 행위가 반복해서 일어날 경우 또는 그곳에서 범법 행위가 모의되고 준비될 경우 영업 허가를 취소해도 무방하다. 그러나 그 이상 제약을 가하는 것은 자유의 원리 면에서 볼 때 옳지 않다. 예를 들어, 술 구하는 것을 어렵게 하고 유혹에 넘어가지 않게 한다는 분명한 목적 아래 판매할 수 있는 맥주의 양이나 술집의 수를 제한한다면, 이런 시설을 악용하게 될 일부 사람을 포함해서 모든 사람에게 불편을 안겨주게 된다. 이런 것은 노동자들이—장차 자유의 특권을 누릴 수 있도록—어린아이나 야만인 취급을 받으며 자제심을 키우는 교육을 받는 사회에서나 있을 법한 일이다. 어느 자유 국가든지 노동자 계급을 이런 식으로 대접해서는 안 된다. 그들로 하여금 자유의 가치를 깨닫도록 교육하고 자유인의 신분에 걸맞게 그들을 통치하는 등 모든 노력을 기울였지만 끝내 수포로 돌아가고 그저 어린아이처럼 취급하지 않으면 안 된다는 사실이 결정적으로 입증되지 않는 한, 자유의 소중함에 대해 잘 아는 사람 그 누구도 그런 식으로 통치받는 것을 좋아할 수 없다. 우리가 여기서 다루는 문제들에 대해 그 정도의 노력을 기울였다고 생각한다면 그것은 큰 착각이 아닐 수 없다. 영국의 정치 제도는 일반적으로 자유를 지향하기 때문에 도덕 교육 차원에서 자제심을 배양한다면서 개인의 삶에 통제를 가하는 것을 인정하지 않는다. 그러나 이 나라의 법과 제도가 큰 혼란에 빠져 있다 보니 독재 정부 또는 온정주의paternal라고 불리는 정치 체제에서나 가능할 일들이 우리 주변에서 발생하고 있다.

이 책의 앞부분에서 이미 지적했듯이, 개인 자신에게만 관계되는 문제에 대해서는 개인의 자유가 보장되어야 한다. 이 말은 여러 개인이 모였을 경우에도 적용된다. 즉 오직 그들 자신만 관계되는 문제에 대해서는 상호 동의에 따라, 역시 그들의 자유가 보장되어야 한다. 이렇게 모인 모든 사람들의 생각이 처음 그대로 바뀌지 않으면 별 문제가 될 것이 없다. 그러나 불가피하게 변화가 생길 것이므로 그들에게만 관계되는 일이라 하더라도 상호 계약을 맺는 것이 필요하다. 그리고 일단 그런 계약을 맺으면 그것을 지켜야 하는 것이 원칙이다. 그러나 모든 나라에서 이런 일반 원칙에 어느 정도 예외를 두고 있다. 제삼자의 권리를 침해하는 계약에 대해서는 준수할 의무가 없는 것은 기본이고, 자기 자신을 해치는 계약은 그 의무를 준수할 필요가 없다고 명시하는 경우도 있다. 영국을 포함해서 문명이 가장 앞선 나라들에서는, 예를 들어 자신을 노예로 팔아야 하거나 팔리도록 허용하는 계약은 무효이고 법적 구속력이 없기 때문에, 법이나 여론에 의해 강제할 수 없는 것으로 간주한다. 자신의 운명에 대해 스스로 결정을 내리는 것을 가로막는 이유는 자명하며, 이런 극단적인 예를 통해 그것이 더 잘 드러난다. 다른 사람이 문제 되지 않는 한, 개인의 자발적인 행동에 간섭해서는 안 되는 이유는 바로 그 사람의 자유를 지키기 위해서이다. 그가 자발적으로 무엇인가 선택했다는 것은, 그 일이 자기에게 바람직한 또는 적어도 참을 만한 것이기 때문에 그가 최선이라고 판단한 수단을 동원해서 그 목적을 추구하는 것이 당사자에게 가장 큰 이익을 준다는 사실의 증거가 된다. 그러나 자신을 노예로 파는 것은 자유를 포기한다는 말이다. 한번 이렇게 하고 나면 나중에 다시는 자유를 누릴 수 없게 된다. 그 결과 이는 자신을 팔아버리는 행위도 허용해주는 원리, 즉 자유의 목적을 자기 스스로 부정하는 것이나 다름없다. 그 사람은 이제 더 이상 자유롭지 못하기 때문에, 자신이 자유 상태에 있을 때 누리는 이점을 향유할 수 없다. 자유의 원칙이 자유롭지 않을 자유free not to be free까지 허용하지는 않는다. 자유를 포기할 자유는 허용하지 않는 것이다. 극단적인 예이기는 하지만, 자유의 원칙이 현실에서 적용될 때, 삶의 필요에 따라 어디서든지 그 한계가 설정될 수밖에 없음이 분명히 밝혀졌다. 자유의 원칙은 우리가 자유를 포기해서는 안 되며 자유를 버리는 것과 같은 의미의 자유는 함부로 누리지 못하도록 제한을 가해야 한다고 강조한다. 이 원칙에 따라 각 개인은 행위자 자신에게만 관계되는 일에 대해서는 무제한의 자유를 누릴 수 있다. 또 상호 이해관계가 얽혀 있는 사람들은, 제삼자가 관련되지 않는 한, 자기들끼리 맺은 계약을 자유롭게 해지할 수 있다. 그런 자발적 해지에 관한 규정이 없다 하더라도, 어떤 계약이나 약속이든지 결코 취소할 자유가 없는 경우는 생각할 수가 없다(물론 돈 문제가 걸린 경우는 제외해야 할 것이다). 훔볼트 남작은 내가 앞에서 인용한 글에서, 개인적인 관계 또는 봉사service를 포함하는 계약의 경우 일정 기간이 지나면 법적 구속력이 없어져야 한다고 강력하게 주장했다. 그는 이런 계약 가운데 가장 중요한 것으로 결혼을 꼽았다. 훔볼트에 따르면, 결혼은 당사자 두 사람의 감정이 조화를 이루지 않으면 그 목적이 달성될 수 없는 특수한 것이다. 따라서 결혼 생활을 끝내고 싶을 때 둘 가운데 한 사람만이라도 명확하게 그 뜻을 밝히면 그것으로 충분하다고 했다. 이런 주제는 너무 중요하고 또 복잡하기 때문에 이렇게 간단하게 언급하고 지나갈 성질의 것이 아니다. 여기서는 내가 주장하는 바를 설명하는 데 도움이 될 만한 것에 대해서만 한두 마디 하겠다. 이 경우, 훔볼트 남작은 자신의 주장이 간결하면서도 포괄적인 탓에 그 전제에 대한 토론 없이 자기 결론을 분명히 밝히는 데 만족했다. 만일 그렇지 않았다면, 그는 그 문제가 자신이 스스로 국한시킨 그렇게 단순한 논리에 따라 결정될 수 없다는 사실을 분명히 깨달았을 것이다. 어떤 사람이 명시적인 약속이나 행동으로 다른 사람에게 자기의 일관된 삶의 방식—즉 어떤 목표를 지향하면서 그것을 위해 곰곰이 계산하고, 그런 방향에 맞춰 자기 삶의 계획을 세우는 것—을 따르도록 권유했다면, 그에 대한 일련의 도덕적 의무가 생기게 된다. 이를 뒤집을 수 있을지는 몰라도 무시할 수는 없다. 거기다 두 계약 당사자의 관계가 다른 사람에게 영향을 끼쳤을 때, 다시 말해 제삼자를 어떤 묘한 상황에 놓이게 만들거나 아니면 결혼의 경우처럼 제삼자가 존재하도록 만들었다면, 양쪽은 그 제삼자에 대한 의무를 져야 한다. 이 의무의 이행 또는 그 이행의 형태는 처음 두 계약 당사자의 관계가 지속되는지 여부에 따라 크게 영향을 받을 수밖에 없다. 그러나 계약이 지속되기를 원치 않는 사람의 입장을 무시하면서까지 이런 의무를 지켜야 한다고 볼 수는 없고 또 그것을 인정할 수도 없다. 그렇지만 그 의무 때문에 문제가 생기는 것은 분명하다. 그리고 훔볼트가 말했듯이, 그것이 계약 당사자들이 계약을 끝낼 법적 자유에 그 어떤 영향을 주어서도 안 되지만(나는 동시에, 그것이 그다지 큰 영향을 주어서도 안 된다고 밝히고 싶다), 도덕적 자유에 대해서는 어쩔 수 없이 대단히 큰 영향을 끼친다. 따라서 다른 사람의 매우 중요한 문제에 영향을 줄 어떤 행동을 취하기 전에 반드시 이런 모든 사항을 염두에 두어야 한다. 만일 적절한 주의를 기울이지 않는다면, 그 결과 일어나는 잘못에 대해서는 도덕적인 책임을 져야 한다. 내가 지금까지 이런 재론의 여지가 없는 말을 한 것은 어떤 특별한 문제—예를 들면, 아이들에게 이익이 되는 것을 가장 중요하게 여기는 반면, 어른들에 대해서는 아무 관심도 보이지 않는 것—를 풀기 위해서가 아니라 자유의 일반 원칙을 더욱잘 설명하기 위해서였다.

나는 이미 모든 사람들이 인정할 수 있는 일반 원칙general principle이 없는 탓에, 자유가 허용되지 말아야 할 상황에서 때로 자유가 주어지고, 반대로 자유가 허용되어야 할 곳에서 자유가 억압되는 일이 벌어진다고 언급했다. 현대 유럽 사회에서 자유의 감정이 아주 강렬하게 발산되고 있지만, 내가 볼 때 전적으로 잘못된 상황에서 그렇게 되는 경우가 있다. 누구든지 자기 자신의 일에 대해서는 자기가 하고 싶은 대로 할 자유를 누려야 한다. 그러나 다른 사람의 일이 자기 일이나 마찬가지라는 구실 아래, 그 사람을 위한다면서 자기 마음대로 행동해서는 안 된다. 국가는 각 개인에게만 특별히 관계되는 일에 대해서는 각자의 자유를 존중하지만 다른 사람의 자유를 침해할 수 있는 권한의 행사에 대해서는 항상 주의 깊게 통제해야 한다. 그러나 이런 의무 사항이 가족의 관계 속에서는—인간의 행복을 결정적으로 좌우한다는 점에서 다른 모든 관계를 합친 것보다 더 중요함에도—거의 완전히 무시되다시피 하고 있다. 남편들이 아내들에게 거의 폭군과 같은 수준의 권력을 휘두른다는 점에 대해서는 새삼

이야기할 필요도 없을 것이다. 이런 해악을 완전히 제거하고 아내들도 다른 모든 사람과 마찬가지로 권리를 누리고 법의 보호를 받을 수 있게 하는 것 이상으로 더 중요한 일은 없다. 이 문제에 관해 기존의 정의롭지 못한 상황을 고수하려는 자들은 권력자의 횡포를 노골적으로 지지하는 것이나 같고, 따라서 그들의 입으로 자유에 대해 말할 자격이 없다. 더 심각한 것은 어린아이들의 자유 개념이 잘못 이해되고 있다는 사실인데, 이 때문에 국가는 그 의무를 수행하는 데 심각한 장애를 겪는다. 대부분의 부모들은 자녀를, 수사적修辭的인 차원이 아니라 글자 그대로, 자신의 일부로 생각하면서 그들에게 절대적이고 배타적인 통제권을 행사하려 한다. 그 결과 법이 조금이라도 간섭할 뜻을 비치면 질투심을 느낀다. 자신이 아이들에 대해 가지고 있다고 생각하는 행동의 자유를 제약하려 들면 더 큰 질투심을 느낀다. 결국 거의 모든 사람들이 자유보다 권력을 훨씬 더 높이 사는 것이다. 교육 문제를 두고 생각해보자. 국가가 시민으로 태어난 모든 사람들에게 일정 수준 이상의 교육을 받도록 요구하고 또 강제하는 것은 이제 하나의 자명한 원칙 같은 것이 아닐까? 그런데도 사람들은 이를 인정하고 주장하는 것을 우려한다. 사실 어린 생명을 이 세상에 태어나게 한 이상, 그 아이가 나중에 세상에 나가 다른 사람과 자기 자신을 위한 역할을 잘할 수 있도록 적절한 교육을 시키는 것이 부모(또는 법과 관습에서 정해놓은 아버지)가 져야 할 가장 신성한 의무 가운데 하나라는 사실을 부인하는 사람은 없을 것이다. 그러나 모든 사람들이 한목소리로 이것이 아버지가 져야 할 의무라고 생각하면서도 이 나라의 그 누구도 아버지들이 실제 그 의무를 감당하도록 강제해야 한다고 말하지는 않는다. 자기 아이들의 교육을 위해 노력하거나 희생하지는 않으면서 무상 교육의 기회가 주어질 때 그것을 받아들일지 여부에 대한 결정권은 아버지에게 위임하라는 것이다! 이는 아이의 육신을 위한 빵뿐만 아니라 그 정신이 올바르게 자라도록 교육과 훈련의 기회를 마련해주지 못하는 것이, 불행한 운명의 아이 자신과 사회 모두에게 도덕적 범죄를 저지르는 짓이나 다름없다는 사실을 인식하지 못한 결과이다. 그러므로 부모가 이런 의무를 다하지 못한다면 국가가 나서서 그들이 최대한 그 의무를 준수하도록 요구해야 한다.

일단 모든 아이들에게 교육을 시켜야 하는 의무에 대해 수긍하고 나면, 마지막으로 국가가 무엇을 어떻게 가르쳐야 하는지에 관한 어려운 문제가 남는다. 이를 둘러싸고 종파와 정파 사이에 무의미한 논쟁이 벌어지면서 교육을 위해 써야 할 시간과 노력을 쓸데없이 낭비하는 일이 벌어지고 있다. 정부가 모든 아이들이 좋은 교육을 받도록 하는 쪽으로 결정을 내리더라도 그 교육을 직접 담당하려고 헛되게 애쓸 필요는 없다. 그냥 부모가 원하는 장소에서 그들이 원하는 방식대로 교육받도록 내버려두면 된다. 국가는 그저 가난한 집안의 아이들을 위해 교육비를 지원해주고, 비용을 대줄 사람이 없는 경우에는 아예 전액 부담하는 것으로 만족해야 한다. 국가 교육을 반대하는 논리는 국가가 직접 교육을 담당하는 경우에는 적용될 수 있다. 그러나 국가가 시행하는 의무 교육에 대해서는 반대할 수 없다. 이 둘은 전혀 다른 이야기이기 때문이다. 만일 국가가 국민 교육의 전부 또는 상당한 부분을 직접 담당한다면 나는 그 누구 못지않게 반대할 것이다. 나는 지금까지 성격의 개별성, 의견과 행동 양식의 다양함의 중요성에 대해 강조해왔다. 교육의 다양성도 그에 못지않게, 말로 다 표현할 수 없을 정도로 중요하다. 국가가 나서서 교육을 일괄 통제하는 것은 사람들을 똑같은 하나의 틀에 맞추어 길러내려는 방편에 불과하다. 국가가 교육을 통해 효과적으로, 그리고 성공적으로 사람들을 그 틀 속으로 집어넣으면 넣을수록 국가 최고 권력자(왕이든 성직자든 귀족이든, 또는 기존 세대의 다수파이든)들의 기쁨도 커진다. 그 결과 권력이 사람들의 정신을 장악하고 그 자연스러운 귀결로 육체까지 지배하게 된다. 국가가 운영하고 통제하는 교육이 꼭 있어야 한다면, 그것은 시범적으로, 그리고 다른 교육 방식이 일정 수준에 오르도록 자극을 줄 목적에서 여러 경쟁적인 교육 체계 가운데 하나로 시도되는 경우에 한정되어야 한다. 사실 사회가 전반적으로 너무 낙후된 탓에 정부가 나서지 않으면 스스로는 적절한 교육 제도를 운영할 수 없고 또 하지도 않는다면, 이때는 두 가지 악 중에서 더 나쁜 것을 피하기 위해 정부가 학교와 대학을 직접 운영할 수도 있다. 나라에 필요한 대규모 산업을 감당할 개인 기업이 없으면 합자회사를 세우듯이 말이다. 그러나 일반적으로 정부의 후원을 받아 교육을 담당할 수 있는 능력을 갖춘 사람들이라면, 국가가 경제적 능력이 안 되는 사람들을 위해 지원해줄 뿐만 아니라 의무 교육을 강제하는 법을 만들어 일정한 정도의 수익까지 보장해준다면, 자발적으로 그와 같은 수준의 훌륭한 교육을 실시할 수 있을 것이고 또 기꺼이 그렇게 하려고 할 것이다.

그런 법을 집행하는 방법으로는 모든 아이들을 대상으로 국가가 시험을 주관하는 것이 가장 좋다. 우선 아이들이 글을 읽을 수 있는지 시험을 보는 나이를 결정해야 할 것이다. 만일 어떤 아이가 글을 읽을 수 없다면, 그 아이의 아버지가 책임을 져야 한다. 특별한 이유가 없는 한 적은 액수 — 본인이 노동을 해서 충당할 수 있는 정도 — 의 벌금을 내야 하고, 또 아이가 학교에 다니는 데 필요한 비용을 부담해야 할지도 모른다. 강제적인 방법을 쓰더라도 모든 사람이 최소 수준의 일반 지식을 습득할 수 있도록, 과목을 점진적으로 확대해가면서 매년 한 번씩 그런 시험을 보게 해야 한다. 나아가 원하는 사람은 전 과목에 걸쳐 시험을 볼 수 있게 해서 일정 수준 이상에 이르면 국가가 인증해주는 것도 필요하다. 물론 이런 과정을 통해 국가가 사람들의 생각을 특정 방향으로 유도해서는 안 된다. 시험을 통과하기 위해서는 단순한 도구적 차원의 지식(언어의 사용법 같은 것) 이상이 요구된다. 그러나 상급 수준의 시험도 전적으로 사실에 관한 질문과 실증 과학 positive science에 한정되도록 해야 한다. 종교, 정치 또는 기타 논쟁의 여지가 있는 과목에 대한 시험에서는 그 내용의 진위眞僞에 관해서 물어서는 안 된다. 다만 이 사람, 그 학파, 저 교회가 주장하는 다양한 견해의 이런저런 근거에 대해서만 물어야 한다. 이렇게 한다면, 다음 세대가 논쟁의 대상이 되는 모든 진리에 대해 우리보다 모르지 않을 것이다. 그들이 지금처럼 국교 신자churchman[56] 아니면 국교 반대자가 되겠지만, 국가는 단지 그들이 교육받은 국교 신자나 국교 반대자가 되도록 하는 것 이상을 추구해서는 안 된다. 그들의 부모가 원하기만 한다면, 학교가 다른 것들과 함께 종교에 대해서도 가르치지 못할 이유가 없다. 국가가 결코 논쟁이 되고 있는 문제에 대해 시민들에게 특정 방향의 편견을 불어넣으려 해서는 안 된다. 그러나 관심을 기울일 만한 어떤 주제에 대해 사람들이 자신의 입장을 정리할 수 있을 정도의 지식을 갖추도록 국가가 뒷받침하는 일은 할 수 있을 것이다. 철학을 공부한 사람은 로크John Locke나 칸트Immanuel Kant 둘 가운데 누구에게 동조하든지, 혹은 둘 다 받아들이지 않는다 하더라도 그에 관한 시험은 더 잘 보게 될 것이다. 같은 맥락에서 무신론자에게 믿음을 강요하지 않는다면, 그리스도교의 근거에 관해 시험을 보게 하는 것을 반대할 이유가 없다. 그러나 고등 지식을 묻는 시험은 반드시 원하는 사람만 보게 해야 한다. 만일 정부가 자격에 문제가 있다면서 어떤 사람들을 특정 전문 직종, 심지어 교직教職에서까지 배제해버리는 권한을 쥐게 되면, 그것은 너무 위험한 일이다. 누구든지 일정 수준에 오르고 시험을 통과하면 과학적 또는 전문적 능력에 관한 학위나 기타 공인증을 수여해주어야 한다. 그렇다고 사회가 그 사람들에게 그러한 능력을 인정해주는 것 외에 경쟁자들에 비해 특별대우를 해서는 안 된다. 이 점에서 나는 훔볼트와 생각을 같이한다.

도덕적 의무를 져야만 하는 확실한 이유가 있고 또 법적 의무를 지지 않으면 안 되는 경우에도, 부모들이 자유에 대한 잘못된 생각 때문에 도덕적 의무를 인식하지 못하고 법적 의무를 지키지 않을 때가 많다. 이는 교육 문제에만 국한된 현상이 아니다. 어린 생명을 낳는다는 것 자체는 인간의 삶에서 가장 큰 책임감을 요구하는 일 가운데 하나이다. 저주가 될지 축복이 될지 모르지만, 일단 생명을 잉태시킨다면 이에 대해 책임을 져야 한다. 아이가 인간답게 살 수 있는 가능성이 적어도 웬만한 수준이 되도록 하지 못한다면, 그 존재에 대해 범죄를 저지르는 것과 마찬가지이다. 그리고 인구가 너무 많거나 아니면 인구 과잉의 위험에 직면한 나라에서 최소한 이상의 아이를 낳는 것은, 가장이 노동으로 번 수입을 둘러싸고 식구들끼리 쟁탈전을 벌여야 하는 상황을 만듦으로써 오직 그 수입에 의존해서 살아가야 하는 사람들에게 심각한 죄를 짓는 셈이 된다. 유럽 대륙의 여러 나라에서는 결혼 당사자들이 가족을 부양할 충분한 능력이 있음을 증명하지 못하면 결혼을 금지하는 법을 시행하고 있는데, 이를 국가의 정당한 권한을 넘어서는 것이라고 할 수 없다. 그런 법이 과연 적절한지에 대해서는 논란이 있겠지만(이는 주로 각 지역의 구체적인 상황과 법 감정에 따라 결정될 문제이다), 적어도 그것이 개인의 자유를 침해하는 것이라고는 볼 수 없다. 다른 사람에게 직접 해를 주지 않기 때문에 법적 처벌은 곤란하다. 그러나 그것은 비난을 받고 사회적 낙인이 찍히는 것과 같은 불행한 결과를 낳을 것이 분명하다. 그런 사태를 막기 위해 국가가 간섭하는 것이다. 오늘날 당사자에게만 영향을 주는 일인데도 너무나 쉽게 개인의 자유를 침해하는 경향이 있다. 다른 한편으로는 무절제한 생활을 하면 여러 가지 좋지 못한 일이 생기고 그에 따라 자식들의 삶이 비참해지거나 망가져버리게 되는데도, 그런 사람에게 그 어떤 제약을 가하는 것도 거부하는 쪽으로 자유에 대한 생각이 흐르고 있다. 자유를 비상하게 존중하는 마음과 자유를 존중하는 마음이 비상할 정도로 부족한 현상이 함께 나타나고 있는 것이다. 이 둘을 서로 비교하다 보면, 마치 우리가 다른 사람들을 해칠 절대적인 권리를 가지고 있고, 다른 사람들에게 고통을 주어야 우리 자신이 행복해질 수 있을 것 같은 생각이 들기까지 한다.

나는 정부가 간섭할 수 있는 한계와 관련해서 아주 중요한 문제를 마지막 순간까지 일부러 언급하지 않은 채 남겨두었다. 그것은 이 책의 주제와 밀접하게 연결되어 있지만, 엄격하게 말하면 서로 다르다. 정부의 간섭을 반대하는 이유가 자유의 원리와 상관없는 경우를 따져보려는 것이다. 개인의 행동을 제약하는 것이 아니라 오히려 도와주는 것이 문제가 되는 경우 말이다. 다시 말해, 정부가 각 개인이 개별적으로 또는 자발적으로 힘을 합쳐 일을 처리하도록 내버려두지 않고, 그들의 이익을 위해 무엇인가를 해야 하고 또는 무슨 일이 일어나도록 만들어야 하는지가 쟁점이 되는 것이다.

정부의 간섭—자유를 침해하지 않지만—을 반대하는 까닭은 다음과 같은 세 가지 이유에서일 것이다.

첫째, 정부가 하기보다 개인에게 맡겼을 때 그 일을 더 잘할 수 있을 만한 경우를 생각해보자. 일반적으로 말해서 어떤 종류의 사업을 할지 또는 누가 어떻게 그 일을 할 것인지 결정하는 문제에서 개인적으로 직접 이해관계가 얽힌 당사자보다 더 적합한 사람이 있을 수 없다. 이 원리는 한때 일상적인 경제 활동 과정에 입법부나 정부가 간섭을 확대해나갔던 관행을 정면으로 배척한다. 그러나 이 문제는 경제학자들이 충분히 다루었고, 우리가 관심을 두는 자유의 원리와 특별히 연관되는 것은 없다.

두 번째 반대 이유는 이 책에서 다루는 주제와 좀 더 밀접한 관계가 있다. 평균적으로 말해서, 일반 시민들보다는 공무원들의 능력이 앞선다. 그러나 이런 경우에도 공무원보다는 능력이 모자라는 당사자가 직접 어떤 일을 하는 것이 더 바람직하다. 이를 통해 그 사람의 정신적 교육 — 즉 본인의 실무 능력을 강화하고 판단력을 키우며 앞으로 유사한 일에 직면할 때 잘 처리할 수 있는 지식을 배우는 것 — 을 도모할 수 있기 때문이다. 배심원 역할(정치적인 문제가 아닌 경우)이라든가, 자유롭고 민주적인 지방 자치기관의 활성화, 그리고 사회단체나 자선 기관에 자발적으로 관여하는 일 등은 이러한 맥락에서 중요하다. 이는 자유의 문제와 직접 연결된 것은 아니고 다만 간접적이고 우회적으로 연관된다. 그것은 본질적으로 인간의 발전에 관한 문제이다.

국민 교육의 한 부분, 다시 말해 시민들을 훈련시키는 것, 즉 자유인들에 대한 정치 교육의 실천적 부분이라고 할 문제 — 사람들이 개인적이고 가족 중심의 편협한 이해타산의 울타리에서 벗어나 공동의 이익에 대해 잘 알게 되고, 공동 관심사를 다루는 일에 익숙해지도록 만드는 것, 곧 공공의 이익을 위해 또는 어느 정도 공공과 관계있는 이익을 위해 행동하고, 서로를 고립시키기보다는 한데 묶을 수 있도록 자신의 행동을 습관적으로 이끌어가는 것—들에 대해 여기서 길게 이야기할 수는 없다. 이런 습관과 능력을 배양하지 않으면 자유로운 정치 제도를 제대로 유지·보존하기 어렵다. 그것은 지역 단위의 자유가 충분히 보장되지 못하는 나라에서는 대개 정치적 자유도 불안정한 것과 마찬가지이다. 이 책은 사람들이 개별성을 발전시키고 다양한 행동 양식을 추구함으로써 대단히 많은 이득을 얻게 된다는 사실을 강조해 왔다. 바로 같은 이유에서 순전히 지역적인 문제는 해당 주민들이 직접 처리하고 규모가 큰 사업은 자발적으로 참여하는 사람들이 돈을 모아 경영해나가는 것이 필요하다. 정부가 하는 일은 어디에서나 비슷하다. 그러나 개인과 자발적으로 결성된 단체들은 이런 과정을 거쳐 각종 실험과 끝없이 다양한 경험을 하게 된다. 국가가 특별히 할 일이 있다면, 그것은 각 개인들이 무수한 시행착오를 거치면서 축적한 경험을 수집·보관·관리하면서 다른 사람들이 불필요한 실수를 되풀이하지 않도록 도와주는 것이다. 정부는 일정한 실험만 강요해서는 안 되고, 각자가 다른 사람의 실험을 통해 무언가 얻을 수 있도록 유도해야 한다.

정부의 간섭을 거부하는 세 번째 이유이자 가장 명확한 이유는, 이미 비대해진 정부의 권력을 더 이상 강화시켜서는 안 되기 때문이다. 정부가 벌써 많은 권한을 행사하고 있는데 여기에 또 다른 권한을 덧붙인다면, 사람들이 품는 희망과 불안에 대한 정부의 영향력이 더욱 커지고, 활동적이고 야심만만한 시민들을 점점 정부 또는 집권을 꿈꾸는 정당의 눈치나 보는 존재로 전락시킬 것이다. 만일 도로나 철도, 은행, 보험회사, 대형 합자회사, 대학, 그리고 공공 자선 단체가 모두 정부 산하 기관이 되어버린다면, 나아가 시영市營 기업과 지방 관청 그리고 이들에 딸린 모든 부속 기관들이 중앙 정부 조직 속으로 편입되어버린다면, 그리고 이런 모든 잡다한 조직에서 일하는 사람들이 정부에 의해 임용되고 월급을 받으면서 생활이 좀 나아질 길이 없을까 해서 정부의 움직임에 촉각을 곤두세운다면, 아무리 언론의 자유와 민주적 의회 제도가 발전한다 하더라도 이런 나라들을 이름뿐인 자유 국가 이상으로 만들 수가 없다. 행정 기구가 더 효과적이고 과학적으로 조직될수록, 다시 말해 최고의 자격과 능력을 갖춘 공무원들을 채용하는 방식이 발전할수록, 그에 비례해서 그 부정적인 효과도 커진다. 영국의 경우, 최근 들어 지적 능력이 가장 뛰어나고 지식도 가장 풍부한 사람을 확보하기 위해 정부에서 일하는 사람들을 모두 경쟁시험을 통해 선발해야 한다는 의견이 대두되면서, 이 제안을 둘러싸고 찬반양론이 치열하게 부딪히고 있다. 반대하는 쪽은 주로 국가가 제공하는 평생직장은 보수나 그 중요성에서 가장 능력이 뛰어난 이들을 유인할 만큼 매력적이지 못하다는 데 주목한다. 이런 사람들은 전문직이나 회사, 그 밖의 공공기관 같은 데 더 흥미를 느낀다는 것이다. 만일 이 제안에 공감하는 사람들이 당면한 어려움을 극복하기 위해 이런 주장을 했다면 사람들은 그다지 놀라지 않았을 것이다. 오히려 반대쪽에서 이런 주장이 나왔으니 이상한 것이다. 문제가 되는 제안을 반대하는 사람들은 그것이 안전판을 가지고 있지 않다는 점을 집중 거론한다. 사실 이 나라의 뛰어난 사람들이 모두 정부 쪽으로 흡수될 수 있다면, 그런 결과를 불러일으킬 제안에 대해 못마땅해하는 것을 이해할 수 있다. 만일 조직적인 협력 또는 거시적이고 포괄적인 판단을 요구하는 사회의 모든 활동이 정부의 통제 아래로 들어가고 정부의 모든 부서가 가장 유능한 사람들로 채워진다면, 순수하게 사변적인 것을 제외한 이 나라의 모든 대규모 문화 사업, 그리고 실천적 지식과 관련된 모든 일들이 수많은 관료 기구의 손안에 집중될 것이다. 그렇게 되면 나머지 사람들, 즉 보통 사람들은 자질구레한 일상생활에 필요한 지침을 얻기 위해서, 그리고 능력 있고 야심 찬 사람들은 개인적인 영달을 위해서, 일만 생기면 관료들을 쳐다보게 될 것이다. 그 결과, 이런 관료 사회의 일원으로 편입되는 것이, 그리고 일단 편입되고 나서는 또 신분 상승을 꾀하는 것이 희망의 전부가 되고 만다. 이렇게 되면, 관료 조직 바깥의 일반 시민들은 실무 경험이 없는 탓에 관료들이 일하는 방식에 대해 비판하거나 견제하기가 어려워진다. 뿐만 아니라 어떻게 하다가 전제적인 정치 체제가 또는 때때로 민주적인 제도가 자연스러운 활동 과정을 통해 개혁 성향의 지도자들을 내세우게 되더라도, 관료들의 이익과 상반되는 개혁은 시행할 수 없게 된다. 오랫동안 관찰해온 사람들이 설명하듯이, 러시아 제국이 바로 그런 딱한 처지에 놓여 있다. 차르Czar57 자신은 거대한 관료 기구를 통제할 힘을 가지고 있지 못하다. 그는 관료들 가운데 누구라도 시베리아로 보내버릴 수 있다. 그러나 그들 없이는 또는 그들의 뜻을 거슬러서는 정치를 할 수가 없다. 그들은 차르가 내리는 모든 명령을 집행하지 않을 수 있는데, 그저 이 방법만 써도 암묵적으로 거부권을 행사하는 것이나 마찬가지이다. 문명이 더 발전한 나라, 그리고 반항심이 강한 나라의 사람들은 국가가 자기들을 위해 모든 것을 다 해주리라고 기대하는 데 익숙하다. 어떤 일을 해도 되는지, 심지어는 그 일을 어떻게 처리해야 좋은지 국가에 물어보지 않고서 혼자 힘으로는 아무것도 하지 않는 데 익숙해져 있다. 그래서 자기들에게 좋지 않은 일이 생기면 그것은 전부 국가 책임이라고 생각하며, 혹 그 좋지 않은 일이 자기들의 인내 수준을 넘어설 경우에는 정부에 대항해서 혁명이라는 것을 감행한다. 그 후 다른 사람이 국민들의 합법적인 지지를 받아 또는 그런 절차 없이 권좌에 오른 뒤 관료들에게 명령을 내리지만, 모든 것이 옛날과 똑같다. 관료제는 변함이 없고 그것을 대신할 사람도 없는 것이다.

자기 자신의 사업을 하는 데 익숙한 사람들은 전혀 다른 모습을 보여준다. 프랑스의 경우, 다수의 국민이 군대 복무를 했고 그 가운데 상당수는 적어도 하사관 계급까지 오른 경험이 있다. 그래서 그런지 이 나라에는 인민 봉기가 있을 때마다 지도력을 발휘해서 그럴듯한 행동 계획을 제시해줄 수 있는 사람들이 여럿 출현하곤 한다. 미국인들은 프랑스인들의 군대 경력과 견줄 수 있을 정도로 잡다한 종류의 시민 사회를 조직하고 운영하는 데 능숙하다. 이런저런 공공사업을 너끈히 해낼 정도의 지적 판단과 질서, 결정 능력을 가지고 있는 것이다. 정부 없이 그들끼리만 있더라도, 즉석에서 조직을 하나 만들어서 그 공백을 훌륭히 메워나갈 것이다. 자유 국민이라면 이 정도는 되어야 한다. 이런 일을 할 수 있는 국민이라면 당연히 자유를 누려야 한다. 그들은 어떤 사람이나 조직이 중앙 정부를 장악한 뒤 주도권을 행사하면서 그들의 자유를 빼앗는 것을 결코 허용하지 않을 것이다. 이런 국민들이라면 그 어떤 관료 조직도 그들이 원치 않는 일을 밀고 나갈 수는 없다. 반대로 관료가 모든 것을 장악하고 있는 사회에서는 관료가 강하게 반대하는 일은 그 어느 것도 이루어질 수 없다. 이런 나라에서는 정치 제도라는 것도 따지고 보면 경험과 정치적 능력이 있는 사람들이 나머지 사람들을 지배할 목적에서 규율을 갖춘 기구로 조직한 것이라고 할 수 있다. 그 조직이 완벽하면 완벽할수록 각계각층의 국민 중에서 능력이 가장 뛰어난 사람들을 더 잘 끌어모아 조직이 원하는 방향으로 교육할 수 있다. 그리고 관료 기구의 구성원을 포함한 모든 사람들의 조직적 결속력도 더 강해진다. 지배받는 사람들이 지배자의 노예라고 할 수 있듯이, 지배자들은 또 그들대로 그들 조직과 질서의 구속을 받는다. 중국 조정의 대신들이 전제 정치의 말단 주도 세력이면서, 동시에 그 도구이자 피조물이던 것과 마찬가지이다. 예수회 Jesuit 조직 자체는 수도사들의 집단적 힘과 그 중요성을 보호하기 위해 존재하는 것이지만, 수도사 각 개인이 노예처럼 그들 조직의 가장 낮은 자리를 차지하게 되는 것도 같은 맥락에서 이해할 수 있다.

아울러 한 나라의 중요한 능력을 모두 정부 기구 속으로 집중시키면 조만간 정부의 정신 활동과 그 자체의 발전이 치명적인 타격을 받는다는 사실도 잊어서는 안 된다. 한통속으로 묶여 있는 관료 기구들은—다른 모든 체계와 마찬가지로, 정부가 작동하는 이 체계도 기본적으로 고정된 규칙에 따라 움직일 수밖에 없다—반복되는 게으름 속으로 빠져드는 유혹에 끊임없이 시달린다. 또는 어떻게 하다가 다람쥐 쳇바퀴 도는 것 같은 생활에서 벗어나더라도, 그들 가운데 어떤 주도적 역할을 하는 사람이 훌륭하다고 생각하는—실제로는 어설프고 조잡한—일에 달려들곤 한다. 겉으로는 상반된 것처럼 보이지만 사실은 밀접하게 연관되어 있는 이런 경향을 견제할 수 있는 유일한 길은, 그리고 그 기구 자체의 능력을 일정한 수준 이상으로 끌어올릴 수 있는 유일한 자극제는, 그들 밖에서 대등한 능력을 지닌 사람들이 주의 깊게 비판을 가하는 것이다. 그러므로 정부와 독립적으로, 그런 능력을 키우고 능력 있는 사람들에게 중요한 현실 문제에 대해 올바른 판단을 내리는 데 필요한 기회와 경험을 제공해줄 수 있는 수단이 존재한다는 것은 대단히 중요하다. 우리가 항구적으로 재능 있고 효율적인 공무원 조직—다른 그 무엇보다도, 진보를 이끌 능력이 있고 또 그 진보를 받아들일 용의가 있는 조직—을 가지려면, 그리고 관료 기구들을 현학자 집단으로 전락시키지 않으려면, 이 조직이 정부를 유지하는 데 필요한 능력을 키우고 발전시키는 모든 업무를 독점하지 못하게 해야 한다.

인간의 자유와 발전에 치명적인 타격을 주는 해악들이 어떤 상황에서 발생하는가? 사회는 발전을 가로막는 장애물들을 제거하기 위해 공인된 지도자를 앞세워 자신이 보유한 힘을 집단적으로 운용한다. 언제 각종 해악들이 이런 이점을 압도하기 시작하는가? 정부 기관이 너무 많은 일상의 활동을 관할하게 하지 않으면서, 권력 집중과 지적 능력을 통해 얻을 수 있는 이점을 극대화하는 방법은 무엇인가? 이런 것들은 정치하는 사람들이 풀어야 할 가장 어렵고 복잡한 문제들에 속한다. 이는 기본적으로 수많은 사항들을 다양하게 짚어보며 대단히 세세한 검토를 거쳐야 하는 문제이다. 그리고 거기에는 그 어떤 절대적인 규칙도 있을 수 없다. 그러나 나는 안전한 실천 원리, 실현 가능한 이상, 난관을 극복하기 위해 고안된 모든 제도를 검증하는 기준이 다음과 같은 명제 속에 정리될 수 있다고 생각한다. 효율성을 지키면서 최대한 권력을 분산하라. 그러나 정보는 가능한 한 중앙으로 집중시킨 뒤 그곳에서 분산시켜라. 도시 행정은 뉴잉글랜드의 경우를 참조하는 것이 좋다. 그래서 이해관계가 직접 걸려 있는 사람에게 맡기는 것이 좋지 않은 일은, 지방 주민들에 의해 선출된 공무원들이 아주 작은 단위로 부서를 나누어 맡아 처리하면 된다. 그러나 여기에 덧붙여 지방 행정을 담당하는 각 부서에는 중앙 정부에서 파견한 감독관이 필요하다. 이 감독관청은 다른 것보다도 각 지역 행정 부서를 통해 축적된 것, 외국에서도 비슷하게 일어나고 있는 일들, 그리고 정치학의 일반 원리에서 비롯된 다양한 정보와 경험을 집중적으로 다룰 것이다. 이 중앙 기관은 일어나고 있는 모든 일에 대해 알 권리가 있고, 한 곳에서 획득한 지식을 다른 곳에서도 이용할 수 있게 해줄 의무가 있다. 특별한 위상과 폭넓은 관찰력에 힘입어 지역 차원의 비열한 편견과 속 좁은 생각에서 벗어날 수 있으므로, 중앙 기관이 하는 충고는 자연스럽게 상당한 권위를 지닌다. 그러나 내 생각으로는, 항구적인 제도로서 그 기관의 실제 권한은 지역 관리가 그들의 행동 지침이 되는 법에 복종하도록 만드는 데 국한되어야 한다. 일반 규칙이 미처 언급하지 못하는 모든 사항에 대해서는, 관리들이 지역 주민에 대한 책임을 의식하며 스스로의 판단에 따라 처리하도록 해야 한다. 그들도 규칙을 위반하면 법적인 책임을 져야 마땅하고, 그런 규칙 자체는 입법부가 만들어야 한다. 중앙 정부는 그저 그 규칙이 잘 집행되는지 지켜보기만 할 뿐이고, 만일 잘되지 않을 경우에는 상황에 따라 법정에 호소하든지 아니면 지역 주민들에게 법의 정신에 맞게 집행하지 않은 관리들을 해임하도록 요구하면 된다. 크게 보면 영국의 빈민보호국Poor Law Board[58]도 이런 생각에서 전국의 구빈세救貧稅, Poor Rate 담당 관리들을 감독하고자 했다. 빈민보호국이 이러한 한계 이상의 어떤 권력을 행사했든지 간에, 그것은 지역 주민만이 아니라 모든 국민에게 큰 영향을 주는 문제에 대해 행정 당국이 오랫동안 실정失政을 거듭한 것을 바로잡고자 하는 특수한 목적에 비추어볼 때 필요하고 타당한 것이었다. 왜냐하면 어떤 지역도 일을 잘못 처리함으로써 자기 고장을 다른 사람의 도움을 필요로 하는 빈곤 상태—이 상태는 어쩔 수 없이 다른 지역으로 전염되면서 전 노동자 계급의 도덕적·육체적 조건에 타격을 주게 된다—로 몰아넣을 도덕적 권리를 가지고 있지 못하기 때문이다. 빈민보호국이 지녔던 행정적 강제력과 그에 따르는 법적 조치라는 권력(이 문제에 대한 여론이 좋지 않아 실제로는 그다지 발동하지 못했다)은 가장 중요한 국가 이익을 위한 것이라는 점에서 더할 나위 없이 정당하지만, 순전히 지역적 이해관계가 걸린 문제를 감독하는 일에 관한 한 아무런 힘도 발휘하지 못했다. 그러나 모든 지역의 정보와 교육을 담당하는 중앙 기관은 전 행정 부서에 똑같이 중요한 가치를 지닐 것이다. 정부가 개인들의 노력과 발전을 방해하지 않고, 도와주며 좋은 방향으로 자극을 줄 수 있는 행동이라는 것이 그리 많을 수는 없다. 정부가 개인과 개별 조직의 활동과 권한을 북돋우는 대신 그들이 할 일을 정부의 활동으로 대체해버리고, 정보를 주고 충고를 하고 경우에 따라 야단도 치는 대신 족쇄를 채워 강요하거나 아니면 그들이 할 일을 당사자는 내버려 둔 채 직접 해버릴 때, 바람직하지 못한 일이 벌어진다. 국가의 힘은 결국 국가를 구성하는 개인에게서 나온다. 국가가 시민들의 내면적 성장과 발전을 중히 여기기보다는 사소한 실무 행정 능력이나 세세한 업무 처리를 위한 기능적 효율을 우선한다면, 그리고 국가의 손바닥 위에서 말을 잘 듣는 온순한 도구처럼 만들기 위해 시민들을 왜소한 존재가 되도록 끌고 간다면(설령 그들을 위해 좋은 의도에서 그렇게 한다 하더라도), 자잘하고 그저 그런 사람들로서는 크고 위대한 일은 전혀 성취할 수 없는 현실에 직면하게 될 것이다. 국가는 모든 것을 다 희생하면서까지 완벽한 기계를 얻고 싶어 했다. 그리고 그 기계가 더욱 부드럽게 작동하는 데 도움이 된다고 생각해서 생명력을 포기해버렸다. 그러나 국가는 그것이 생명력을 잃어버린 탓에 결국에는 무용지물이 되어버리는 것을 목격하게 될 것이다.

진정한 자유의 의미를
고민한 사상가,
존 스튜어트 밀

1. 《자유론》애사哀史[59]

존 스튜어트 밀John Stuart Mill의 《자유론On Liberty》은 그야
말로 살아 있는 고전이다. 《자유론》을 빼고 자유와 민주주의
와 현대 정치 사회의 본질을 이야기한다는 것은 생각할 수도
없다. 밀은 이 책에서 '다른 사람에게 해만 끼치지 않는다면
개인의 자유는 절대적으로 보장되어야 한다'고 열정적으로
강조한다.

《자유론》은 1859년 밀의 나이 53세 때 출판되었다. 그는
자신의 《자서전Autobiography》에서 이 책을 쓰게 된 경위를
비교적 소상하게 밝히고 있다. 《자유론》은 본래 1854년에 짧
은 에세이 형태로 써두었던 것이 모체가 되었다. 그는 이듬
해 1월 로마의 유피테르 신전 계단을 오를 때, 이것을 한 권
의 책으로 쓰기로 마음먹었다. 밀은 자신의 어느 저술보다도
더 애착을 느끼며 《자유론》을 써나갔다고 한다. 그는 늘 하

던 대로 두 번에 걸쳐 단숨에 원고를 썼다. 그러고 나서 틈틈이 고쳐나갔다.

밀의 중요한 저술들은 거의 모두 부인 테일러Harriet Taylor의 손을 거쳐 출판되었다. 그러나 이번 경우는 사정이 달랐다. 테일러가 갑작스럽게 죽음을 맞이하는 바람에 최종적으로 수정할 기회를 놓치고 말았기 때문이다. 밀은 자신이 가장 심혈을 기울여 쓴 《자유론》을 '미완성' 상태 그대로 출판했다. 그녀의 영전에 고스란히 바치고 싶은 생각에서였다. 이 책을 친구이자 아내였던 바로 그 사람에게 바치면서 밀은 다음과 같이 말하고 있다.

지난 오랜 세월 동안 내가 저술했던 다른 글과 마찬가지로, 이 책 역시 그녀와 내가 같이 쓴 것이나 다름없다. 그러나 불행하게도 이 책은 그녀가 수정하지 못했다. 특히 가장 중요한 몇몇 부분은 그녀의 세심한 재검토를 받기 위해 일부러 남겨놓았는데, 그만 뜻하지 않은 그녀의 죽음 때문에 이 모든 기대를 접을 수밖에 없었다. 그 무엇과도 비교할 수 없을 만큼 소중한 기회를 놓쳐버리고 만 것이다. …… 이제 그와 같은 도움을 받지 못한 채 쓰는 글이란 얼마나 보잘것없을까.

두 사람이 처음 만난 것은 1830년 여름, 테일러의 집에서 있었던 저녁 식사 자리에서였다. 이때 밀은 24세, 테일러는

22세였다. 테일러는 결혼 생활 4년째에다 두 아이를 둔 유부녀였다. 이때부터 그들은 20년이 넘는 세월 동안 사랑을 나누었다. 세상이 시끄러웠음은 물론이다. 1851년 4월 드디어 둘은 결혼에 이르게 되는데, 밀의 나이 45세 때였다. 그러나 기다린 세월에 비해 행복의 순간은 너무 짧았다. 7년 반 만에 생과 사의 갈림길에 서야 했기 때문이다.

1858년 10월 두 사람은 남부 프랑스로 여행을 떠났다. 그러나 곧 테일러가 폐충혈에 걸려 11월 3일 아비뇽에서 눈을 감고 말았다. "칼라일보다 더 훌륭한 시인이요, 나보다 더 뛰어난 사상가. 내 생애의 영광이며 으뜸가는 축복. 나에게 하나의 종교이고, 가치의 근본이며, 내 생활을 이끌어나가는 표준과도 같은 사람……"(《자서전》)을 잃어버린 것이다. 장례를 끝낸 밀이 가장 먼저 한 일은 테일러를 내려다볼 수 있는 곳에 오두막을 하나 마련한 것이었다. 그리고 그는 그녀가 마지막으로 숨을 거둔 호텔 방의 가구를 그곳으로 옮겨놓았다. 그는 한동안 그곳에 머문 뒤 영국으로 돌아왔다. 그리고 일주일도 안 돼 출판사에 원고를 넘겼다. 그 이듬해 2월 《자유론》이 세상에 나왔다.

밀 스스로가 고백하듯이, 두 사람은 사랑뿐만 아니라 사상도 같이 나누었다. 밀은 아내 사랑이 지나친 나머지, 자신이 그녀와 다른 생각을 품는다는 사실조차 두려워했다. 그리고 그가 쓴 글들은, 적어도 두 사람이 함께하는 동안은 모두 테일러의 손을 거쳤다. 밀은 자신과 아내의 생각을 따로 구분하는 것은 의미 없는 일이라고 생각했다.《자유론》도 두 사람의 합작품이라고 공언했다.[60]

2. 아버지 제임스 밀의 영재 교육

밀은 1806년 5월 20일 런던에서 9남매 가운데 장남으로 태어났는데, 그의 가족사부터 예사롭지 않다. 아버지 제임스 밀James Mill은 유명한 사상가였다. 그의 집안은 부자父子 2대에 걸쳐 학명을 떨친 흔치 않는 집안이었다.[61]

밀은 전적으로 아버지에게서 교육을 받았다. 제임스 밀은 아들에게 엄청난 양의 지식을 습득하게 해주었다. 존은 3세 때부터 그리스어를 배워야 했다. 아버지가 만든 단어집을 외우는 것으로 교육은 시작되었다.《이솝 이야기》가 맨 처음 읽은 그리스어 책이었다. 여덟 살 때는 라틴어를 배우기 시작했다.

제임스 밀은 아침 식사 전에 늘 산책을 했다. 그는 숲이 우거진 아침 오솔길을 걸어가며 아들이 하루 전에 읽은 책의 내용을 되풀이하여 외우도록 했는데, 그 책들은 역사와 철학, 수학에 이르기까지 많은 분야에 걸쳐 있었다. 어린 밀은 여러 책들을 요약하여 '로마사', '고대 세계사' 등을 '저술'하는 일에 큰 재미를 느꼈다.

13세 되던 1819년부터는 경제학을 공부했다. 아버지는 절친한 벗이었던 리카도David Ricardo의 저서에 대해 가르쳐주면서, 스미스Adam Smith와 비교해서 그의 장점이 무엇인지 깨닫게 해주었다. 이런 과정을 거쳐 밀의 머리에는 각종 지식이 차곡차곡 쌓여갔다.

제임스 밀의 아들에 대한 교육 방법은 특이했다. 주입식 교육은 철저히 피하고 무엇이든 생각해서 해결할 수 있는 문제 같으면 혼자 힘으로 풀어보게 했다. 어린 밀이 아주 오랜 고생 끝에 어느 정도 이해하고 나면 비로소 설명을 해주었다. 따라서 존은 처음부터 혼자 사색하는 일에 익숙해졌다. 보통은 아버지의 견해를 표준으로 삼았지만, 몇 가지 점에서는 자기 고집을 부려 마침내 아버지의 생각을 바꾸게 한 적도 있었다.

존은 17세 되던 1823년, 동인도회사의 통신 심사부장이었던 아버지의 조수로 임명되었다. 이제 '아버지 학교'를 졸업하게 된 것이다. 1825년 무렵에는 독일어를 공부하는 한편, 친구 몇과 함께 독서 토론회를 조직했다. 그는 이제 독립적이고 독창적 사상가로 출발하게 된 것이다. 그러나 그 후에도 밀은 아버지가 심어준 정신적 습관의 근본 틀 또는 공부하는 자세를 그대로 유지했다. 즉 '여러 가지 난점을 어중간하게 해결해놓고 완전히 해결한 것인 양 생각하지 않는 것,

그리고 전체를 다 이해하기 전까지는 그 어떤 부분도 완전히 이해했다고 결코 생각하지 않는 것', 이것을 아버지에게서 물려받은 소중한 유산으로 간직하며 살았다.

그러나 전체적으로 볼 때, 제임스 밀은 '무서운 아버지'였다. 존경하기는 하지만 따뜻한 위안을 기대할 수는 없는 아버지였다. 마침내 20세 무렵에 존 스튜어트 밀은 아버지의 철학에 반기를 들게 된다. 뒤늦게 사춘기적 번민에 빠져들면서 엄격한 공리주의적 이성 제일주의의 문제점을 생생하게 깨달았기 때문이다. 사색과 분석만이 중요한 것의 전부가 아니며, 수동적인 감수성이 능동적 능력 못지않게 중요하다는 점을 인식하게 된 것이다. 그는 여러 능력 사이에 적절한 균형을 유지해야 한다는 것을 깨달았다. 그 결과 시와 예술이 인간의 교양을 넓히는 데 필수적이라는 생각을 하게 되었다. 밀은 이때부터 음악, 시, 미술 등으로 관심을 돌렸다. 처음으로 워즈워스William Wordsworth, 콜리지Samuel Tayler Coleridge, 괴테 등을 읽기 시작했다.

인간은 무엇으로 사는가, 행복이란 무엇인가 하는 문제를 둘러싸고 정신적 위기를 겪으면서도, 밀은 아버지에게서 아무런 도움도 기대할 수 없었다. 아버지가 베푼 교육이 바로 이런 결과를 낳았기 때문이다. 이 경우, 아버지는 그가 도움을 청할 수 있는 마지막 사람이었다. 그는 이러한 생각을 아버지에게 털어놓더라도 아무런 도움이 되지 못하고 다만 서로에게 고통만 줄 뿐이라고 판단해서 아예 입 밖에 내지 않았다.

그러나 아버지에게서 받은 교육의 결과, 즉 혼자서 사색하는 능력 덕분에 밀은 그 해답을 찾아낼 수 있었다. 역설적이지만, 아버지의 '도움'에 힘입어서 이제는 아버지와 다른 생각을 하게 된 것이다. 사람이 살아갈 때 이성뿐만 아니라 감성의 역할 또한 중요하다는 사실을 절실히 깨닫는 순간, 아들은 아버지의 정신적 그늘에서 벗어나기 시작했다.

3. 정치에 잠깐 발 담그다

존 스튜어트 밀은 성실한 사람이었다. 그는 말과 행동이 어긋나지 않게 살려고 노력했다. 흔히 어떤 사람의 생각을 정확히 파악하기 위해서는 말보다 행동을 살피는 것이 더 유익한 경우가 많다. 그러나 밀은 말과 행동 사이에 아무런 갈등이 없는 사람으로 평가받는다. 그가 말년에 정치 일선에 몸을 담으면서 뿌린 신화 같은 이야기는 오늘날에도 새롭다.

1865년 초, 웨스트민스터의 몇몇 유권자들이 그에게 하원 출마를 종용했다. 밀은 평소 정치란 스스로 앞장서서 남더러 따라오라고 하는 사람만이 할 수 있는 일이기 때문에 자기와는 거리가 멀다고 생각했다. 그저 문필가로 남는 것이 그에

게는 가장 맞는 일 같았다. 더구나 자기처럼 선거구에 기반
도 없고 그저 거수기 노릇이나 하는 것만으로는 결코 만족
할 수 없는 사람은 어디서나 선출될 가능성이 희박하다고 믿
었다. 나아가 국가의 공무를 맡으려 하는 후보자는 단 한 푼
이라도 자기 돈을 써서는 안 된다는 것이 밀의 변함없는 소
신이었다. 돈을 써서라도 당선되고자 하는 사람은 그 자리를
이용하여 사욕을 채우려 한다는 의심을 받아 마땅하다. 선거
운동도 자원 봉사자들이 해야 한다는 것이 밀의 주장이었다.

그런데 그를 추천한 사람들을 만나보니 자신의 생각을 잘
알고 있었다. 그러니 사회의 일원으로서 그들의 요구를 거부
할 수가 없었다. 그래서 밀은 자기 생각을 적은 공개장을 보
내 그들을 시험해보았다. 즉 '의원이 되고 싶은 생각이 전혀
없다, 선거를 위해 돈을 쓸 수도 없다, 설령 당선된다 하더라
도 지역구 이익을 위해 노력할 수는 없다, 여성도 남성과 똑
같은 선거권을 가져야 한다'는 등의 내용이었다. 이를 본 어
느 유명한 문인이 '이런 정강을 가지고는 전지전능한 하느님
이라도 당선될 수 없을 것'이라고 비꼴 정도였다.

그러나 그들은 밀의 전제 조건을 다 들어주었다. 그래서
밀은 선거 역사상 전무후무한 새 기원을 세우며 선거 운동에
들어갔다. 대중 집회에 참석해서도 같은 주장을 되풀이했다.
다만 자신의 종교적 견해에 대해서는 처음부터 답변을 하지
않겠다고 못을 박았다. 밀은 언젠가 '영국의 노동자 계급이

다른 나라 사람보다 조금 낫기는 해도 그래도 거짓말쟁이인 것은 분명하다'고 말한 적이 있었다. 노동자들이 많이 모인 집회에서 상대편 사람이 그것이 진심이냐고 물었다. 밀은 즉석에서 "그렇게 말했다I did"고 대답했다. 그러자 우렁찬 박수갈채가 쏟아졌다. 노동자들은 그의 솔직한 태도를 보고 오히려 신뢰감을 느낀 것이다.

밀은 웨스트민스터 선거구에서 4,534표를 얻어 당선되었다. 같은 자유당 출신의 차점자보다 아홉 표를 더 얻은 것이다. 그는 의회에 진출한 뒤에도, 자신의 원칙에 따라 의정 활동을 활발하게 펼쳤다. 좌파 쪽 인사들까지 그에 대해 후한 평가를 내릴 정도였다.

그러나 1868년 선거에서 밀은 낙선하고 말았다. 당시는 금권 부정 선거가 절정에 달한 때여서 '기적'은 두 번 다시 일어나지 않았던 것이다. 그러자 여러 지방 선거구에서 다시 출마해달라는 요청이 밀려들었다. 그러나 설령 자기 소신대로 해서 당선될 수 있다 하더라도, 밀은 야인으로 되돌아가고 싶은 생각을 이길 수 없었다. 결국 밀의 정치인으로서의 삶은 여기서 끝이 났으며, 그는 프랑스로 건너간 뒤 영국에는 거의 발길을 끊다시피 했다.

4. 주요 저술

밀은 무수히 많은 저술을 남겼지만 결코 '전업 작가'의 여유를 누렸던 것은 아니다. 52세의 나이로 퇴직할 때까지 그는 오직 퇴근 후 여가 시간이나 주말, 그리고 휴가를 이용해서 글을 쓸 수 있을 뿐이었다.[62]

밀이 맨 처음 이론적 논문을 쓴 것은 1822년 여름이었다. 이때 16세 소년 밀은 귀족주의적 편견에 대해 맹렬한 공격을 퍼부었다. 그가 처음으로 저술 활동에 관여한 것은 벤담을 도와 다섯 권짜리 《법적 증거의 합리적 근거*Rationale of Judicial Evidence*》를 출간하면서였다. 1824년 벤담은 이 책의 원고를 밀에게 읽어보고 손을 봐달라고 부탁했다. 밀은 1년 정도 몰두해서 그 원고를 고쳐나갔다. 이 책이 나오자, '대가' 벤담은 자신의 이름 옆에 나란히 '편찬자' 밀의 이름도 넣어주었다.

밀은 1838년 최초의 주요 저서인 《논리학 체계*A System of Logic*》를 쓰기 시작했다. 1843년 두 권으로 나온 이 책은 예상 밖의 성공을 거두어 밀 생전에 7판이나 찍게 되었다. 그다음 주요 저서인 《정치경제학 원리*Principles of Political Economy*》는 1845년에 쓰기 시작해서 1847년에 끝이 나 이듬해에 출판되었다. 두 권 분량으로 나온 이 책 역시 대성공을 거두어서 밀은 1871년 7번째의 수정판을 냈다. 이 책은 밀 자신이 보아도 기념비적인 책이었다. 왜냐하면 부인 테일러와의 합작이 최초로 결실을 거두었기 때문이다.

밀의 정치학 서적이 출간된 것은 그가 여러 권의 저서를 내어 이미 철학자로서 명성을 얻고 난 뒤이다. 이 책들은 테일러가 생존해 있을 때 그녀와의 토론을 통해 다듬어진 것들이었지만, 실제 출판된 것은 그녀가 세상을 떠난 뒤의 일이었다. 밀의 저서 가운데 가장 널리 알려진《자유론》은 1859년에 출판되었다. 2년 뒤에는 그가 심혈을 기울인《대의제 정부에 대한 고찰 Considerations on Representative Government》이 출판되었다. 밀은 이 책에서 민주주의가 '가장 이상적인 정부 형태'라고 전제하면서도 대중 민주정치 popular government 의 문제점을 예리하게 비판했다.

이후 밀의 관심은 사회윤리 쪽으로 집중된다. 1863년에 출간된《공리주의 Utilitarianism》는 질적 · 양적 쾌락을 구분함으로써 공리주의 윤리학을 좀 더 원숙한 경지로 끌어올린 것으로 유명하다. 1869년에 나온《여성의 종속 The Subjection of Women》은 여성의 평등을 주장해온 밀의 생각을 잘 담고 있다. 두 권의 작은 책자,《종교에 대하여 Three Essays on Religion : Nature, the Utility of Religion, and Theism》(1874)와《사회주의에 대하여 Chapters on Socialism》(1879)는 사후에 출간되었다.

5. 《자유론》 읽기

많은 사람들이 밀의《자유론》을 극단적인 개인주의에 바탕을 둔 자유주의의 교본으로 간주하곤 한다. 사실 밀의 사상은 '절대 진리에 대한 회의'에 바탕을 두고 있다. 따라서 벌린Isaiah Berlin이 '부분적 진리'에서 출발하는 소극적 자유 negative freedom의 원조로서 그를 지목하는 것도 무리가 아니다. 나아가 밀을 시장 자본주의를 예찬한 이론가로 규정하는 것도 크게 틀리지는 않다. 개별성과 자유의 기본 원칙을 거듭 강조하는 밀에게 주목하다 보면 그렇게 생각하지 않을 수 없다.

그러나 밀은 결코 단순한 사상가가 아니다. 그는 자유의 아름다움을 노래하는 한편, 인간이 걸어가지 않으면 안 될 바람직한 삶의 모습에 대해서도 진지하게 고민한다. 물론 절대 진리를 말하지는 않는다. 그러나 진리의 큰 테두리, 방향에 대해서는 확고한 입장을 취한다. 따라서 밀을 소극적인 자유론자로 단순화하는 것은 옳지 않다. 그를 사회주의와 대칭선상에 놓는 것은 더구나 옳지 않다. 밀을 '자유 사회주의자liberal socialist'로 부르고 싶어 하는 사람이 많다는 사실을 잊지 말아야 한다.

이런 전제 아래 다음 몇 가지를 간략하게 논의해보자.

(1) 다수의 횡포, 고사 위기의 개별성

《자유론》의 문제의식은 '자유의 기본 원칙one very simple principle'에 압축되어 있다. 사람은 각자 최대한 자유를 누릴 수 있어야 한다. 그러나 단 한 가지 경우에는 개인의 자유가 유보될 수밖에 없다. 오직 하나의 예외적 상황, 그것은 바로 '다른 사람에게 해harm를 끼치게 될 때'이다. 이때는 개인의 자유가 구속되는 것을 피할 도리가 없다. 밀은 이 경우만 빼면 개인의 자유는 '절대적으로' 보장되어야 한다는 사실을 거듭 역설하고 있다.

이런 생각은 사상의 자유를 존중하지 않으면 안 되는 이유를 설명하는 대목에서 감동적인 아름다움으로 다가온다. 밀은 "전체 인류 가운데 단 한 사람이 다른 생각을 한다고 해서, 그 사람에게 침묵을 강요하는 일은 옳지 못하다"고 주장한다. 그것은 "마치 어떤 한 사람이 자기와 생각이 다르다고 나머지 사람 전부에게 침묵을 강요하는 것만큼이나 용납될 수 없"다. 그러면서 그는 사상의 자유를 억압하는 것이 현재 세대뿐만 아니라 미래의 인류에게까지―그 의견에 찬성하는 사람은 물론이고 반대하는 사람에게까지―강도질하는 것과 마찬가지라고 말한다.

왜 그런가? 만일 그 의견이 옳다면, 그런 행위는 잘못을 드러내고 진리를 찾을 기회를 박탈하는 것이기 때문이다. 그러나 밀의 진면목은 그다음에 나타난다. 설령 잘못된 의견이라 해도 그것을 억압하면 안 된다고 힘주어 말하고 있기 때문이다. 그렇게 되면 틀린 의견과 옳은 것을 대비함으로써 진리를 더 생생하고 명확하게 드러낼 수 있는 대단히 소중한 기회를 놓치고 만다는 것이 밀의 생각이다.

밀이 이처럼 사상과 출판을 포함한 개인의 자유를 강력하게 옹호하고 나서는 이유는 '현대 사회의 숙명'에 대한 그의 비관적 조망 때문이다. 대량 생산, 대중교통, 대중 교육은 사회 전체를 하나로 만들 수밖에 없다. 이런 상황 속에서는 인간을 인간답게 만드는 핵심 요소이면서 참된 행복을 위해 빼놓을 수 없는 개별성individuality이 설 자리를 잃을 수밖에 없다.

밀은 이런 현상에 대해 비상한 위기감을 느낀다. "인간은 본성상 모형대로 찍어내고 그것이 시키는 대로 따라 하는 기계가 아니다. 그보다는 생명을 불어넣어주는 내면의 힘에 따라 온 사방으로 스스로 자라고 발전하려 하는 나무와 같은 존재이다."

따라서 높은 사람이라고 또는 뛰어나게 똑똑한 사람이라고 무비판적으로 모방하며 살아야 할 이유도 없고, 또 그렇게 해서도 안 된다. 누구든지 최소한any tolerable amount의 상식과 경험만 있다면, 자신의 삶을 자기 방식대로 설정하는 것이 가장 바람직하다. 그 방식 자체가 최선이기 때문에 그런 것은 아니다. 오히려 자기 방식대로 살다 보면 손해를 보거나 실패할 때도 있다. 밀은 그래도 그렇게 살아야 한다고 강조한다. 자기 방식대로 사는 것 이상 더 중요한 것은 없기 때문이다.

밀이 자유를 강조하는 것은 바로 이 개별성 때문이다. 각자가 자신의 생각과 취향에 따라 자유롭게 살 수 있어야 개별성이 진정 발휘될 수 있다. 그래야 참된 행복을 누릴 수 있는 것이다. 그러나 '현대 사회'는 여러 측면에서 개별성을 위협한다. 밀은 특히 다수가 여론과 관습을 앞세워 '비주류'가 활동할 수 있는 공간을 폐쇄하려 드는 경향에 대해 심각하게 고민한다. 뿐만 아니라 이 '다수의 횡포'는 수많은 다른 형태의 정치적 탄압보다 훨씬 더 가공할 위력을 발휘한다.

개인의 사사로운 삶 구석구석에 침투해, 마침내 그 영혼까지 통제하면서 도저히 빠져나갈 틈을 주지 않기 때문이다. …… 사회는 이런 방법을 통해 다수의 삶의 방식과 일치하지 않는 그 어떤 개별성도 발전하지 못하도록 방해한다. 그리고 할 수만 있다면 아예 그 싹조차 트지 못하게 막으면서, 급기야는 모든 사람의 성격이나 개성을 사회의 표준에 맞도록 획일화하려고 한다.

밀은 '개별성에 대해 대단히 적대적인 환경'을 극복할 마땅한 방법이 없는 현실을 크게 고민한다. 그러면서도 사람들을 아직 완벽하게 하나로 묶지 못하고 있는 지금이야말로 개별성의 중요성을 환기할 수 있는 마지막 기회임을 역설한다. 우리 삶이 하나의 획일적인 형태로 굳어지기 전에 그것을 뒤집어야 한다는 것이다. 밀의《자유론》은 이런 절박한 심경에서 씌어졌다.

(2) 사회성과 개별성[63]

밀이 개별성이 약해지는 것을 우려하지만 그렇다고 사회성sociality을 등한시하지 않았다는 것, 아니 그에 못지않게 강조했다는 사실을 잊어서는 안 된다. 밀의 사상 가운데 특별히 주목을 끄는 것은, 그가 사회와 개인의 관계를 대립적인 시각에서 파악하지 않았다는 점이다. 밀은 '자유 사회주의자'로 불리는 사상가이다. 그는 개별성의 보존과 더불어 인간이 사회 속에서 타인과 조화를 이루며 살아가지 않으면 안 되는 당위성을 함께 강조했다. 인간이 본성적으로 사회적 존재라는 점을 전제하고서, 개별성을 발휘하지 않으면 안 될 이유를 설명한 밀이었다.

밀은 사람이 사회적 감정social feeling을 타고난다고 생각한다. 사람이면 누구나 다 자연적으로 품게 되는 생각이나 느낌이 바로 사회적 감정이라는 것이다. 첫째, 인간은 이웃이나 동료와 일체감unity을 느낀다. 서로가 하나 되고자 하는 욕구를 가지고 있는 것이다. 둘째, 인간은 서로 협력cooperation

하며 살아가는 존재이다. 그래서 밀은 인간 문명의 발달을 측정할 수 있는 기준으로 사회 협력 정도를 꼽는 것을 주저하지 않는다. 셋째, 인간은 이기적인 존재가 아니다. 공동의 이해collective interest를 위해 헌신할 수 있는 존재가 바로 인간이다.

밀의 사회성 개념은 바로 이 사회적 감정을 토대로 해서 형성되었다. 사회성은 크게 보아 두 요소를 안고 있다. 첫째, 사람은 사회 속에서 살지 않으면 안 된다. 다른 사람과 사회적 관계를 맺지 않고는 살아나갈 수가 없다. 이는 비단 물리적 도움의 필요성만 이야기하는 것이 아니다. 좀 더 중요한 것은 인간이 정신적으로 성장하기 위해 사회의 도움이 필수 불가결하다는 점이다. 사람은 사회를 통해 배우고 듣고 느끼게 된다. 따라서 사회를 떠나서는 사람이 사람 구실을 할 수가 없다.

사회성은 또한 사람이 이기심을 억누르고 타인의 존재에 대해 동정과 관심을 보내야 할 이유를 설정한다. 왜 사람이 도덕 생활을 해야 하고 왜 봉사 정신을 길러야 하는가? 전통적인 공리주의 논리에 따르자면, 그렇게 하는 것이 궁극적으로 자기에게 이익이 되기 때문이다. 밀은 이 논리에 만족하지 못한다. 사람은 타고나기를, 남에게 좋은 일을 하고자 한다. 그렇게 할 때 기쁨을 느낀다. 그리고 이런 선한 생활을 되풀이하면서 인간은 성숙해진다. 이기심의 울타리를 뛰어넘음으로써 사람의 정신과 도덕심이 발전하게 된다. 밀은 이러한 논리 체계에 공리주의 도덕률이라는 이름을 붙였다.

따라서 사회성은 남과 더불어 협력하며 살고 싶어 하는 사람의 본성과 그렇게 살아야 할 당위성을 함께 포괄한 것이다. 개별성이 기본적으로 '타인으로부터의 자유 또는 고립'을 요구한다면, 사회성은 '이웃으로의 진입 또는 상호 왕래'를 강조한다. 밀이 고전적 자유주의자나 전통적 사회주의자와 구분되는 점은, 그가 이 개별성과 사회성의 동시 발양發揚을 염두에 두고 있다는 사실이다.

밀은 당시 사회가 뿌리 깊은 이기심에 의해 멍들어 있다고 보았다. 사회적 감정은 아주 미미해졌고, 따라서 자기 가족 이외의 상대방에게는 거리감을 느끼게 되었다. 거대화, 복잡화로 치닫는 현대 사회의 특성 또한 사회성을 약화시켰다. 고대의 소규모 국가에서는 사람들이 공공 문제에 관심을 두고 헌신할 수 있는 여건이 마련되어 있었다. 그러나 이제는 그러한 환경이나 기회가 급격히 사라졌고 그 결과 이기심이 기승을 부리게 되었다.

그러나 밀은 그의 말년에 《자서전》을 쓰면서 특유의 낙관론을 선명하게 개진한다. 인간의 천성이 본래 그런 것은 아니다. 나면서부터 죽을 때까지, 그리고 아침부터 밤늦게까지 개인의 이익만 좇는 사회 제도에 물들어서 그럴 뿐이다. 사회가 바뀌고 교육이 인간의 정신을 적절하게 순화하면 이기심의 굴레를 벗어날 수 있다. 지금 존재하는 모든 제도와 질서라는 것은 '단순히 일시적인 것'이며 결코 영구불변의 고정변수가 아니다.

나아가 밀은 지금처럼 사회 상태가 이상적인 모습과 거리가 먼 경우에도 사람들 사이의 사회적 감정이 이익의 다툼을 해소하는 데 모자람이 없을 만큼 충분히 강력하다고 믿는다. 주위 사람과 하나가 되고자 하는 바람은 이미 인간의 본성 속에 굳건히 자리를 잡고 있거니와, 다행스럽게도 특별히 그 심성을 고양하려는 노력이 없어도 점점 강해지고 있다는 것이다. 요컨대 문명이 발전하면서 공동의 이익, 사회적 감정, 동정심에 대한 고려도 함께 커진다. 사람이 자연스러워지는 것과 비례하여 이익의 대립은 사라지고 일체감이 자리 잡게 된다.

그래서 밀은 '사람이 각자를 사회적 존재로 분명히 인식하고 있기 때문에 다른 사람의 감정이나 목표를 자기 자신의 것과 조화시키는 데 대한 욕구가 자연스럽게 생겨난다'고 말한다. 물론 현재로는 사회적 감정보다는 이기적 욕구에 더 많이 휩싸일 수 있다. 그러나 사회적 감정의 정도가 어느 수준에 있든지, 그 사회적 감정은 자연스러운 것이다. 따라서 환경만 적절히 바뀌면, 사회적 감정이 본래의 진가를 어렵지 않게 발휘할 수 있으리라는 것이 밀의 믿음이다.

《자유론》은 이런 배경 아래 씌어졌다. 인간은 개별성과 사회성이라는 두 날개를 가지고 살아야 참된 행복을 누릴 수 있다. 현재 자본주의 사회의 병폐로 인해 사회성이 다소 훼손되고 있기는 하지만 전체적으로 볼 때 그렇게 염려할 정도는 아니다. 그러나 개별성은 상황이 다르다. 현대 사회의 속성상 개별성의 입지는 하루가 다르게 위축되고 있다. 뿐만 아니라 개별성은 그 본질상 한번 훼손되면 재생시키기가 매우 어렵다. 개별성의 중요성에 대한 생각이 아예 말라버리기전에, 이미 늦었다고 생각되는 지금이라도 서둘러야 한다.

《자유론》의 바탕에 깔려 있는 것은 이런 문제의식이었다. 상황이 이러하니 개인의 자유와 개별성을 강조하는 데 주력할 수밖에 없었다. 그를 개인주의자요 극단적인 자유주의자로 오해할 소지가 충분한 것이다. 그러나 밀의 사상 속에서 사회성은 개별성 못지않은 위치를 차지하고 있다. 인간의 행복, 즉 자기 발전은 개별성과 사회성의 조화로운 개화 위에서 가능하다. 그가 '자유 사회주의'를 주창한 이유는 바로 여기에 있다.

(3) 방향이 있는 자유[64]

밀의 《자유론》은 1859년에 처음 출간되었다. 밀의 사회철학을 집약한 《공리주의》는 그보다 2년 뒤인 1861년에 완성되었다. 책으로 나온 것은 1863년의 일이다. 불과 몇 년의 시차를 두고 집필되었지만, 두 책 사이에는 만만찮은 간격이 있는 것처럼 보인다.

《자유론》의 표지는 "인간의 삶에서 각자가 최대한 다양하게 자신의 삶을 도모하는 것 이상으로 더 중요한 것은 없다"는 말로 시작한다. 사람은 각자 나름의 방식대로 자신의 삶을 꾸려나가야 한다. 자기 식대로 사는 것, 밀은 이것을 자유라고 규정한다. 그러면서 밀은 자유의 '절대적 중요성'을 되풀이해서 강조한다. 자유가 도대체 무엇이기에 그가 '절대'라는 말까지 동원해가며 그 중요성을 옹호하는 것일까?

밀은 우선 기능론적 차원에서 자유의 소중함을 강조한다. 효용을 증대하는 데 자유가 필요하다는 것이다. 자유가 온전히 주어져야 각자가 자신의 이익을 최대한 달성할 수 있다. 어느 누구도 당사자보다 더 자신의 이익을 염려할 수는 없다. 또 자신보다도 더 자기 자신에 대해 잘 아는 사람도 없다. 대부분의 '보통' 남자와 여자라면, 자기 자신의 감정과 자신이 놓인 환경에 대해 어느 누구보다도 더 정확하게 판단할 능력을 지니고 있다. 따라서 자유는 절대적으로 주어져야 한다. 이것이 자유주의를 관통하는 기본 정신이다. 각자에게 맡겨두고 간섭하지 않는 것이 자신을 위해서나 사회를 위해서나 최선의 결과를 낳는다는 생각이 밀의 《자유론》에서도 그대로 드러난다.

그러나 밀은 동시에 전혀 다른 차원에서 자유의 소중함을 역설한다. 자유가 수단이 아니라 목적 그 자체라는 논리를 펴고 있는 것이다. 각자가 자기 취향과 목표에 따라, 그리고 자신의 성격에 맞게 자기 삶을 설계하고 꾸려나가는 것이 중요하다. 남에게 해를 주지만 않는다면, 자유란 곧 각자가 원하는 바를 자기 방식대로 추구하는 것 그 자체이다.

여기에서 밀은 반드시 자기 자신에게 최대한 이익을 줄 것이기 때문에, 다시 말해 좋은 결과를 낳을 것이기 때문에 자유가 보장되어야 한다고는 말하지 않는다. 설령 결과가 좋지 못하다 해도 자유는 소중하다는 것이다. 결과와 관계없이 각 개인이 자기가 원하는 대로, 자기 삶의 방식대로 살아가는 것이 인간에게는 그 무엇보다 중요하다는 생각이다. 그래서 밀은 다음과 같이 말한다. "자신의 삶을 자기 방식대로 살아가는 것이 가장 바람직하다. 그 방식 자체가 최선이기 때문이 아니다. 그보다는 자기 방식대로 사는 길이기 때문에 바람직하다는 것이다."

자유가 왜 소중한가? 그것은 행복한 삶을 위한 근본 요소이기 때문이다. 자유, 즉 개별성의 발현이 전제되지 않은 행복이란 생각할 수도 없다. 이처럼 밀의 《자유론》은 자유의 합목적적 가치를 규명하고 역설하는 데 초점을 맞추고 있다. 자유란 단순히 수단적·기능적 차원에서 소중한 것이 아니다. 행복을 구성하는 본질적 요소이기 때문에 그 자체로서 소중한 것이다. 자유가 '절대적으로' 보호되어야 할 이유가 여기에 있다.

이런 생각에서 밀은 '남을 위해 그 사람의 자유를 구속하려 드는 것'을 철저하게 배격한다. 신체적 또는 도덕적 이익을 위한다는 명분 아래 당사자의 자유를 침해해서는 안 된다는 것이다. 다시 말해 당사자에게 도움이 되고 더 행복하게 만들어줄 것이라고 해서, 또는 다른 사람들의 눈에 그렇게 하는 것이 현명하거나 옳은 일로 여겨진다고 해서 당사자의 의사에 반해 강제를 행하는 것은 결코 정당화될 수 없다. 당사자에게만 관계되는 일이라면 그 자신에게 전적인 자유가 주어져야 한다는 것이다. 자기 자신의 정신과 육체에 관한 한 본인이 절대적 주권자나 다름없기 때문이다.

물론 어떤 사람이 타인의 충고나 경고를 따르지 않음으로써 실수를 범하거나 낭패를 볼 수도 있다. 그러나 설령 그러한 실수로 인해 좋지 못한 결과가 나온다 하더라도, 타인이 그 사람에게 좋은 일을 해준다고 하는 생각에서 자유를 박탈할 때 야기되는 손해와는 비교가 되지 않는다는 것이 밀의 한결같은 생각이다.

이처럼 《자유론》은 결과보다 과정을 더 중요시한다. 어떤 사람에게 좋은 일이라고 해서 당사자의 의사를 무시하거나 자유를 빼앗는 것은 용납될 수 없는 일이다. 그래서 《자유론》은 내 방식대로의 삶, 즉 자유 그 자체의 소중함을 역설하는 기조 위에서 전개된다.

만약 밀의 《자유론》이 '자유 그 자체'만 강조했다면 이야기는 한결 쉽게 끝났을 것이다. 대신《자유론》과 그 밖의 다른 책들이 특별히 구분되어야 할 이유도 없을 것이다. 그러나 밀은 단순한 사람이 아니다. 그의 자유론도 그리 단순하지가 않다.《자유론》을 두고두고 곱씹으며 읽어야 하는 이유도 바로 이 '단순하지 않음'에 있는지 모른다.

왜《자유론》이 단순하지 않은가? 그것은 밀이 자유 그 자체의 절대적 소중함을 역설하는 한편, 자유가 통제되어야 마땅할 이런저런 상황에 대해서도 고민하고 있기 때문이다. 자유란 각자가 자기 방식대로 자신의 개별성을 '거리낌 없이' 발휘하는 것인가? 다시 말하면, '마음 내키는 대로' 사는 것이 자유인가? 밀은 그렇게 생각하지 않는다. 사람은 누구나 자신의 고유한 가치관과 감정, 그리고 나름의 목적에 따라 살아가야 한다. 그러나 그 자유는 일정한 방향 아래 향유되는 것이 바람직하다. 그 틀 속에서 자유를 추구해야 한다. 방향이 없는 무원칙한 자유까지도 개별성이라는 이름으로 옹호될 수는 없다는 것이다.

이런 점에서《공리주의》를 주목해야 한다. 여기서 밀은 공리주의에 입각한 가치의 실현을 더 강조하고 있기 때문이다. 밀은 효용이 모든 윤리적 문제의 궁극적 기준ultimate appeal이 된다고 생각한다. 그러면서 효용을 '진보하는 존재progressive being로서 인간의 항구적인 이익에 기반을 둔 가장 넓은 의미의 개념'으로 규정한다. 그는 다음과 같이 말한다. "우리 삶에서 각자를 인간이 이를 수 있는 최선의 상태에 최대한 가깝게 끌어올리는 것 이상으로 더 중요하거나 더 좋은 것이 무엇이겠는가? 반대로 이를 가로막는 것 이상으로 더 나쁜 일이 무엇이겠는가?"

밀은 공리주의를 통해 가치 문제와 관련된 제1원리를 확립할 수 있다고 굳게 믿었다. 이 기준에 따르면, 자유의 기본 원칙이란 공리주의의 전제 위에서 파생된 제2원리의 성격을 띤 것에 지나지 않는다. 효용을 증대하지 않는 자유란 의미가 없다. 결국 공리주의를 고수하게 되면 자유의 기본 원칙은 뒤로 밀리고 만다. 공리주의를 엄격하게 적용하면 자유 그 자체, 즉 설령 결과가 좋지 못하다 해도 자기 자신의 선택을 더 귀하게 여겼던 《자유론》의 기조는 상당 부분 퇴색되고 만다. 몇몇 구절을 더 살펴보자.

밀은 '다른 사람에게 영향을 끼치는 행위'와 '자기 자신에게만 관계되는 행위'를 구분한다. 그러면서 남에게 해를 주게 될 때는 절대적 자유를 허용할 수 없다고 말한다. 반면 후자, 즉 '순전히 나에게만 영향을 끼치는 행위'의 경우 각 개인은 자기의 삶에 대해 '절대적 주권'을 누려야 한다. 아무리 좋은 의도가 전제된다 하더라도 본인의 의사를 무시한 간섭은 허용될 수 없다. '자유의 기본 원칙'은 이렇게 간단한 명제 위에 서 있다.

그러나 그는 《자유론》에서 '폭탄적'인 발언을 한다. 자유는 아무나 향유할 수 있는 것이 아니라고 주장하기 때문이다. 자신의 기본 원칙이 자유를 '누릴 만한' 사람에게만 적용되는 것이라는 점을 분명히 밝히고 있는 것이다.

이 원리가 정신적으로 성숙한 사람에게만 적용될 수 있다는 사실을 굳이 부연할 필요는 없을 것이다. …… 아직 다른 사람의 보호를 받아야 할 처지에 있는 사람들은 외부의 위험 못지않게 자신의 행동에 따른 결과로부터도 보호받아야 마땅하다. 같은 이유에서 미개 사회에 사는 사람들도 이 대상에서 제외하는 것이 좋다. 왜냐하면 그런 사회에 사는 사람들은 아직 미성년자인 것으로 보아도 무방하기 때문이다. …… 미개인들을 개명시킬 목적에서 그 목적을 실제 달성하는 데 적합한 수단을 쓴다면, 이런 사회에서는 독재despotism가 정당한 통치 기술이 될 수도 있다. 우리가 여기에서 검토하고 있는 자유의 원리는 인류가 자유롭고 평등한 토론을 통해 진보를 이룩할 수 있는 시대에나 성립되지, 그런 때에 이르지 못한 상태에서는 생각할 수 없는 것이다.

결국 밀은 자유를 누릴 자격이 모자라는 사람에 대해서는 '선의의 독재good despotism'를 휘두르는 것이 정당하고 또 그래야 한다고 생각하는 것이다.[65]
밀이 자유 그 자체의 소중함을 강조하면서 동시에 자유의 조건에 관심을 보이는 이유는 무엇인가? 대부분의 보통 사람에 대한 신뢰와 소수의 미성년자에 대한 염려, 서로 상반되는 듯한 이 현상 속에 하나의 공통된 문제의식이 흐르고 있다. 자유에는 방향이 있어야 한다는 믿음이 바로 그것이다. 기분 내키는 대로 사는 것이 결코 개별성을 발휘하는 것이라고 볼 수는 없다. 자유 그 자체가 소중하다고 해서 원칙을 도외시하는 것까지 정당화될 수는 없다. 밀의 사상 전반에 걸쳐 일정한 방향의 가치관이 흐르고 있다는 사실에 주목해야 한다. 사람이 어떻게 사는 것이 좋은가 하는 문제에 대해 밀은 분명한 방향을 제시하고 있다. 자유가 소중한 것은 바로 그 '좋은 삶'을 위해서이다. 밀은 자유 그 자체를 소중히 여기고 있기는 하지만, 엄밀히 말하면 방향이나 원칙 없는 자유를 제창하는 것은 아니다. 좋은 삶을 추구하기 위한 방향의 틀 안에서 자유가 마음껏 구가되어야 한다고 주장하기 때문이다.

밀은 좀 더 구체적인 예를 들어 자유의 원리를 설명한다. 곧 무너져 내릴 가능성이 있는 다리를 어떤 사람이 잘 모르고 건너려 한다고 치자. 이 경우 그 사람에게 다리의 상태를 미리 설명해줄 시간적인 여유가 없다면 어떻게 해야 하는가? 밀의 생각에 따르면, 그 사람을 강제로 가로막는 것이 자유의 원리에 부합된다. 그렇게 하는 것이 자유를 침해하는 것이 아니라고 보기 때문이다.

어째서 그럴까? '자유란 자신이 원하는 바를 하는 것'이기 때문이다. 다리가 무너져서 강물에 빠지는 것을 원할 사람은 없기 때문이다. 이 대목에서 '자기가 원하는 것desire'이라는 표현에 주목할 필요가 있다. 이때 '원한다'는 것은 아무런 방향 없이 '마음대로 하는 것'을 의미하지 않는다. 나무는 자신의 생존을 위해 땅속에서 마음껏 뿌리를 뻗어나갈 자유를 요구한다. 인간도 자신의 생명 원리가 지시하는 바대로 살아야 한다. 무엇이 생명 원리인가? 벤담이 말하는 쾌락이 그 귀결점인가? 아니다. 밀은 '자기 발전self-development'이라는 목적론적 가치가 인간의 생명 원리를 구성한다고 역설한다. 그렇다면 각자가 원하는 것은 '진정' 자신의 발전을 추구하는 것이다.

밀은 벤담의 공리주의를 세차게 비판한다. 벤담은 쾌락과 고통이라는 기준에 입각하여 효용을 측정하고자 했다. 그래서 효용이 높으면 좋은 것, 즉 인간을 행복하게 만드는 것이라고 상정했다. 벤담은 압정pushpin이나 러시아 시인 푸시킨Aleksandr Pushkin이나 개인의 주관적 상황과 가치 선호에 따라 선택될 수 있을 뿐, 그 둘 사이에 질적 차이는 없다고 말했다.

그러나 밀이 볼 때, 어떤 경우에도 시인이 우선적 가치를 지닌다. 개인의 주관적 판단에 관계없이 가치 사이에는 객관적으로 그 우열이 매겨져 있다는 것이다. 벤담은 인간의 삶을 좌우하는 고통과 쾌락을 물질적 욕구의 충족이라는 잣대에 따라 규정했다. 인간을 본질적으로 소비적 욕구에 따라 움직이는 존재infinite consumer로 파악하기 때문이다. 그러나 밀은 물질적 쾌락을 쾌락의 전부로 착각하는 것은 '돼지 철학doctrine of swine'의 소산일 뿐이라는 점을 분명히 밝힌다. 쾌락은 양보다 질이 더 중요하다. 물질과 육체적 쾌락보다는 정신적 쾌락이 본질적으로 더 앞선다. 그래서 밀은 '배부른 돼지보다는 고민하는 소크라테스'를 인간이 추구해야 할 전범으로 삼았다. 물질보다 정신적 만족을 우선시하는 터전 위에서 밀은 지적·감정적·도덕적 자기 발전을 행복의 기준으로 설정했다.

밀은 자신의 이러한 생각이 '보편성'을 띨 수 있다고 믿었다. 선택의 대상이 되는 가치들에 대해 충분한 경험과 지식을 갖춘 사람이라면 예외 없이 자기 발전과 부합되는 방향을 추구할 것이다. 인간의 본성이 원래 그렇다. 이것은 경험에 의해 확증되는 사실이다. 따라서 인간에게 바람직한 객관적 가치를 도외시한 채 자기 방식 또는 멋대로 선택을 앞세운다면 이는 자유의 본질을 왜곡하는 것이다.

이런 생각에서 밀은 《논리학 체계》에서 "오직 완전한 덕, 이를테면 사려 깊음, 절제, 자기통제의 덕목을 갖춘 사람만이 진정으로 자유롭다는 것은 자명한 진실"이라고 주장한다. 《공리주의》에서는 '완전한 자유complete freedom'와 '고매한 덕confirmed virtue'이 같은 것이라고 말한다. '현명한 사람'이라면 당연히 '낮은 쾌락'보다는 '높은 쾌락'을 선택한다. 올바르게 선택하는 사람이 진실로 현명한 사람이다. 덕이 있고 현명한 사람은 올바르게 선택할 것이다. 이런 사람이 진정 자유롭다. 가치에는 객관적인 서열이 매겨져 있으며 이성의 지시에 따라 움직이는 자유만을 참된 자유로 간주해야 한다.

밀은 인간의 이성을 믿었다. 웬만한 상식과 경험을 지닌 사람이라면 올바른 선택을 할 것이다. 선택이 올바르다면, 다시 말해 인간에게 주어진 객관적 가치를 자신의 성정과 포부에 걸맞게 추구한다면, 그 결과는 좋을 수밖에 없다. 방향만 옳다면, 북한산을 오르는 구체적인 경로와 방법은 당사자의 선택에 맡겨야 하지 않겠는가? 단숨에 오를 수도 있지만, 사람에 따라서는 주변 경관을 완상해가며 쉬엄쉬엄 등반하는 것이 더 나을 수도 있다. 이것이 개별성이라고 하는 것이다. 방향을 전제한 자유, 이것이 밀의 생각이다.

1   밀John Stuart Mill의 부인 해리엇 테일러Harriet Taylor를 두고 하는 말
    이다. 테일러에 대해서는 해제를 참조하라.

2   미국을 말한다.

3   프랑스의 사상가 토크빌Alexis de Tocqueville이 자신의 명저《미국의
    민주주의De la démocratie en Amérique》에서 썼던 말이다. 밀은 토크빌
    의 책이 출판되자마자 장문의 서평을 써서 그의 문제의식에 공감을
    표시했다. 밀과 토크빌이 나눈 우정에 관해서는 서병훈,《위대한 정
    치 ― 밀과 토크빌, 시대의 부름에 답하다》(책세상, 2017), 191~230쪽
    참조.

4   신학적 증오는 종교적 차이 때문에 생기는 증오심을 말한다.

5   보편 교회는 전 세계 로마 가톨릭교회를 총칭한다.

6   교황 절대주의자는 가톨릭 신자를 낮춰 부르는 말이기도 하다.

7   유일신교는 기독교의 한 교파로, 예수의 신성神性을 부정하며 삼위
    일체론三位一體論을 믿지 않는다.

8   아크바르는 인도 무굴 제국의 제3대 황제(1542~1605)로 무굴 제국
    을 사실상 확립한 인물이다. 대제국의 건설자이면서 동시에 높은
    식견을 바탕으로 문화 창달을 위해서도 적극 노력했다. 이 점에서
    샤를마뉴와 비슷하다고 할 수 있다.

9 샤를마뉴는 카를 대제라고도 하며, 카롤링거 왕조의 제2대 프랑크 국왕(742~814)이다. 광대한 영토를 정복하여 서유럽의 정치적 통일을 달성한 뒤, 그 힘을 배경으로 로마 교황과 합력하여 서유럽을 종교적으로 통일하는 데도 성공했다. 로마 고전 문화의 부활을 장려하여 카롤링거 르네상스를 이룩했다.

10 콩트(1798~1857)는 프랑스의 철학자이자 사회학자이다. 밀은 한때 콩트를 우호적으로 평가했지만, 그가 여성에 대해 부정적인 편견을 품고 있고, 지나치게 경직된 사회적·종교적 체계를 이론화한다는 이유로 점차 비판적인 자세를 취하게 되었다. 콩트가 경제적으로 어려운 처지에 놓였을 때 밀이 그를 돕기 위해 나서기도 했다. 그러나 얼마 안 지나 후원 사업은 중단되었고, 콩트가 밀에게 그 책임을 돌리는 바람에 두 사람의 관계가 더욱 멀어지게 되었다. 서병훈, 《위대한 정치》, 60~64쪽 참조.

11 (저자주) 내가 이 부분을 쓰자마자 마치 그 내용을 정면으로 반박이라도 하듯이 '출판규제법Government Press Prosecution of 1858'이 제정되었다. 그러나 공개 토론의 자유에 대한 간섭을 허용한 이 잘못된 법 때문에 내가 영향 받은 것은 하나도 없다. 나는 이미 써놓은 글을 한 자도 고치지 않았다. 그리고 일시적으로 황망했던 순간을 제외하면, 영국에서 정치적 토론과 관련해서 고통을 주고 처벌을 하던 시대는 이미 지나갔다는 나의 믿음도 전혀 흔들리지 않았다. 우선 그런 사안에 대해 처벌한 경우가 많지 않다. 그리고 그 처벌도 엄격한 의미의 정치적 처벌이 결코 아니었다. 문제는 정치 체제나 권력자의 행태 또는 측근들에 관한 비판이 아니라 폭군 살해를 정당화하는 비도덕적 주장을 유포한다는 것이다.

이 장에서 내가 말하려는 것이 최소한의 의미를 지니려면, 아무리 비도덕적인 것처럼 보이는 주장이라 해도, 윤리적 확신을 가진 사람이 그것에 대해 문제를 제기하고 토론할 수 있는 자유는 최대한 보장되어야 한다. 폭군 살해론이 그럴듯한 이름값을 하는지 여기에서 따져보는 것은 적절하지도 않고 자리에 맞지도 않다. 나는 그저 이 문제를 둘러싼 논란이 지금까지 도덕 철학의 큰 질문거리 가운데 하나였다는 사실을 밝혀두는 것으로 만족하고자 한다. 그리고 법 위에 군림하면서 법적 처벌이나 통제를 벗어난 범죄자를 한 시민이 처단하는 사건에 대해 모든 사람들이, 게다가 일부 대단히 현명하고 뛰어난 사람들까지 범죄라기보다 오히려 고결한 덕행이라고 여기고 있으며, 옳건 그르건 그 사건을 살해가 아니라 내란이라는 측면에서 규정하려는 시도 때문에 논쟁이 지속되고 있음을 환기하는 것으로 그치고자 한다. 그러므로 폭군 살해를 부추기는 것은, 특정 상황에서 처벌 대상이 될 수도 있다고 생각한다. 그러나 이 경우에도 그런 언설 뒤에 행동이 실제로 일어났고, 또 그 둘 사이에 어느 정도 인과 관계가 성립해야 한다. 이런 조건이 다 갖추어졌다 해도 외국 정부가 개입할 일은 아니다. 그런 공격을 당한 당사자만이 합법적으로 처벌할 수 있는 것이다.

12 영국의 사상가 칼라일Thomas Carlyle이 한 말로, 밀은 원문의 '그리고 and'를 '하지만but'으로 바꿔 쓰고 있다. John Stuart Mill, *On Liberty*, Gertrude Himmelfarb (ed.)(Harmondsworth, Middlesex : Penguin Books, 1974) 참조. 밀이 옮긴 대로 하면, "신념은 사라졌지만, 회의주의에 대한 두려움이 넘쳐나는"이 되기 때문에 논리가 어색해진다.

13 원래 단테Alighieri Dante가 아리스토텔레스를 가리켜 한 말인데, 밀은 플라톤과 아리스토텔레스 두 사람을 지칭해서 쓰고 있다. Gertrude Himmelfarb (ed.), *On Liberty* 참조.

14 《소크라테스의 변론*Apologia*》은 플라톤이 쓴 대화편으로, 재판정에 선 소크라테스가 자신을 향한 정치적 공세에 맞서 철학적 변론을

당당하게 펼치는 모습을 생생하게 담고 있다.

15 대제사장 가야바Caiaphas를 말한다. 사람들에게 끌려온 예수를 향해 가야바는 "네가 하나님의 아들 그리스도인지 우리에게 말하라"고 다그쳤다. 이에 예수가 "네가 말하였느니라. 그러나 내가 너희에게 이르노니 이 후에 인자가 권능의 우편에 앉은 것과 하늘 구름을 타고 오는 것을 너희가 보리라"고 응답했다. 그러자 그는 "저가 참람한 말을 하였으니 어찌 더 증인을 요구하리요" 하며 자기 옷을 찢고 예수에게 사형 판결을 내렸다(〈마태복음〉 26장 63~66절을 참조하라).

16 초기 그리스도교 지도자 중 한 사람인 스데반Stephen을 말한다(〈사도행전〉 7장).

17 마르쿠스 아우렐리우스 안토니누스Marcus Aurelius Antoninus 황제는 로마 제국의 16대 황제(121~180)로 5현제賢帝 가운데 한 사람이다. 후기 스토아학파의 철학자이며《명상록Tōn eis heauton diblia》으로 유명하다.

18 《명상록》이 그 대표적인 글이다.

19 콘스탄티누스Constantinus 1세로 불리며, 로마 제국을 재통일하고 313년 밀라노 칙령을 통해 그리스도교 신앙을 공인했다.

20 존슨Samuel Johnson은 1709년 서점 주인의 아들로 태어나 학비 부족 때문에 옥스퍼드 대학을 중퇴했다. 그러나 훗날 문학사에 큰 업적을 남겨 '존슨 박사'라 불렸다. 존슨은 학자·문학가·시인이었을 뿐만 아니라, 'Talker Johnson'이라고도 불릴 만큼 담화의 명인이기도 했다. 그는 '권력자가 자기 뜻에 따라 박해를 가하는 것은 잘못된 일이 아니며, 신앙인은 그런 박해를 감수함으로써 자기가 믿는 진리를 입증할 수밖에 없다'고 주장했다. Gertrude Himmelfarb (ed.), *On Liberty* 참조.

21 로크리Locri는 기원전 683년 무렵 이오니아 해안 지역에 세워진 고

대 그리스의 도시 국가이며 그리스 본토의 로크리족과 구별하기 위해 로크리에피제피리라 불렸다. 660년경 잘레우코스Zaleucus가 만든 로크리법은 신생 국가의 무질서를 극복하기 위해 가혹한 처벌 규정을 둔 것으로 유명하다. Currin V. Shields (ed.), *On Liberty* 참조.

22 루터Martin Luther(1483~1546)는 독일의 성직자, 성서학자, 언어학자이다. 당시 교회의 부패를 공박한 95개 조항으로 프로테스탄트 개혁을 촉진했고 개신교 탄생의 밑거름이 되었다.

23 브레시아Brescia의 아르날도Arnoldo는 1155년에 처형당했다. 노바라 Novara의 프라 돌치노Fra Dolcino는 고문 끝에 1307년 죽음을 맞아야 했다. 사보나롤라Girolamo Savonarola는 1498년 목이 졸린 뒤 화형을 당했다. 알비주아Albigeois파는 로마 가톨릭교회에서 독립한 교회를 세우려다 13세기 중반 탄압을 받았다. 발도Vaudois파도 비슷한 처지 였지만 겨우 살아남아 개신교와 연결되었다. 세속화한 교회에 저항 했던 롤라드Lollards파도 참혹한 박해를 당했지만 일부는 살아남아 영국 개신교의 기초를 닦는 데 성공했다. 후스Hussites파의 지도자 인 후스Jan Hus는 화형을 당했다. Currin V. Shields (ed.), *On Liberty* 참조.

24 벨기에, 네덜란드 남부, 프랑스 북부에 걸쳐 있던 중세 국가이다.

25 메리 1세Mary I(1516~1558)는 가톨릭 부활에 힘쓴 나머지 성공회 주교 등 약 300명을 화형에 처했다. 그 때문에 후세에 '피의 메리 Bloody Mary'라고 불렸다. 엘리자베스 1세Elizabeth I(1533~1603)는 메리 1세의 재위 기간 동안 성공회에 대한 탄압을 피하기 위해 로마 가톨릭교회 신도로 위장하고 지내야 했다. 제위에 오른 뒤, 개신 교회와 로마 가톨릭교회 간의 균형을 꾀하는 중용 노선을 걸음으로써, 종교 문제로 혼란스러웠던 사회를 바로잡았다. 엘리자베스 1세 는 평생을 독신으로 지냈기 때문에 '처녀왕The Virgin Queen'이라 불

렸다.

26 (저자주) 1857년 7월 31일, 보드민 순회재판소에서 풀리Thomas Pooley
   라는 사람이 그런 형을 받았다. 그러나 그는 그해 12월 왕의 사면을
   받아 풀려났다.

27 (저자주) 1857년 8월 17일에는 홀리오크George Jacob Holyoake라는 사
   람이, 1857년 7월에는 트루러브Edward Truelove라는 사람이 배심원
   자격을 박탈당했다.

28 (저자주) 1857년 8월 4일, 말버러 가街의 경찰 법정에서 글라이헨
   Gleichen 남작이 이런 경우를 당했다.

29 (저자주) 오도된 사명감에 사로잡힌 사람이 박해에 앞장을 서게 되
   면 상황이 심각해질 수 있음을 잊어서는 안 된다. 특히 1857년 영
   국 동인도회사의 인도인 용병인 세포이가 영국의 식민 지배에 저항
   해 일으킨 항쟁의 경우, 영국 국민들의 국민성 가운데 가장 나쁜 부
   분이 함께 뒤섞여 표출되었다. 광신자들의 소행이나 교회의 협잡꾼
   들에 대해서는 구태여 언급할 필요가 없을 것이다. 그런데 저低교회
   파Evangelical Party, Low Church(영국 국교회, 즉 성공회 안의 자유주
   의적·프로테스탄트적 성향이 강한 사람들이 전개한 교회 운동으
   로, 고高교회, 광廣교회 노선과 대비된다. 복음주의를 내세워 주교
   직, 사제직, 성사聖事 등을 가벼이 여겼다─옮긴이)의 지도자들은
   힌두교도와 이슬람교도들을 겨냥해서, 성서를 가르치지 않는 학교
   에는 일절 공공 자금을 지원하지 않겠다고 선언했다. 이는 실제 그
   리스도교 신자이거나 적어도 겉으로라도 교회를 다니는 척하는 사
   람이 아니면 그 누구도 공공 기관에 취직할 수 없음을 뜻한다. 국무
   차관이라는 사람은 1857년 11월 12일 자신의 선거구 주민들을 상대
   로 행한 연설에서 다음과 같이 말했다. "영국 정부가 '그들의 신앙'
   (수억에 이르는 영국 신민들의 신앙)과 '그들이 종교라고 부르는 미

신'에 대해 관용을 베푼 것이 영국의 이름을 드높이는 것을 가로막았고 그리스도교의 영광된 전파도 방해했다. ······ 관용은 우리 나라가 종교의 자유를 발전시키는 데 결정적인 공헌을 했다. 그러나 그들이 관용이라는 신성한 이름을 함부로 남용하지 못하게 해야 한다." 그가 이해한 바에 따르면, 관용은 동일한 원천을 경배하는 그리스도교인들 모두에게 완전한 종교의 자유를 허용하는 것을 의미한다. 그것은 한 권능을 믿는 모든 그리스도교 교파와 종파에게 관용을 베푸는 것이다. 나는 언젠가 자유주의 정권에서 고위 관직을 차지할 것이 분명한 이런 양반이 그리스도의 신성을 믿지 않는 사람에게는 관용의 문을 열 수 없다며 독선을 고집하고 있는 사실에 관심을 기울이지 않으면 안 된다고 생각한다. 이런 바보 같은 짓이 지금도 벌어지고 있는데, 종교적 박해는 이제 완전히 사라졌고 다시는 그런 일이 벌어질 수 없다고 한다면 어느 누가 그 말을 믿겠는가?

30 괴테(1749~1832)는 독일의 시인, 극작가이다.

31 피히테(1762~1814)는 독일의 철학자이다.

32 플로지스톤은 산소를 발견하기 전까지 가연물可燃物 속에 존재한다고 믿어지던 것이다.

33 고대 그리스 최고의 웅변가로 꼽히는 데모스테네스Demosthenes(기원전 384~기원전 322)를 말한다.

34 키케로(기원전 106~기원전 43)는 고대 로마의 정치가이자 철학자, 변론가이다. 수사학의 대가로, 고전 라틴 산문의 창조자이면서 완성자로 불린다.

35 칼뱅(1509~1564)은 프랑스의 신학자이자 종교개혁가이다.

36 녹스(1514~1572)는 16세기 스코틀랜드의 종교개혁가이자 정치가이다.

37 흔히 루소의 역설 하면, 그의 《사회계약론Du Contrat social ou Principes

du droit politique》에 나오는 유명한 말인 "강제로 자유롭게 된다"를 연상하게 된다. 그러나 여기에서 밀이 말하는 루소의 역설은 "문명이 인간을 타락시키기 때문에 자연 상태의 인간이 더 우월하다"는 주장을 지칭한다. Gertrude Himmelfarb (ed.), *On Liberty* 참조.

38 훔볼트(1767~1835)는 독일의 언어철학자로 교육부 장관을 지냈으며 베를린 대학을 세웠다.

39 (저자주) 독일의 훔볼트 남작이 쓴《정부의 역할과 의무*The Sphere and Duties of Government*》, 11~13쪽.

40 이 부분이 밀의 생각을 압축적으로 잘 표현하고 있어 원문 그대로 읽어보는 것도 좋을 듯하다. "Human nature is not a machine to be built after a model, and set to do exactly the work prescribed for it, but a tree, which requires to grow and develop itself on all sides, according to the tendency of the inward forces which make it a living thing."

41 (저자주) 스털링John Sterling이 쓴《에세이*Essays*》에서〔스털링(1806~1844)은 영국의 작가이다―옮긴이〕.

42 알키비아데스(기원전 450?~기원전 404)는 고대 아테네의 정치가이자 군인이다. 펠로폰네소스 전쟁 때 스파르타 편에 서서 고국 아테네를 배신했지만, 결국 스파르타 첩자의 손에 암살당한다.

43 페리클레스(기원전 495?~기원전 429)는 아테네의 전성기를 구가하며 아테네 민주주의를 절정으로 이끈 정치가이다. 밀이 볼 때 녹스는 극단적으로 자기를 부정하고 통제하는 인물인 반면, 알키비아데스는 자의적恣意的인 열정과 욕심으로 뭉쳐 있었다. 이에 비해 페리클레스는 여러 덕을 함께 지닌 이상적인 사람으로 생각되었다. Gertrude Himmelfarb (ed.), *On Liberty* 참조.

44 17세기에 네덜란드가 스리랑카에 만든 길이 100킬로미터의 작은 운하.

45 이 대목도 원문을 그대로 옮겨본다. "If a person possesses any tolerable amount of common sense and experience, his own mode of laying out his existence is the best, not because it is the best in itself, but because it is his own mode."

46 (저자주) 정말 경멸스럽고 놀라운 일이 최근 들어 벌어지고 있다. 여차하면 누구든지 자신의 문제를 관리할 자격이 없다는 법적 판정을 받을 수 있게 되었다. 이를테면 어떤 사람의 재산이 많아 소송비용을 충당할 수 있을 정도라면, 당사자가 죽은 뒤에는 본인의 의사와 관계없이 그 재산에서 소송비용을 뗄 수 있다. 소송비용은 사람이 아니라 재산 자체에 부과되기 때문이다. 그 사람의 사생활은 꼬치꼬치 조사받게 된다. 그 과정에서 정말 하찮고 하찮은 사람들의 눈에 비추어 사회적 통념과 조금이라도 어긋나는 것이 적발되면, 마치 대단히 비정상적인 사람의 소행인 것처럼 배심원들 앞에 불려가게 된다. 이렇게 해서 실제로 처벌을 받는 경우도 있다. 배심원들이라 해봤자 증인들보다 덜 천박하거나 덜 무식하다고 할 수도 없다. 재판관들 역시 엉뚱한 판결을 내리는 경우가 적지 않다(영국 재판관들이 특히 그렇다. 어쩌면 그렇게 인간의 본질에 대해 무지한지 기가 막힐 지경이다). 이런 재판이야말로 천박한 보통 사람들이 인간의 자유에 대해 어떻게 생각하고 있는지 잘 보여주는 생생한 예가 아닐 수 없다. 재판관과 배심원들은 개별성의 중요성에 대해 아무런 감각이 없다. 자신과 다른 방식으로 살아가는 사람들을 존중하는 마음이 전혀 없고, 따라서 아주 정상적인 사람도 그런 자유를 열망할 수 있다는 사실을 모른다. 과거 무신론자들을 화형에 처하던 때에, 일부 관대한 사람들은 그들을 불에 태워 죽이는 대신 정신병원에 감금할 것을 제안하곤 했다. 오늘날 우리가 이런 일, 그리고 그것을 제안한 사람들이 스스로 좋은 일을 했다며 자랑하는 것을 목

격한다고 해서 놀랄 일이 아니다. 이들은 불쌍한 사람들을 참으로 인간적으로, 그리고 그리스도교적인 방식으로 대우해주었다고 생각하면서, 은연중 그 선행에 대해 보상을 받으리라는 기대감까지 품고 있다.

47 토크빌(1805~1859)은 프랑스의 정치사상가로 미국 민주주의에 관한 명저를 남겨 밀에게 큰 감명을 주었다(주 4 참조). 밀이 말하는 "그가 마지막으로 쓴 중요한 저술"인《앙시앵 레짐과 혁명*L'Ancien Régime et la Révolution*》은 1856년 프랑스에서 출판되었고 같은 해 영어로 번역되었다. 이 책의 8장 2절 제목이 '어떻게 해서 프랑스 사람들이 이토록 서로 똑같이 닮게 되었는가'이다. Gertrude Himmelfarb (ed.), *On Liberty* 참조.

48 영국의 극작가 릴로George Lillo가 짓고 1731년 처음 공연된 연극 〈런던의 상인—조지 반웰의 일생The London Merchant : or, the History of George Barnwell〉에 나오는 주인공인데, 여인의 꾐에 빠져 자신의 주인과 삼촌을 죽인다. Gertrude Himmelfarb (ed.), *On Liberty* 참조.

49 찰스 2세Charles II(1630~1685)는 영국 스튜어트 왕조의 제3대 왕이다. 청교도 혁명 중이던 1646년에 프랑스로 피신했다가 크롬웰이 사망하고 호민관 정치가 붕괴하자 귀국하여 왕정복고를 실현했다. 그는 끝까지 자신이 가톨릭교도임을 숨겼지만, 기회만 있으면 가톨릭을 옹호하고 부활시키려 했다.

50 (저자주) 이와 관련해서 봄베이의 파르시교도Parsees(이슬람교도의 박해를 피해 8세기에 인도로 피신한 조로아스터교도들의 자손—옮긴이) 경우가 흥미를 자아낸다. 부지런하고 경제적 능력이 뛰어난 이 종족은 페르시아의 조로아스터 교도들의 후예인데, 이슬람의 지배를 피해 조국을 떠나 인도 서쪽 지역에 도착했을 때 그곳에서 쇠고기를 먹지 않는다는 조건 아래 힌두교도들에게 받아들여졌다. 이

후 그 지역이 이슬람교도들의 손에 떨어진 뒤, 이번에는 돼지고기를 먹지 않는다는 조건으로 계속 살 수 있게 되었다. 처음에는 권력자의 강압에 의해 시작했던 것이 시간이 지나면서 제2의 천성이 되었다. 그래서 그들은 오늘날까지 돼지고기와 쇠고기를 모두 먹지 않는다. 이 두 가지 금기는 종교에 의해 요구되지는 않지만 그들 종족 사이에서 관습으로 굳어진 것이다. 동방의 이런 나라에서는 관습이 곧 종교인 셈이다.

51 1649~1653년 기간을 말한다. 청교도 혁명으로 국왕 찰스 1세를 처형한 뒤 크롬웰이 영국을 '자유공화국Commonwealth and Free State'이라고 부르면서 성립되었으며, 4년 뒤 그가 의회를 해산하고 최고 권력을 장악함으로써 막을 내렸다.

52 금주법은 1851년 미국 메인 주에서 처음 시작되었기 때문에 메인법이라고 불렸다.

53 영국 연대United Kingdom Alliance는 1852년에 결성되었다. 4년 뒤《타임스Times》가 그 조직의 사무총장인 포프Samuel Pope와 스탠리Stanley 경 사이에 오간 편지들을 공개했다. 스탠리가 보수주의자인데도 밀이 그에게 경의를 표한 것이 눈길을 끈다. Gertrude Himmelfarb (ed.), *On Liberty* 참조.

54 마호메트교는 이슬람교의 다른 이름이다.

55 벤담Jeremy Bentham(1748~1832)의《법적 증거의 합리적 근거*Rationale of Judicial Evidence*》에서 인용한 말이다. 밀은 공리주의 철학의 창시자이면서 아버지 제임스 밀James Mill과 가까웠던 벤담의 영향을 많이 받았다. 모두 다섯 권으로 이루어진 이 책은 1827년 처음 출간되었는데, 밀이 18세 때 벤담의 부탁을 받아 그 원고를 읽고 다듬었다. 책이 나오자 벤담은 자기 이름 옆에 '편찬자' 밀의 이름도 나란히 넣어주었다. 서병훈,《위대한 정치》, 58~60쪽 참조.

56 영국 국교, 곧 성공회Anglican Church 신자를 말한다.

57 차르는 제정帝政러시아의 황제를 가리킨다.

58 1834년에 제정된 빈민보호 수정법Poor Law Amendment Act은 그 중앙 조직으로 빈민보호위원회Poor Law Commission를 설치했는데, 이조직이 1871년 빈민보호국으로 대체되었다. 빈민보호국은 의회의 직접적인 관할 아래에 놓였고, 책임자도 의원 중에서 임명되었다. Gertrude Himmelfarb (ed.), *On Liberty* 참조.

59 밀의 생애와 사상에 관해서는 서병훈, 《위대한 정치》 참조.

60 밀의 삶에 대해서는 존 스튜어트 밀, 《자서전》과 서병훈, 《위대한 정치》 참조.

61 제임스 밀은 벤담과 더불어 공리주의 철학의 기초를 세운 사람이었다. 아들 존은 "자유와 진보를 촉진시키는 데 아버지만큼 기여한 사람으로, 내가 아는 한 남자 중에는 없었고, 여성 중에는 오직 한 사람(즉 테일러)이 있을 뿐"(《자서전》)이라며 아버지에 대한 존경심을 감추지 않았다. 그러면서 제임스 밀이 올바른 평가를 받지 못하는 것, 특히 벤담의 추종자 정도로 인식되는 것을 매우 안타까워했다. 아들이 볼 때, 인격이나 사람을 감화하는 힘은 아버지가 더 탁월했기 때문이다.

62 밀은 《자서전》에서 글 쓰는 사람이 명심해야 할 말을 남긴 바 있다. "신문이나 잡지에 글을 써서 생활하는 것은 문학이나 사상 방면에서 무엇인가 할 수 있는 사람에게는 부적합하다. 생활 방도가 불확실할 때는 양심을 가지고 글을 쓰기가 어렵기 때문이다. 동시에 생활 수단으로 쓰는 글은 생명이 없을 뿐만 아니라 필자 또한 최선을 다하지 못하게 된다. 괜찮은 사상을 담은 글은 쓰는 데 너무 오래 걸리고, 또 쓴다 해도 세상에 너무 늦게 알려지기 때문에 생활 수단으로는 도움이 안 된다. 그렇기 때문에 글을 써서 생활을 도모하는 사

람은 부득불 시시하거나 대중 영합적인 글을 만들어내기가 쉽다."

63 이 항목에 대해서는 서병훈, 《자유의 본질과 유토피아―존 스튜어
    트 밀의 정치사상》을 참조하라.

64 서병훈, 《자유의 미학―플라톤과 존 스튜어트 밀》(나남출판사,
    2000)을 참조하라.

65 그러나 밀은 자유를 향유할 '성인'의 자격 요건을 매우 낮게 설정하
    고 있다. 즉 '웬만한 정도tolerable amount의 상식과 경험' 또는 '충분
    히 나이가 들고 보통 수준ordinary amount의 이해 능력'만 갖추면 '확
    신과 설득에 의해 자기 자신의 발전을 도모할 능력'을 갖추고 '자유
    롭고 평등한 토론에 의해 정신이 발전'할 수 있기 때문에, 이런 사람
    에게는 그 어떤 경우에도 자유를 박탈해서는 안 된다고 한다. 밀은
    자신의 《자유론》이 주된 논의의 대상으로 삼는 사회는 이미 오래전
    부터 개화해서 여기에 사는 사람들은 대부분 자유를 누릴 만한 수
    준에 올라와 있다고 본다. '문명사회'에 태어나 살고 있는 사람이라
    면 누구라도 '생각하며 살 정도'의 도덕적·지적 능력을 어느 정도
    moderate는 구비하고 있다는 것이다. 이런 낙관론을 바탕으로 밀은
    '문명이 발달한 나라'에서는 '선의의 독재'라는 것이 '악 중의 악'이
    될 수밖에 없다고 강조한다. 선의의 독재는 그 포장이 아무리 그럴
    듯해 보여도 실제로는 사리에 어긋나는, 가공할 만한 위험한 괴물로
    탈바꿈하고 마는 것이 일반적이기 때문이다.

존 스튜어트 밀, 《존 스튜어트 밀 자서전》, 최명관 옮김(훈복문화사, 2005)

밀을 이해하기 위해서는 반드시 읽어야 할 책이다. 자신의 출생부터 30대 중반이 되는 1840년까지의 개인사를 정교하게 기술하고 있다. 첫 부분에 나오는 아버지의 '영재 교육'에 대한 내용은 재미도 있을 뿐 아니라 특히 자녀를 둔 독자들에게 많은 것을 생각하게 해준다. 아버지와의 갈등, 부인 테일러와의 만남과 사랑, 그리고 사별에 관한 묘사도 눈길을 끈다. 마지막 장에서는 1840년부터 1870년까지 후반부의 삶을 개략적으로 언급한다.

존 스튜어트 밀, 《공리주의》, 서병훈 옮김(책세상, 2007)

'우리 삶에서 옳고 그른 것을 판단하는 기준'에 관한 존 스튜어트 밀의 생각을 담은 얇은 책이다. 밀은 효용에 바탕을 둔 이론이 모든 도덕의 뿌리가 되며, '제1원리'의 존재를 둘러싼 다툼에 마침표를 찍을 수 있다고 확신했다. 그의 공리주의는 자기 발전과 타인에 대한 배려라는 두 가치를 중심으로 전개된다. 그의 《자유론》도 이런 바탕 위에서 꽃피운 것이다.

존 스튜어트 밀, 《종교에 대하여》, 서병훈 옮김(책세상, 2018)

밀이 세상을 떠난 직후인 1874년에 나온 책으로, 〈자연을 믿지 마라〉,

〈신은 존재하는가?〉, 〈종교는 필요하다〉로 구성되어 있다. 밀은 이 책에서 신의 존재에 관해 불가지론을 펴면서도 인간 삶의 진보를 위해서는 종교가 필요하다고 역설한다. 밀 철학의 큰 틀을 이해하는 데 매우 중요한 책이다.

존 스튜어트 밀, 《여성의 종속》, 서병훈 옮김(책세상, 2006)
인류의 절반에게 족쇄를 채우고, 능력이 뛰어난 사람에게 그 능력을 발휘할 기회를 처음부터 차단해버려도 되는 것일까? 밀은 지금처럼 여성이 남성에게 완전히 복속된 상태에서 비인간적인 삶을 살아가야 한다는 것이 이론적으로나 경험적으로나 결코 정당화될 수 없다고 역설한다. 여성이 인간다운 삶을 살 권리를 짓밟으면, 남성 자신이 불행해진다는 엄정한 경고를 명심해야 할 것이다.

존 스튜어트 밀, 《정치경제학 원리》, 박동천 옮김(나남출판사, 2010)
밀의 또 다른 대표작으로 그의 경제사상, 특히 사회주의 이론을 이해하는 데 큰 도움이 된다. 밀은 이 책이 큰 성공을 거두게 된 원인이 경제 문제를 넓은 의미의 사회철학적 관점에서 접근했기 때문이라고 생각했다. 모두 4권으로 되어 있다.

서병훈, 《위대한 정치─밀과 토크빌, 시대의 부름에 답하다》(책세상, 2017)
19세기 유럽의 지성을 대표하는 두 사람, 밀과 토크빌의 생애와 사상을 비교한 책이다. 밀이 《자유론》에서 선보인 '진보적 자유주의'를 글과 행동을 통해서 어떻게 구현했는지 정밀하게 추적하고 있다.

서병훈, 《자유의 미학─플라톤과 존 스튜어트 밀》(나남출판사, 2000)
이 책은 플라톤을 단순히 '반민주주의자'로 규정하는 것이 옳지 않듯이,

밀을 그저 '자유주의자'로 가볍게 범주화해서는 안 된다는 점을 강조한
다. 밀은 직관에 입각해서 절대 진리를 주장해서는 안 된다고 분명히 밝
힌다. 그러나 그의 사상에는 경험론만으로는 해명하기 어려운 근본 가
치들이 들어 있다. 따라서 밀을 소극적 자유론자, 개인주의적 자유주의
자로만 부르는 것은 무리이다. 인간이 지향해야 할 자유에는 일정한 방
향이 있다고 생각하기 때문이다.

서병훈, 《자유의 본질과 유토피아—존 스튜어트 밀의 정치사상》(사회비평사, 1995)
밀의 생애에 대한 소개에 이어, 그의 자유주의 철학의 기초가 되는 공리
주의, 개체성, 사회성의 상호 관계를 집중 규명한다. 후반부에서는 밀이
구상한 '자유 사회주의'의 이론과 실천을 자세하게 분석한다.

이근식, 《자유주의 사회경제사상》(한길사, 1999)
800쪽이라는 방대한 분량 속에 애덤 스미스에서 하이에크Friedrich A.
Hayek, 프리드먼Milton Friedman에 이르는 대표적인 경제사상가 여섯 사
람에 대해 엄밀하게 정리·분석한 보기 드문 역저이다. 이 책에서 저자
는 밀에 대해서도 다각도로 접근한다. 밀을 고전적 자유주의를 완성한
'진보적 자유주의자'로 규정하면서, 역사적 배경, 진보주의, 공리주의, 자
유론, 개혁 경제학, 민주 정부론 등의 화두를 놓고 토론을 펼친다.

존 밀턴, 《아레오파지티카》, 임상원 옮김(나남출판사, 1998)
밀턴John Milton은 밀보다 200년 앞서 살다 간 사람이지만, 언론 출판의
자유에 관한 두 사람의 문제의식은 놀라울 정도로 닮았다. 밀이 《자유
론》에서 사상과 출판의 자유를 특별히 강조하고 있음은 주지의 사실이
다. 밀턴은 영국 의회가 출판 허가제를 실시하려는 것을 비판하며 〈허
가 없는 출판의 자유를 위한 잉글랜드 의회에 대한 연설A Speech for the

Liberty of Unlicensed Printing to the Parliament of England〉을 썼다. 이 글에서 그는 억지로 단속하려 해도 그 실효가 없음(아무리 공원에 울타리를 높이 쳐놓아도 까마귀를 막을 수는 없다)을 강조한 뒤, 각종 사상이 '시장' 이라는 무대에서 자유 경쟁을 거치면 바람직하지 못한 것은 절로 걸러지게 마련이라고 낙관론을 편다.

옮긴이에 대하여

연세대학교 정치외교학과를 졸업한 뒤 미국 라이스 대학교에서 정치학 박사 학위를 받았다. 1989년부터 숭실대학교 정치외교학과에서 서양 정치사상, 자유주의, 현대문명론, 문학과 정치 등을 가르치고 있다.

서병훈은 1990년대 초반에 존 스튜어트 밀에 대해 본격적으로 관심을 갖게 되었다. 대학 때부터 자유주의와 자본주의와 사회주의를 함께 끌어안는 이데올로기에 관심을 가져오다가 그러한 관심의 첫 결실로서《다시 시작하는 혁명—아옌데와 칠레식 사회주의》라는 책을 쓰게 되었는데, 그 과정에서 밀과 '조우'한 것이다.

밀이 누구인가. 천하의 자유주의자가 아닌가. 자본주의의 강점을 정교하게 이론화한 사람이 바로 밀이다. 그런 밀이 인류가 지향해야 할 마지막 포구浦口로 공산주의를 지목하고 있으니 지적 호기심이 당기지 않을 수 없었다. 그 결과 밀이 '자유 사회주의'의 길을 걸어가게 된 사상적 배경과 그것의 현실 적용에 대해 깊이 다룬 책《자유의 본질과 유토피아—존 스튜어트 밀의 정치사상》을 쓰게 되었다.

그러나 이 책이 마무리되는 시점에는 또 다른 곳으로 시선이 옮겨 가고 있었다. 밀은 공리주의자답게 효용, 즉 사람을 궁극적으로 행복하게 만드는 것에 대해 철학적 고뇌를 거듭했다. 또한 그 누구보다도 더 강력하게, 더 열정적으로 개인의 자유의 소중함과 아름다움을 강조했다. 그러나 밀이 마음속에 담아둔 인간이 어떤 존재인지 밝혀내지 않으면 밀이 추구하는 자유의 의미도 명징하게 깨달을 수가 없다. 이런 문제의식에서《자유의 미학—플라톤과 존 스튜어트 밀》을 썼다. 인간과 자유의 관계를 조명하는 것이 이 책의 목적이었다.

2000년대 중반부터는 '포퓰리즘과 민주주의'라는 주제를 붙들고 있는데, 그 첫 작업이 《포퓰리즘―현대 민주주의의 위기와 선택》이라는 책으로 출판되었다. 또한 존 스튜어트 밀과 토크빌의 정치철학에 관한 2부작을 계획한 가운데, 그중 한 권인 《위대한 정치―밀과 토크빌, 시대의 부름에 답하다》를 2017년에 출간했다.

밀의 탄생 200주년을 기념하며 그의 저작 번역을 시작해 《자유론》, 《공리주의》, 《여성의 종속》, 《대의정부론》, 《종교에 대하여》를 우리말로 옮겼다. 여기에 현재 번역 중인 《사회주의에 대하여》를 더해 '존 스튜어트 밀 선집'을 출간할 예정이다.

자유론

초판 1쇄 발행 2005년 1월 5일
개정 1판 1쇄 발행 2010년 3월 5일
개정 2판 10쇄 발행 2023년 10월 10일

지은이 존 스튜어트 밀
옮긴이 서병훈

펴낸이 김현태
펴낸곳 책세상
등록 1975년 5월 21일 제2017-000226호
주소 서울시 마포구 잔다리로 62-1, 3층(04031)
전화 02-704-1251
팩스 02-719-1258
이메일 editor@chaeksesang.com
광고·제휴 문의 creator@chaeksesang.com
홈페이지 chaeksesang.com
페이스북 /chaeksesang   **트위터** @chaeksesang
인스타그램 @chaeksesang   **네이버포스트** bkworldpub

ISBN 979-11-5931-223-6 04160
      979-11-5931-221-2 (세트)

책세상문고 · 고전의 세계

책세상문고 · 고전의 세계